《山馆读书》宋,刘松年,绢本设色,北京故宫博物院藏

《歌乐图卷》宋,佚名,绢本设色,上海博物馆藏

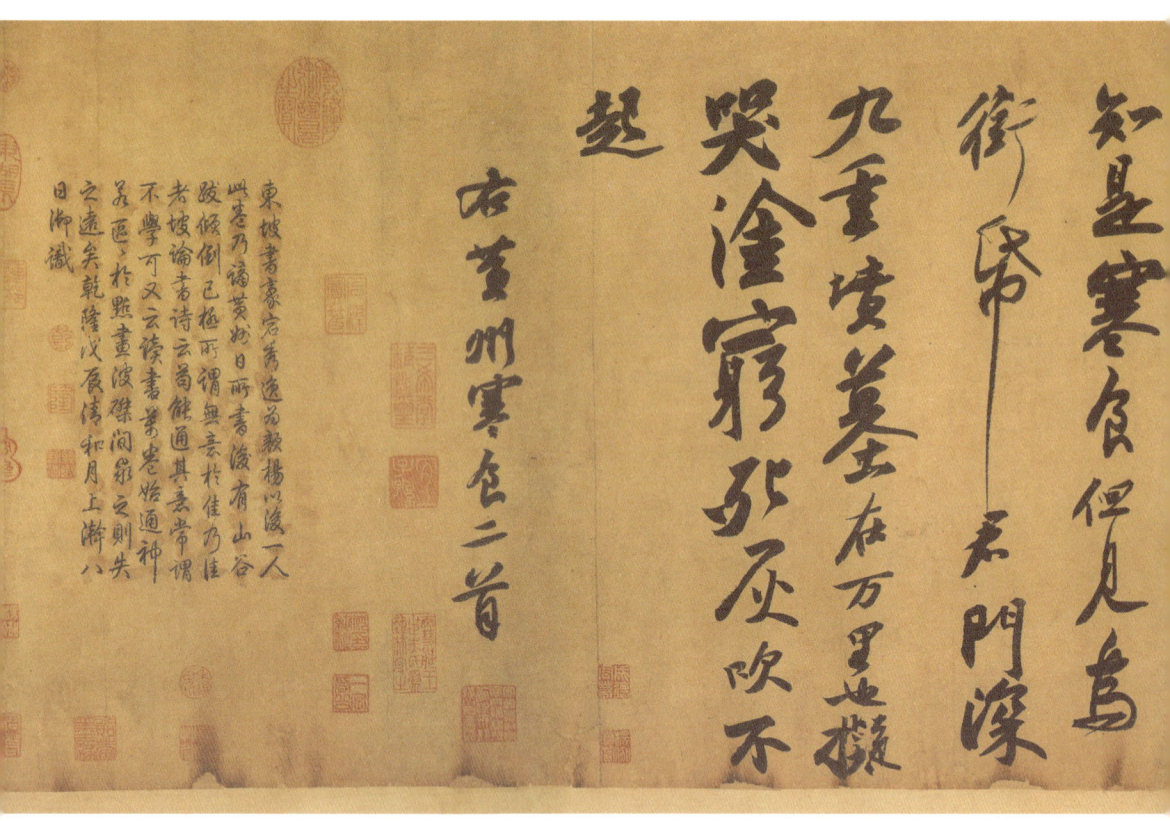

《黄州寒食诗帖》宋，苏轼，纸本，台北故宫博物院藏

自我來黃州已過三寒食年欲惜春春去不容惜今年又苦雨兩月秋蕭瑟臥聞海棠花泥污燕支雪闇中偷負去夜半真有力何殊少年子病起須已白

春江欲入戶雨勢來不已雨小屋如漁舟濛濛水雲裏空庖煮寒菜

《摹张萱虢国夫人游春图》宋，赵佶，纸本设色，辽宁省博物馆藏

追宋

细说古中黄金国时代的

游彪 著

天地出版社 TIANDI PRESS

目录

序言 ••• 001

第一章　重文抑武：赵宋皇帝的价值取向

北宋建立与"重文抑武"国策形成 ••• 004
文人地位的提高与社会对武人的轻视 ••• 010
曹彬：得到皇帝和文官赏识的武将代表 ••• 013
从狄青到种世衡：被压抑、迫害的武将缩影 ••• 020
结　语 ••• 028

第二章　募兵体制：维系政权的理想与现实

居安思危与募兵制的建立 ••• 033
募兵制度造成北宋兵力不振 ••• 037
不堪一击的北宋募兵与靖康之难 ••• 039
常胜军和义胜军—助纣为虐的募兵 ••• 041
结　语 ••• 043

第三章　集权与分权：宋朝政治制度的演进

宋代地方政治制度的演进 ••• 048
宋代的中央政治格局 ••• 052
宋代的皇权 ••• 059
结　语 ••• 063

第四章　教育与科举：奠定宋代文明的基石

宋代的官学 — 067
宋代的私学教育 — 073
书院教育 — 076
科举考试 — 080
结语 — 090

第五章　法制体系：维系宋代社会稳定的最高准绳

宋代法律的历史地位及其特点 — 095
法律形式 — 100
司法机构 — 104
诉讼审判制度 — 109
法律在宋代社会中的地位 — 120
结语 — 123

第六章　高度繁荣的经济：以国计民生与货币金融为例

货币制度 — 129
信用业与金融业 — 139
结语 — 149

第七章　宋学：传统学术的新气象

宋学产生的时代背景 — 149
宋学的基本范畴及特点 — 152
宋学的形成与发展 — 155
结语 — 169

第八章　词、文与诗：宋人的文学成就

宋诗 — 175
宋词 — 185

宋代的散文　　　　　　　　　　■ 191
结语　　　　　　　　　　　　　■ 196

第九章　发明与创造：宋朝的科技革命

三大发明及相关科技的运用和发展　■ 201
天文学　　　　　　　　　　　　■ 207
数学　　　　　　　　　　　　　■ 209
医学　　　　　　　　　　　　　■ 210
建筑　　　　　　　　　　　　　■ 213
冶金技术　　　　　　　　　　　■ 216
造船技术　　　　　　　　　　　■ 218
结语　　　　　　　　　　　　　■ 220

第十章　古史与当代史：繁荣的宋代史学

宋代的修史机构　　　　　　　　■ 225
"古代史"　　　　　　　　　　　■ 230
"当代史"　　　　　　　　　　　■ 242
地方志　　　　　　　　　　　　■ 247
历史文献学发展　　　　　　　　■ 248
结语　　　　　　　　　　　　　■ 251

第十一章　宋人的遗产：价值连城的艺术品

绘画　　　　　　　　　　　　　■ 257
宋代书法　　　　　　　　　　　■ 270
工艺美术　　　　　　　　　　　■ 274
音乐、舞蹈和戏曲　　　　　　　■ 277
结语　　　　　　　　　　　　　■ 279

后记　　　　　　　　　　　　■ 281

序言

在笔者看来,中国悠久的历史既有源远流长的文明精粹,同时也有令人无法接受的文化糟粕。就前者而言,近代以来在西方占主导地位的话语体系下,但凡涉及东西方文明的撰写与叙述,欧美文明总会远远超迈东方文明。基于此,西方人的错误认知,尤其是对东方国家和人民及其文明的贬损和蔑视也就在所难免了。究其原因,首先,无论是西方的普罗大众,还是社会精英阶层,几乎都有着莫名其妙且令人惊讶的文明优越感。在这些"洋人"心目中,他们的世界观、价值观、人生观等各个方面相较于东方世界,都是先进得多的,甚至是东方人无法企及的。殊不知,很多西方人推崇的理念,就拿作为政治伦理的核心之一的精英治国论来说,早在中国先秦时期,孟子就提出了"劳心者治人,劳力者治于人"的著名论断。事实上,雅斯贝斯在其"轴心时代"理论中就已指出,东西方的圣贤先哲都曾为人类文明史写下灿烂辉煌的一页。

其次,与西方人对东方的无知与无畏相比,东方人尤其是其社会精英人士,对西方世界的了解远远比西方人对东方世界的了解要充分。其中重要的原因之一是西方的语言文字多是以拉丁文为基础的,大体上懂些英文也就可以从中悟到德文、法文、西班牙文等语言的大致状况(也许笔者的说法过于轻率了）。与此形成鲜明对比的是，东方世界的语言文字，无论是中文、韩文，还是南亚地区的印地语，这些语言与以拉丁文为基础的西方语言存在本质的差异。西方人很难了解东方世界，其中最为重要的原因之一就在于此，西方人懂得东方语言的毫不夸张地说是凤毛麟角的。

再次，西方人充分利用了现代文明的先发优势，在西方历经文艺复兴以及工业革命之后，西方世界可以说是强势崛起。从葡萄牙、荷兰、西班牙到日不落的大英帝国，西方列强仗恃其多方面的优势，尤其是军事和经贸层面的强大力量，渐次洞开了东方世界的门户。在此基础上，西方强迫东方各地签署了一系列不平等的协议和条约，这些行为极大地增强了西方世界的政治、经济以及军事实力。更为严重的是，西方列强的坚船利炮严重打击了东方人的自信心和自尊心。以中国为例，自鸦片战争以来，经过西方列强的多次沉重打击，中国人几乎丧失了对其传统文化应有的客观态度。加之一大批所谓睁眼看世界、一心只顾引进西学的社会精英推波助澜，他们竭尽全力地吹捧西方的一切，不管是好的还是坏的，一律照单全收。反之，凡是中国的，也是不论好坏，皆斥之为糟粕，甚至有台湾人以《丑陋的中国人》为名出书，竟然赢得满堂喝彩。诚然，作者坦然面对中国人和中华文化的丑陋与不堪，发自内心地直抒胸臆，以庖丁解牛的细腻手法竭尽全力解剖沉淀于中国人血肉甚至骨骼中的朽腐败坏之处，这种自我批判精神对促进中华文明的进步与发展大有裨益，这无疑是值得予以高度肯定的。然而，中国人及其所创造出来的中华文明真的就一无是处吗？是应该全盘否定之后还要扔进遗臭万年的垃圾堆里的吗？现在想来，恐怕还是需要学界重新审视类似思潮的。中国人果真是丑陋的吗？西方人从骨子里就是高尚的吗？不用说别的，请仔细看看贪婪的华尔街金融家吧。

剖析和对比东西方文明是错综复杂的，以上仅是笔者的点滴思考，自难及万一，也许笔者对很多问题的看法还是甚为粗浅的。

笔者是专门研治宋辽夏金时期的历史的。多年来，一直秉持相对客观公正的眼光和心态看待中国古代历史。与前代很多学者的系统研究相比，本书呈现的是若干专题的考察。其中前六章都与宋代的传统国策和国家高层的制度设计息息相关。就前者来说，宋代的传统国策既有现实执行的内涵，也包括潜在而具有理念约束力的种种策略。举例而言，在宋朝以前，中国古代更多实行征兵制度，即凡是国家的编户齐民均有为国家服兵役的义务。然而，自唐朝中叶以后，征兵制度逐渐崩坏，取而代之的是募兵制度。宋人蠲除了历代以来的兵役负担，这是被后代士大夫所津津乐道的。一直到元、明、清三代，中国古代再也没有恢复唐朝之前的全民兵役体制，而是实行部分民众为国服兵役的新兵役制度。毫无疑问，宋代的募兵制开启了中国古代兵制的本质性变革，其影响之深远是不言而喻的。再如宋代是一个"重文抑武"的时代，与其他朝代文武相对均衡的格局相比较，宋朝文官的待遇好、地位高、权力重、升迁快。相反，宋代武将在朝廷上下处处受制于国家制定的各种政策，如朝廷刻意延长武将的升迁时间，使他们很难升到国家高级官员的行列。更为严重的是，在宋朝对内镇压、对外攻防的战争过程中，武将几乎没有决策的权力，必须听命于皇帝及其所领导的文官集团。就后者而言，即宋代的制度设计及其相关问题，本书讨论了以下若干关键制度建设：

（1）两宋政治制度的演进，其中着重论述了宋代政治制度的目的究竟是集权还是分权。

（2）教育制度与科举考试制度，显而易见，这是事关国家命运和长治久安的重要保障措施。

（3）法制体系，这是保障和维系宋代社会稳定与正常运作的最高准绳。

（4）经济制度的完善，以宋代的财政与货币金融制度为轴心加以适当的讨论。

毫无疑问，中国古代历朝历代各项制度的设计与落实通常是具有针对性的，大体上是为了规管社会上已经出现的具有普遍性或是代表性的事项。但另一方面，制度的落实过程无疑是纷繁复杂的。任何一项制度的颁行几乎都不可能是十全十美的，而是有利有弊的。伴随着宋代社会现实的不断变化，宋朝的各项管理制度愈益严密，也更为完善。这样，相比于前朝，宋代的制度文明就变得更为先进了。

任何国家的各项治理政策在不同的时空条件下所发挥的作用都是千差万别的。两宋时期，有几位帝王在位期间所执行的政策对国家的进步和发展是大有裨益的。而有些皇帝所推行的执政措施却是不利于社会经济文化繁荣的。更为严重的是，一些皇帝实行的是于国于民均无益处的颠覆性、毁灭性的错谬路线，如宋徽宗在位期间，无论是内政还是外交，其政策都犯了方向性错误，尤其是其出于好大喜功而与女真人签署的"海上之盟"，最终招致了"靖康之变"的恶劣后果。

总体而言，两宋时期朝廷实施的政策多有变化，且有好有坏，但宋代顶层的制度设计大体上还是值得肯定的。本书前七章梳理了宋朝施行的国家层面的基本制度设计，尽管很难概括其全貌，但笔者仍尽力罗列了其主要方面的内容。那么，这些国家的大政方针对宋代社会究竟产生了哪些重要而深远的影响呢？本书的后五章就从几个重要的层面分析了宋制对保障宋代文明所起到的作用：

（1）宋朝创造了中国传统学术的新领域——宋学，将汉唐以来重视儒家经典文本（音韵训诂）本身的诠释，转变为宋以后深究其"微言大义"的阶段。

（2）繁荣的两宋文学不仅造就了新的文学体裁——词，且在诗文领域大放异彩，唐宋八大家中有六位出现于宋朝即是最好的证明。

（3）宋朝是中国古代科技革命的时代，中国影响世界历史进程的四大发明中有三项完成于两宋时期。

（4）空前绝后的宋代史学无疑是宋代社会经济文化繁荣的重要标志之

一，无论是中国的古史，还是宋朝的当代史，都是师表后世的。

（5）宋朝创造出了辉煌灿烂的艺术成就，其中既有书画、工艺美术，也有音乐、舞蹈与戏曲，等等。宋人几乎在每个艺术领域都给后人留下了价值难以估量的珍贵遗产，这些作品珍藏于全球众多著名的博物馆，很多都成为中国古代文明的重要代表作。

显而易见，赵宋王朝施行了不同于过往王朝的政策和制度设计。概而言之，经济方面最重要的是农业领域的土地私有化政策，同时大大放宽工商业管制；军事方面实行募兵制，从而解放了大量年轻力壮的劳动力；政治制度方面施行集权与分权巧妙结合的方式协调多方政治势力，借以巩固赵宋政权；健全并完善了教育体系和科举选官制度，尽管荫补入仕仍然是宋代入仕官员人数最多的一类，但经过科举考试入仕的官员在宋代的政治生活中占据了主导地位，进而从某种程度上保证了朝廷决策的相对合理性、有效性。宋朝政府的施政方针涉及方方面面，远远不止笔者所概括出来的这些内容，在此所罗列的不过是若干宏观领域的一体而已。

至于赵宋政权制定的治国方略，以及自上而下的顶层制度与人事设计，究竟对宋代社会的进步与发展产生了怎样的作用，恐怕仅仅依靠本书列举的五个方面是难以及其万一的。在此以宋代劳动者身份和地位的变化做必要的说明。在中国传统社会，农业是最为重要的产业。然而，自古以来，"普天之下莫非王土，率土之滨莫非王臣"，这大体上是说，无论是土地，还是土地范围内的人员，无一例外都是隶属于王侯的。这种情况在唐朝之前很大程度上是能够成立的，但入宋以后，伴随着土地私有化进程，土地可以自由买卖，耕种土地之人——无论是主户还是佃户——均可相对自由地离乡去往他处谋生。从某种意义上说，宋朝以后的中国农民大体上成了自由民，他们拥有了来去自由的法定权利。其身份、地位变化无疑是本质性的，与五代之前不可同日而语。这种巨变很大程度上激发了劳动者的积极性和创造力。这套机制自宋朝确立后，一直持续到民国之前，实行了将近一千年，尽管元、明、清时期多有变革，但其基本架构被保留下来了。由此可知，宋制对中国古代社会的影响是巨大而深远的，至于宋代各级政府的各种制度设计以及其在实际的执行过程中究竟存在多少糟粕和精华，尚有待于一代代学人加以客观公正的评判。

2020 年 12 月 18 日

游彪于北师大茹退居

第一章

重文抑武：赵宋皇帝的价值取向

宋代是中国封建社会中一个独特的朝代，经济繁荣、政治稳定、文化繁盛，很多方面都让后人艳羡不已。但同时，宋代军事上软弱无力，特别是在与周边其他民族建立的政权的对峙中，屡屡处于下风。北宋与北方的辽政权和西北的西夏政权长期对峙，宋真宗景德元年（1004），宋辽在军事力量相对平衡的情况下签订澶渊之盟，北宋承认辽朝占有燕云十六州的合法性，每年向辽朝赠送银十万两、绢二十万匹。宋仁宗庆历二年（1042），辽兴宗趁北宋、西夏交战，借口索取周世宗时收复的关南十县地，向北宋进行军事讹诈。北宋朝廷不敢应对，以增加银、绢各十万"安抚"辽朝。庆历四年（1044），北宋与西夏议和，北宋每年"赐予"西夏银五万两、绢十三万匹、茶叶二万斤，此外在节日赠送西夏银二万二千两、绢二万三千匹、茶叶一万斤。宋哲宗元祐元年（1086），主持朝政的大臣司马光、文彦博力主割让四寨与西夏，以换取西北边境的苟安，结果西夏入侵不已。宋钦宗靖康元年（1126），金朝攻宋，北宋无力抵抗，屈膝求和，割让太原、中山、河间三镇，外加巨额金银"犒赏"费，换取金朝退兵。南宋政权建立后，与金朝长期对峙。宋高宗时，在抗金形势大好的情况下，签订屈辱的绍兴和议，向金朝称臣，每年向金贡银二十五万两、绢二十五万匹。宋孝宗隆兴年间，宋金又订立隆兴和议，虽然每年宋给金岁币数量有所减少，但宋金政治上的不平等状况没有实质的改变。宋宁宗嘉定年间，宋金再次和议，南宋政府不仅增加岁币，还把主张对金开战的韩侂胄的首级函封送给金朝，摇尾乞怜到了极点。纵观以上和议，几乎没有一个不是宋朝政府妥协退让甚至屈膝求和的结果。

一个人口众多、幅员辽阔、经济发达，拥有百万之众军队的宋朝，为何屡屡在对外作战中失利，不得不屈辱求和，个中原因值得后人思考，其中宋朝政府推行的"重文抑武"国策，应该负有相当大的责任。

北宋建立与"重文抑武"国策形成

"出将入相"是中国古代宋朝之前统治集团内的精英人才仕途升迁、流动的正常现象。统治集团中的精英人才常常文武兼备，既能安邦定国，也能运筹帷幄，决胜千里。北宋建国后，与以往各朝相比，文官、武将之间的区别越来越明显，两者之间的差距也越来越大，文官的身份地位越来越高，武将群体无论政治地位、形象，抑或素质都远远不能和文官相比，之前令人羡慕的"投笔从戎"、弃文从武的现象不再出现，更多的是文官对武人的蔑视和敌意，以及千方百计摆脱进入武人群体的可能。从宋代之前的"一张一弛，文武之道也"，文武地位相近或相同，到宋代武人地位的沦落，其中经历了一个转化过程，这个过程从宋朝建立初年就已经开始了。

北宋王朝建立者赵匡胤原本是五代后周一名高级禁军将领，并无深厚的资历和显赫的军功。后周显德七年（960），赵匡胤在后周都城开封附近的陈桥驿发动兵变，黄袍加身，轻而易举地从后周恭帝孤儿寡母手里夺取了政权，开始了宋代的统治。赵匡胤通过兵变夺取政权，靠的并不是他的威望与功勋，而是沿袭了唐代以来藩镇割据时出现的士兵随意拥立将领的模式。五代时期，天下大乱，天子权威不受人重视，任何拥有强大武力之人均可称王称霸。节度使安重荣公开宣称:"天子宁有种邪?兵强马壮者为之尔!"[1]这种言论就是这一时期政治现实赤裸裸的写照。

亲身经历唐末五代藩镇割据、武夫跋扈的赵匡胤,又通过兵变建立赵宋王朝,从内心深处视武人为社会动乱、政权更迭的根源所在,担忧兵变事件再次上演。事实上,赵匡胤的担心并不是多余的,赵匡胤称帝后没过多久,先后发生了地方节度使李筠和李重进的造反,虽然两人的叛乱都很快被镇压下去,其他地方藩镇慑于北宋中央政府强大的武力不敢轻举妄动,但这两次叛乱无疑加重了赵匡胤对武将的猜忌心理。于是,在加强君主专制集权的背景下,从赵匡胤开始的宋朝统治者,均把百般防范武将作为基本国策予以执行,"重文教,轻武事"的观念影响贯穿了整个宋代。

为了防止中央高级武将同样通过兵变夺取宋朝政权,北宋建立后不久,赵匡胤首先通过著名的"杯酒释兵权",剥夺了与他一同发动陈桥兵变的高级武将的兵权。通过授予掌握禁军兵权的石守信等高级武将荣誉头衔,赏赐大量金钱、美女作为交出手中兵权的补偿,同时与他们结成姻亲,让其放心并巩固关系。正是因为有了强大武力作为后盾,再用金钱、美女、姻亲等作为条件,赵匡胤成功地解除了朝廷禁军高级将领的兵权,避免了"陈桥兵变"的再次发生。

在"杯酒释兵权"事件中,赵匡胤赤裸裸地劝诱石守信等禁军高级将领放弃人生追求,纵情享乐:"人生如白驹过隙,所谓好富贵者,不过欲多积金钱,厚自娱乐,使子孙无贫乏耳。卿等何不释去兵权,出守大藩,择便好田宅市之,为子孙立永远不可动之业;多置歌儿舞女,日饮酒相欢以终天命。我且与尔曹约为婚姻,君臣之间,两无猜疑,上下相安,不亦善乎!"[2]接着,

---

1 [宋]欧阳修:《新五代史》卷五一《安重荣传》。

2 [宋]李焘:《续资治通鉴长编》卷二,太祖建隆二年七月庚午。

赵匡胤又用同样的手法，逐步将中央及各地节度使的兵权统统收归国家，最后集中到皇帝手中。

在用怀柔政策解除武人装备的同时，宋初统治者也采用严酷手段，对军队将领大力整治。后周时，赵匡胤通过担任禁军高级将领掌握精锐、核心部队，为发动陈桥兵变提供了便利条件。赵匡胤称帝后，担心禁军高级将领会仿效自己搞兵变，对禁军统帅防范极严。为了不让禁军统帅权力过大，赵匡胤可谓煞费苦心，他将禁军最高统帅职位降低，任用一些资历浅、军功不卓著之人担任禁军统帅。同时，将之前两头制的禁军最高统帅分为三头制，而且将统兵权与调兵权分开。禁军统帅只有统兵权，没有调兵权。最高军事机关枢密院有调兵权，却没有统兵权。这样，皇帝牢牢将军权掌握在了自己手中。

赵匡胤降低禁军统帅职位，分割其权力后，对禁军统帅仍然不放心。任何风吹草动，他都毫不手软。殿前都虞侯张琼是赵匡胤一手提拔起来的将领，为人英勇善战，忠心耿耿，曾经多次在战斗中殊死保卫赵匡胤的安全，因此赵匡胤称帝后，将亲军交给张琼统领。后来，只因张琼得罪了赵匡胤的亲信史珪、石汉卿，两人诬告张琼私下里豢养部曲亲信，多疑的赵匡胤不问青红皂白，立即下令将张琼逮捕审讯，并下令杖责，将张琼杖击得几乎气绝身亡。生性耿直的张琼不堪忍受屈辱，自杀身亡。事后得知真相的赵匡胤并没有惩处诬告张琼致死的元凶，只是轻描淡写地对张琼家抚恤了事。殿前都指挥使韩重赟多年统率禁军，一直深受赵匡胤信任。但有人诬告韩重赟私下将皇帝亲兵变成自己的亲信，立即触动了赵匡胤敏感的神经。赵匡胤暴跳如雷，当场下令将韩重赟逮捕处死，幸亏宰相赵普出面力保，韩重赟才幸免于难。虽然事后赵匡胤也调查清楚有人故意陷害韩重赟，但他出于防范心理，仍然罢免了韩重赟禁军统帅之职，改派他人。

透过张琼、韩重赟二人的遭遇，可以看出赵匡胤对禁军高级将帅抱着高度警惕与猜忌的态度。在赵匡胤多疑的审视下，高级将官特别是禁军高级将领为求自保，不得不谨慎从事，甚至不惜"装疯卖傻"来打消皇帝的疑心。如张琼冤死后接替其职位的杨信，其最大的特点是谨慎和"忠直无他肠"，后来忽然得了哑疾，不能说话，但这样一个身体有残疾之人，赵匡胤并不嫌弃，反而更为信任。出身胡族的党进目不识丁、性格粗鲁，先后任侍卫步军、马军都指挥使十余年。据史书记载，杨信临死前突然开口说话：党进表面上"朴直"，实际上十分善于察言观色。两人性格的分裂与受宠，无疑都是赵匡胤高压下产生的变种。为求个人平安和皇帝宠信，高级武将即便不如杨信、党进般装痴卖傻，也逐渐奉行明哲保身之术。《宋史》记载石守信等武人大多贪赃枉法，曾经多次遭到宋太祖批评。太祖朝负责守边的大将更是大多数有着不同程度的违法行为。这些记载可以说明武将素质低下，他们已不能如前代名将一般享有盛名。但换个角度观察，这些武人自我损毁形象的行为，不啻一种自我保护的手段。因为太祖朝对于贪官污吏的处罚相当严重，很多贪官一旦被查明罪名属实，都会被处以极刑。石守信等人作为朝廷高官，对于国家法典不会毫不知情，他们很清楚太祖希望整顿吏治的决心。但他们仍然我行我素，毫不收敛，应该是明白太祖不会对他们动手：自己越声名狼藉，在士人和社会上越是没有声望，称王称帝的可能性就越小。这种结果也正是宋太祖希望看到的。当自甘堕落成为一种自我保护的手段并获得皇帝的默认时，武将们便开始有恃无恐地在这条道路上迅速走下去，并且造成的恶劣影响越来越大。

高级将领交出了兵权，但军队仍然需要有人来统领，这样武将与军队之间仍然存在联系。为了防止将领与士兵、军队与地方结成亲密关系，宋朝政府针对武将实行种种限制，还实行"更戍法"，就是不断将部队调动驻扎地。表面上称是为了锻炼士兵，熟悉各地情况，实际上是怕军队在某一地区驻扎时间太长，与当地结成牢固关系。在调动过程中，宋朝政府又不断调换统军将领，其结果使得兵不知将、将不知兵，士兵常年疲于换防，劳民伤财。

值得注意的是，北宋开国之初，功臣宿将俱在，同时各地割据政权林立，为了消灭割据势力，统一全国，东征西讨武力征伐不可避免，武人在一定程度上仍然受到朝廷重视。如北宋初年驻守西北前线的武将郭进、李汉超、姚内斌及冯继业等，在赵匡胤的允许下，均拥有较多的用兵权和财权。但这种状况，只是出现在沿边地区，其职权仅限于各自的防区。其他高级别的将帅，在宋朝统治者狭隘的政治态度影响下，已有顺从迎合及保守的趋势，其所为较以往历史上的著名将帅已大为逊色，这一点在赵匡胤多次武力攻取弹丸之地的北汉未果上可见一斑。

宋太祖一朝，正值内外用兵之际，重文轻武政策的消极作用尚不明显。宋太宗时代是武将群体素质和命运出现逆转之时。通过"烛影斧声"继位的宋太宗，是一个猜忌心极强的人，对武将更为猜忌。他曾说过一段意味深长的话："国家若无外忧，必有内患。外忧不过边事，皆可预防。惟奸邪无状，若为内患，深可惧也。帝王用心，常须谨此。"[1]此处所说的"奸邪"，针对的就是武将。为了防范武人，宋太宗在抑制方面煞费苦心。宋太祖赵匡胤时，对武将作战虽然也进行干涉，但基本能让武将放开手脚，自由发挥。宋太宗既不懂军事，又不放心武将作战，为了牢牢掌控战场，他在战前对将领颁赐阵图，临阵对敌，命令武将必须完全根据皇帝颁布的阵图应敌。不依据阵图对敌，即便获胜，回朝后仍然要受到惩处。依据阵图应敌战败的，却可以堂而皇之地逃脱惩处。在这种奇怪氛围的笼罩下，武将不求有功，但求无过，碌碌无为，毫无作为。

五代武人横行，文教无人重视。赵匡胤称帝后，大力在武将中推广学习

---

1 ［宋］李焘：《续资治通鉴长编》卷三二，太宗淳化二年八月丁亥。

儒家经典，所谓"今之武臣，亦当使其读经书，欲其知为治之道也"[1]。其实，武将提高文化素养本是应该的事情，但赵匡胤所谓的"为治之道"，并非真正的古今治乱之道，而是儒家宣扬的忠君臣子之道。北宋朝廷一方面对武将严加管束，打击毫不手软；另一方面，用忠君思想诱导武将，让其放弃个人思想，一心效忠皇帝。在软硬两手打击下，一些高级将领表现出令人啼笑皆非的行为。如党进目不识丁，为了显示自己尚文，也要在朝廷上讲几句文绉绉的话语，结果闹出笑话。宋太宗时，武人王显出任枢密使，宋太宗告诫他："爱卿世代并非出身儒门，从小遭遇兵荒马乱，一定缺乏教育，学问不多。如今爱卿在朕左右日理万机，一定没有空闲时间博览群书。"随即太宗赐给王显《军戒》三篇，说："看看此书亦可以免于尴尬。"对武将不重视军事素质的培养，反而以所谓"提高文化修养"来要求武将，未免本末倒置。这样做的结果，使得大批武将将精力放在了扮演"儒雅"上，而不是如何提高自身的军事素养。

随着北宋统治者对武将有意打击、压制，越来越多的武将不求上进，明哲保身。那些稍有所作为，或者有所抱负的武将，在宋朝重文抑武政策下，要么终身才华得不到施展，要么被打压、排挤，落个悲惨的结局。《宋史》中记载了一位名叫呼延赞的北宋初年武将，此人出身将门，久经沙场，勇猛异常，一心想上场杀敌，报效国家。当时北宋太宗两次武力收复燕云十六州均告失败，对契丹心生畏惧，不敢发动第三次北伐，呼延赞向朝廷献计献策，并请求带兵戍边。为了表示抗辽决心，呼延赞全家人身上都刺有"赤心杀契丹"文字，其子耳后还刺有"出门忘家为国，临阵忘死为主"两行小字。呼延赞为了使家中幼儿长大后身体强健，甚至在冬季用冷水浇其身体。呼延赞还自己设计降魔杵、破阵刀等重兵器，希望将来在战场能够一展身手。但宋

---

1 ［宋］司马光：《涑水记闻》卷一。

太宗对呼延赞并不欣赏，雍熙北伐时，仅仅因为厌恶呼延赞的装束，几乎将其斩首。一心向往上阵杀敌报国的呼延赞最终困顿死于军营庶务之中。呼延赞的遭遇，正是当时武将群体因自身角色而造成悲剧的缩影。

经过宋太祖、宋太宗两代皇帝苦心孤诣的打压，北宋初年的武将群体，从唐末五代崇尚武力征伐，变得循规蹈矩、唯唯诺诺，毫无武人血性。如曾经以主帅身份东征西讨的名将曹彬，在率领大军攻灭南唐，取得统一全国的重大功劳时，丝毫不敢有一点居功自傲的表现，日常温文尔雅，甚至位居枢密使高官时，在路上遇到士人，主动退避让路。曹彬的"谦让"获得了文人士大夫的好感。但就是这样一个将领，反因酒坊使弥德超一句"曹彬秉政岁久，能得士众心"[1]就迅速遭到宋太宗的免职。大将潘美因受太祖、太宗信任，执掌兵权。潘美每次到地方任职，都主动将妻子、儿女留在都城，只携带几个侍妾前往赴任。如果侍妾在任所生育，潘美马上派人将其妾与孩子一同带回京城府第，同时向皇帝报告。名义上是认祖归宗，实际上是让自己的妻子、儿女作为人质，让皇帝放心。虽然历朝以来对武人的防范一直存在，但像宋代如此如履薄冰，确实比较少见。

文人地位的提高与社会对武人的轻视

在打压武人实力的同时，北宋从建国之日起，历朝皇帝就有意识地提高文臣的政治地位，处心积虑地营造整个国家"崇文"的气氛。如宋太祖公开宣称："宰相当用读书人。"暗含着新王朝排斥武人担任宰相。宋代重视科举取士，开国初年，科举中第人数尚少。宋太宗继位仅两个月，科举考试就一

---

1 ［宋］李焘：《续资治通鉴长编》卷二四，太宗太平兴国八年正月戊寅。

次性录取近六百人，数量远远超过太祖朝。由于录取数量过多，执政大臣都觉得过分，担心其中有滥竽充数之人，故而向太宗进谏。但太宗一门心思打算"兴文教，抑武事"，因此，对于臣僚的意见置之不理。宋太宗为了表示"崇文"的决心，大规模重建三馆（昭文馆、集贤院、史馆），亲赐名为"崇文院"。太宗还亲率文武大臣到新落成的秘阁登楼观书，宫中原有的"讲武殿"改名为"崇政殿"。从宣扬武力的"讲武"到体现重视政事的"崇政"，这暗示了北宋王朝国策的转变。在皇帝若明若暗的推动下，北宋重文抑武的大政方针得以确立，文人地位越来越高，相比之下，武人地位越来越低。武将逐渐丧失了职业荣誉感和自豪感，其积极进取的精神和斗志遭到严重摧残，从而极大地降低了作为战将角色的群体素质。

在"满朝朱紫贵，尽是读书人"的大环境下，与唐、五代相比，宋代的社会风气发生了根本性转化：社会的优秀人才不再愿意或主动进入军营，文臣更不愿意改换武职。这一点，在北宋初年宋太祖朝时已经初露端倪。当时宋太祖打算让颇为尚武的文臣辛仲甫改换军职，辛仲甫回家将皇帝之意告诉母亲，结果遭到母亲的强烈反对。宋真宗时状元陈尧咨射术高超，但他宁肯担任级别较低的文官，也拒绝出任更高级别的武职。即便是忧国忧民、心怀天下的范仲淹，在与西夏作战的关键时期，朝廷为了鼓励武事，下令其与文臣韩琦、庞籍、王沿一同改任高级武职观察使，但范仲淹等人接到任命后，先后上书坚决辞之。宋神宗、哲宗朝，以兵略见长，著有《何博士备论》《司马法讲义》《三略讲义》等兵书的何去非，其最大的愿望不是成为著名军事家，而是千方百计地将自己的武职身份改为文臣。

由此可见，在皇帝有意推动下，重文抑武思想已经成为北宋社会的普遍价值观。在这种价值观的指导下，社会上的优秀人才纷纷涌向文官一途，原本同样重要的武将一途乏人问津。长此以往，无疑会影响到宋代武将队伍水平的提高，直接导致宋代军队在对外作战时的力不从心。此外，宋代推行募兵制度，士兵成分极为复杂，破产农民、地痞无赖，甚至罪犯都能混迹于军队之内，这严重削弱和降低了军人群体的社会地位和尊严。于是，社会上视当兵为贱职，连带着武人地位自然降低。

宋太祖朝，朝廷开始有意识地推行"重文轻武"政策。宋太宗时，"重文轻武"的社会风气真正形成。宋真宗时，继续推行"重文轻武"政策，结果在宋辽交战中，武将群体整体素质表现得极为低下，除少数武将尚称果敢外，绝大多数北宋武将面对来袭的辽军，或躲或逃，毫无斗志。如宋真宗咸平年间，辽军南犯，北宋禁军统帅傅潜统兵十万，却不敢应敌，"闭门自守"。禁军高级军官王荣奉命带领五千余骑兵追击撤退的辽军，王荣不敢进攻，徘徊数日，后为了搪塞朝廷，才不得已率领军队到宋辽界河南岸往返奔跑了一番。由于他担心遇到辽军，下令部下昼夜急驰，最后战马累死了近一半。

宋辽澶渊之盟签订后，北方战事基本停息，宋廷武备进一步松弛，武将更受到冷遇。寇准担任枢密使时，武人曹利用担任枢密副使。寇准一向瞧不起曹利用，两人一旦因为政事发生争执，寇准总是轻蔑地说："你只是一介匹夫，懂得什么军国大事？"除了在朝堂之上武人不受重视，在疆场之上，武人统帅地位也逐渐让位于文臣。宋仁宗时期，朝廷"重文轻武"之风达到了顶峰，军功价值遭到了社会的普遍轻视，甚至出现了"状元登第，虽将兵数十万，恢复幽蓟，逐强虏于穷漠，凯歌劳还，献捷太庙，其荣亦不可及也"[1]如此咄咄怪论。据宋代笔记小说《默记》记载，狄青任定州总管时，一次会客，官妓白牡丹趁着酒醉，公然取笑狄青脸上的从军刺文。一个地位卑贱的官妓，竟然敢在公开场合嘲笑朝廷地方高级将领，可见武将不受世人重视之一斑。在此背景下，参军报效国家成为不受人重视甚至蔑视的事情，文臣将武人应该承担的角色包揽下来，在战场上遥控指挥，排兵布阵，众多的武将

---

1 [宋]田况：《儒林公议》卷上《太宗临轩发榜》。

则沦为指挥系统中的配角，毫无发言权。当时朝廷军事枢纽枢密院中武将寥寥无几，地方驻军也基本由文官任统帅。如宋人刘挚所云："不以武人为大帅专制一道，必以文臣为经略以总制之。武人为总管，领兵马，号将官受制，出入战守，唯所指挥。"[1]

曹彬：得到皇帝和文官赏识的武将代表

五代以来，天下四分五裂，武将成为这一时期政治舞台上绝对的主角。赵匡胤称帝后，力图扭转武人飞扬跋扈的局面，建立中央朝廷的绝对权威。他采取了一系列削弱武将势力的措施，推行崇文抑武政策。赵匡胤制定的这一方针在太宗时期得到进一步加强。特别是雍熙北伐失败后，太宗更加强了对武将的压制，治国政策由五代时期崇尚武功转向崇尚文治，社会上弥漫着一股重视文人、重用文官的风气。先前地位尊崇的武将在皇帝的刻意压制和社会轻视风气的双重压力下逐渐变成了政治舞台的配角，成为不受重视的一个群体。

在这种情况下，五代时骁勇善战、脾气暴躁甚至有些残暴的武将形象越来越不适合北宋温文尔雅的文人气息。为了获得认可，武将开始按照皇帝和文官的标准努力改变自己的形象。在北宋武将中，有一位武将得到了皇帝和文官的赏识，那就是曹彬。在文人士大夫看来，曹彬不仅有着卓越的军事才能，更重要的是他身上表现出了谦和儒雅的气质。这种气质折服了对武将评价极为苛刻的宋朝读书人，正是他们将曹彬视作完美武将的典范。

作为一员武将，具有军事才能无疑是第一位的。从史书记载来看，曹彬

---

[1] ［宋］李焘：《续资治通鉴长编》卷三六一，神宗元丰八年十一月丙午。

似乎从小就对军事感兴趣，他出生在一个武将家庭，当他周岁的时候，家人按照某种风俗，在他周围摆放了许多东西，想通过看他拿什么东西来判断孩子的志向和前途。结果，幼年的曹彬左手拿着一把游戏用的戈，右手拿着祭祀用的俎豆。过了一会儿，又拿了一枚印，其余的东西连看都没看。在场所有的人都感到意外和吃惊，因为从曹彬所拿的干戈和印来看，他将来会成为掌握帅印的武将，而且死后还会受到祭祀，因为他还拿了俎豆。

曹彬的军事才能在五代时期似乎并没有完全显露出来，真正让他建功立业的还是在北宋。赵匡胤称帝后，即刻着手发动统一全国的战争，制定了"先南后北"的战略。曹彬先后参与过灭蜀和南唐的战争。特别是在降服南唐的战斗中，曹彬担当指挥全军的统帅。此后，曹彬还曾参与过收复燕云地区的雍熙北伐。雍熙三年（986），太宗以曹彬、田重进、潘美为都部署，兵分三路再次试图攻取燕云十六州，史称"雍熙北伐"。太宗吸取了高梁河之战的教训，没有御驾亲征，只是坐镇开封遥控指挥。这一次，宋军采用分进合击战术，东路以曹彬为主帅，统率十万军队声言直取幽州，吸引辽军主力；中路田重进和西路潘美两路宋军抓住时机攻占燕云十六州其他州郡；最后三路宋军在幽州城下会合，合力攻取幽州。田重进、潘美两路攻城略地，进展十分顺利，曹彬一路也很快到达涿州（今河北省涿州市），由于缺粮，只好返回雄州（今河北省雄县）接济粮草。曹彬部下士兵看到另外两路宋军攻城略地，也急于立功，就带着粮食再次进攻涿州。辽将耶律休哥采用且战且退战术，延缓曹彬军队前进速度。当宋军再次到达涿州时，已经是人困马乏，再加上天气炎热，战斗力大大降低。辽军集中优势兵力发动进攻，曹彬一路宋军在岐沟关（今河北省涿州市西南）被杀得大败。曹彬一路是此次北伐的主力部队，现在主力受到重创，其余两路宋军不得不撤退。潘美一路在撤退时，受命掩护云、应、寰、朔四州百姓迁徙。宋将杨业受命迎敌，退至陈家谷口（今山西省朔州市西南）时，发现负责接应的潘美已经指挥军队提前撤退。杨业率领残部奋勇杀敌，结果寡不敌众，被俘三日后绝食而死，上演了这次北伐最悲壮的一幕。战后，曹彬因指挥失误而受到处罚。

纵观曹彬一生，他没有中国古代名将所具备的卓越的军事才能，除了消灭南唐，他真正立下的战功似乎并不是很多，岐沟关之败与他指挥不当有直接关系。从各方面看，曹彬都不属于一流的军事家，应该说，他只能算是一个中规中矩的将领。令人惊奇的是，在北宋文人心目中，曹彬却简直成了他们理想中完美武将的化身。我们仔细分析当时的记载，就会发现皇帝和士大夫真正看重的，是曹彬军事才能之外的东西。

曹彬为人行事低调，谨慎小心。后周太祖郭威的张贵妃是曹彬的从母，因而他是皇亲国戚，但却从来不以皇亲自居。在后周时，赵匡胤掌管着禁军。作为同僚，曹彬对赵匡胤表现得不冷不热，除了公事，从不到赵匡胤家里去。平时同僚一起聚会，本来是拉关系的好机会，曹彬也极少参加。周世宗时，曹彬掌管禁中茶酒，赵匡胤为了和曹彬交往，就故意向他讨要御酒。曹彬既不想做违法的事情，又不愿得罪赵匡胤。他一面以御酒是官酒，不敢随便给人为由，拒绝了赵匡胤的请求，一面自己出钱买酒给赵匡胤喝。这种谨慎和明哲保身的行为引起了赵匡胤的注意。赵匡胤称帝后，曾经问曹彬："我当年常有心亲近你，你却为什么故意疏远我？"曹彬回答说："我是后周皇室的近亲，又担任着重要职务，小心谨慎做官，尚有受到朝廷责罚的忧虑，又怎敢有超乎寻常关系的交往？"显而易见，曹彬的特殊身份使他变得非常世故，更何况当时局势尚不明朗，赵匡胤能否夺得大位亦是未知数，圆滑的曹彬对他自然是敬而远之。赵匡胤听了曹彬的一番肺腑之言，觉得他很忠厚，就提升他为客省使，专门负责接待皇帝要见的客人。五代由于战乱频仍，朝廷不断变换，当时人的忠节观念都比较淡漠，往往谁有实力，就会成为众人效忠的对象。作为武将，曹彬能够洁身自好，不结党营私，显得尤为可贵。

入宋以后，曹彬失去了后周皇室的庇护，因而其行事低调的性格表现得更为突出。在北宋统一战争中，南唐是当时实力比较强大的政权。赵匡胤特意派遣曹彬担任主帅，负责攻取南唐。曹彬在消灭南唐回朝复命时，没有大肆张扬，只是轻描淡写地称，奉皇帝圣旨，从江南办事回来了，丝毫不提自己的功劳。曹彬的这一做法被宋代士大夫津津乐道，都称赞他不居功自傲。

除了谨慎，曹彬身上还流露出当时武将少有的一些品质。他不贪财，不嗜杀。太祖乾德二年（964），北宋发动了消灭后蜀的战争，曹彬以都监的身份参与了这场战斗。占领蜀地后，许多宋朝将领，包括王全斌、崔彦进等人都趁机大肆掠夺金银财物，而曹彬除了图书和几件衣服皆不取。回朝后，掠夺财物的将领都受到了太祖赵匡胤的处罚，就连宋军统帅王仁瞻等也承认，这次出征只有曹彬没有掳掠财物。赵匡胤对曹彬的清廉颇为满意，授予他宣徽南院使、义成军节度使。

这一时期，很多武将凶残暴戾，嗜杀成性。北宋勇将王彦升，对待俘虏十分残暴，他将俘虏的耳朵撕扯下来佐酒，竟然面不改色，俘虏往往鲜血淋漓地跪在地上，吓得不敢叫一声。曹彬在这一点上与众不同，每逢作战，他都竭力不滥杀百姓，史书上没有他虐待战俘的记录。曹彬自己宣称："自从我成为武将，杀的人够多了，但从来没有因为个人喜怒哀乐随便杀一个人。"太祖命王全斌率军平蜀，曹彬为都监，诸将都打算屠城发泄其愤怒，只有曹彬约束部下不得滥杀无辜。在进攻南唐时，曹彬有意多次暂缓攻城，劝说李煜投降。他知道南唐十分富庶，而抵抗的时间又比较长，担心手下将领、士兵在城破后出于泄愤而大肆烧杀抢掠，就在城池将要攻破的时候，曹彬忽然称病不能出门办公，其手下将领急忙前去探望病情，问他得了什么病，曹彬回答说："我的病不是用药物可以治好的，只需要你们诚心发誓，在攻破城池后不滥杀一人，我的病就会痊愈了。"面对主将的请求，诸将都表示同意，一同焚香发誓。第二天，曹彬的病自然就好了。因为曹彬的事先安排，南唐投降后才没有遭受残酷的屠杀。曹彬这项功劳被人大加称赞，成为后人学习的典范。数百年后，元朝的伯颜丞相统兵南下灭南宋，就宣称要以曹彬攻取南唐为榜样，不滥杀一人。

正因为曹彬深谙内敛之道，他越来越受到皇帝的器重，官位越做越高，一直做到主管军事的最高长官枢密使。史书上记载，曹彬在枢密院从来没有违背过皇帝的意愿，也不背后议论他人长短。尽管已经位极人臣，曹彬却从来不摆出盛气凌人的样子，仍然能保持平和的态度，从来不对手下人发脾气，不称呼低级官吏的名字。一次手下吏人犯了罪，需要执行杖刑，曹彬一年后才杖责这个吏人，当时没有人知道曹彬延期行刑的原因。后来，曹彬才做了这样的解释："我听说这个人刚娶了媳妇，如果对他实行杖刑，那么这个媳妇的公公婆婆一定会以为是儿媳妇给儿子带来了霉运，就会整天对儿媳妇进行斥责。这样的话，她在婆家就没有办法生活下去，因此我将处罚延期执行，这并没有违背法令的规定。"

对文臣士大夫，曹彬更是恭恭敬敬。平时他着装很正规，从不穿便装会见客人。如果有事出门，曹彬总是嘱咐手下人不得大张旗鼓，尽量做到悄无声息。在路上遇到士大夫，不论官职大小，曹彬总是先让路。雍熙北伐失败后，文臣赵昌言上书太宗，要求对败将执行军法，曹彬作为岐沟关失利的主要负责人，自然难逃罪责。后来，赵昌言由于受到别人的弹劾，得不到觐见的机会，曹彬当时在枢密院，他不计前嫌，向皇帝替赵昌言求情，皇帝这才允许赵昌言觐见。曹彬这种刻意低调的行为得到了文人士大夫极高的评价。在他们看来，只有像曹彬这种虽然职位很高但懂得收敛的武将才是真正品格高尚的。而在皇帝眼中，曹彬有一定的军事才能，为人又忠心耿耿，更是难得。平定后蜀还朝时，赵匡胤问曹彬宋军官吏的情况，曹彬很谨慎地说："除了战场上的事情，其余的不是我该知道的。"赵匡胤一再追问，曹彬不得已才说："只有随军转运使沈义伦为人清廉，可以担当重任。"此后，沈义伦颇受重用，做到了宰相的职位。

事实上，曹彬性格中的谨慎，很大程度上是因为他善于揣摩皇帝的内心世界。北宋建立后，对武将的猜忌和压制越来越明显。正是因为了解皇帝的想法，所以曹彬做事力求周全，尽量不触动皇帝敏感的神经，以免引祸上身。

一次，曹彬和潘美奉命攻打北汉，眼看就要取得胜利，曹彬却下令部队后撤，潘美极力主张进兵，曹彬始终不答应。战后，潘美问曹彬为什么退兵，曹彬回答说："当今皇帝曾经御驾亲征都没能攻下北汉，我们两个如果攻下北汉，那不是想快点死吗？"显然，曹彬担心自己功高盖主而招来杀身之祸。到面见皇帝的时候，太祖赵匡胤质问他们为什么没能攻下太原，曹彬巧妙而得体地回答说："陛下神武圣智，尚且不能取得胜利，做臣子的怎么能够成功？"赵匡胤听了点点头，没有再责备他们。正因为深知皇帝猜忌武将，尤其是有才能的将领，为了明哲保身，曹彬才不惜以牺牲战场上的胜利来换取皇帝的信任；也正因为他对皇帝心理了如指掌，才能做到不喜不愠。

南唐是南方割据政权中实力比较强大的政权，赵匡胤对出征南唐十分重视，在曹彬统兵出发前，当面向他许诺："等平定了江南，就让你做使相。"副统帅潘美提前向曹彬祝贺，曹彬却说："不是这样的。此次征讨，靠的是皇帝的神威，遵循的是皇帝的神机妙算，才能马到成功，我有什么功劳？更何况使相是官职中的极品，我是不会得到如此高的职位的。"潘美问他为什么如此肯定，曹彬说："太原还没有平定。"平定南唐得胜还朝后，太祖要进行封赏，赵匡胤说："我本来打算授你使相的官衔，但考虑到盘踞太原的刘继元还没有归顺，所以你就先等一等。"听到赵匡胤说这样的话，潘美就偷偷看着曹彬微笑。赵匡胤发觉了，问是怎么回事，潘美不敢隐瞒，如实禀报。赵匡胤听完以后也笑起来，当即赐给曹彬二十万钱，算作奖赏。曹彬退朝后说："人生何必做使相，做大官的目的也不过是为了多得钱财罢了。"

曹彬的这个故事被很多笔记小说所记录，被宋人作为太祖有宏图远志和曹彬不贪功的证明，但是这个故事的结尾曹彬所说的话却颇有些令人费解。曹彬将当官的目的归于得钱，这句话本身并不符合曹彬的性格。事实上，史书上看不到曹彬爱钱的记载，反而说他不贪财。比如曹彬做官得到的俸禄都周济了宗族，自己没有多余的钱。后周时，曹彬奉命出使吴越，别人送给他的礼物，一概拒绝，完成使命后即刻回国。吴越人驾着轻舟追上曹彬，执意赠送礼物，曹彬推辞了好几次，最后看到对方确实是真心实意，就说："我如果再坚持不收，就是想要赚取清廉的名声。"于是就接受了吴越人馈赠的礼物。但曹彬并没有将礼物占为己有，而是封好后带回来，统统上缴给朝廷。周世宗知道后让曹彬将礼物带回家，曹彬谢恩后，将礼物全部分给了亲戚和旧相识，自己不留分毫。欧阳修也说过曹彬住的房子很破，却并不肯修缮。从以上记载来看，曹彬绝不是那种见钱眼开、嗜财如命之人，因此曹彬说做大官是为了多捞钱，其用意大概是为了装出一副政治上毫无野心、做官只为了发财的形象，借以打消太祖的疑虑。

曹彬虽然有晚年带兵雍熙北伐失利的耻辱，但皇帝对他并无怠慢的意思。真宗继位后，任命曹彬为枢密使。咸平二年（999），曹彬病重，真宗亲自到曹彬家中探望，并为他调药，当场赏赐白银万两。当年六月，曹彬病逝，真宗再一次到曹彬家中吊唁，哭得特别伤心。以后对宰辅大臣谈到曹彬，真宗都忍不住流泪。同样是武将，曾经力助寇准促成真宗前往澶渊的高琼就没能享受到如此的待遇，当时高琼病重，真宗也曾打算前往探视，但遭到宰相的阻拦而未果。

曹彬死后被追赠中书令，追封济阳郡王，谥武惠。曹彬妻子高氏被追赠韩国夫人。曹彬的亲族、门客、亲校十余人都得到了官职。八月，真宗下诏曹彬与赵普配飨太祖庙庭。曹彬能够享受配飨的荣耀实在有些出人意料。从配飨的人来看，很明显是一文一武。赵普是太祖早年的亲信，又参与陈桥兵变，可以说是北宋王朝的开国功臣之一。虽然他和太宗有一些矛盾，但享受配飨也算实至名归。与赵普相比，曹彬在各方面似乎都没有突出之处。由于曹彬的姨母是后周太祖的贵妃，他是后周的皇亲，在后周时，曹彬与赵匡胤的关系也不是特别亲密。与石守信等人比较起来，他本人并不是陈桥兵变的参与者，因此，在北宋建立之初的相当长的时间里，曹彬并没有受到重用，后来他一贯谨慎的作风让他开始被太祖、太宗重视。曹彬享受到配飨的荣耀，与北宋朝廷确立的武将标准有一定关系。曹彬谨慎的性格、低调的作风符合皇帝和文人士大夫对武将的口味。曹彬儒将的形象让他更容易被接受，所以才能获得这个机会。

曹彬是个聪明人，他早早觉察到北宋崇文抑武的政策，并适时顺应了时代要求。为求明哲保身，在让皇帝对自己充分信任的前提下，曹彬小心翼翼地施展自己的军事才能。作为一员武将，曹彬无疑是不幸的，但与北宋大多数武将相比，曹彬又是幸运的，他不仅长时间得到皇帝的宠信，做到枢密使的高官，死后还得到配飨这样至高无上的荣誉，而大多数北宋武将，则更多的是沉沦下去，或者在皇帝和文臣的猜忌中痛苦地度过余生。

从狄青到种世衡：被压抑、迫害的武将缩影

为了更好地控制武将，在皇帝的有意引导下，宋代文官掌握了整个社会的舆论话语权，形成了对武将一边倒的歧视与批评。著名文学家欧阳修就在自己的著作中愤愤不平地说，宝元、康定年间，禁军三衙的都知、押班、殿前马步军见舍人时，都毕恭毕敬，称"不敢求见"，舍人只不过派人打发他们而已。到了庆历三年（1043），自己做舍人时，已经没有这个礼节了。但是三衙管军的官员在路上碰到舍人，还是要立即停住马，让舍人先过去。等到自己在外地做了十多年官又回到朝廷任翰林学士时，发现三衙的

仪仗相当有排场，看到学士，并不躲避，只是分道而行。这些做法，在欧阳修看来实在有悖"常理"。正因为文臣心里面对武将根深蒂固的蔑视，使他们这种自傲的态度不经意间流露出来。宋仁宗时期，武将素质进一步下降，一大批怯懦无能、品行低劣的将帅充斥在军营之中。少数一些稍有战功、有军事思想者，在整个社会重文轻武以及对武人高度防范的大环境下，不是仕途坎坷，就是无端受到猜忌、压制。著名的便有名将狄青、王德用、种世衡三人。

狄青一生的际遇，折射出武人在崇尚文治的宋代的生存空间和生存状态，也反映出宋朝立国体制的某些深层次弊端。经过宋初几代帝王"兴文抑武"的努力，社会的价值评判标准发生了根本性的转变，军功战绩不再是衡量人才高下、功业、声望的准绳，取而代之的是文学成就。韩琦面对狄青为焦用求情，轻蔑地脱口而出："东华门外以状元唱出者乃好儿，此岂得为好儿耶？"尹洙也曾说："状元登第，虽将兵数十万，恢复幽蓟，逐强虏于穷漠，凯歌劳还，献捷太庙，其荣亦不可及也。"[1] 终于从唐末五代"动触罗网，不知何以全生"[2] 的窘迫境况中脱身而出的文化精英们，不断地强化着文学至上的理念，巩固他们得来不易的国家治理中的主导地位。

在这种局面下，五代时期颐指气使的"武夫悍将"们不复其猛悍之气，不得不在文臣的轻蔑甚至侮辱下退缩避让，小心翼翼地仰人鼻息。宋初功业过人的大将曹彬，"位兼将相，不以等威自异"[3]，甚至在街市上与官阶较低的士大夫相遇时，也主动做出退避让路的姿态，其为人所称道的居然是"仁敬和厚，在朝廷未尝忤旨，亦未尝言人过失"[4]。宋真宗时期在西陲和河北边境

1　[宋]田况：《儒林公议》卷上《太宗临轩发榜》。
2　[清]赵翼：《廿二史札记校证》卷二二《五代幕僚之祸》。
3　[元]脱脱等：《宋史》卷二五八《曹彬传》。
4　[元]脱脱等：《宋史》卷二五八《曹彬传》。

颇有战功的名将马知节，任职枢密院期间与文臣王钦若、陈尧叟议事不和，王旦之子王素追忆，他入朝时见王钦若正"喧哗不已"，马知节则在旁"涕泣"。久而久之，武将的心态发生了变化，处处表现出谦恭无能的姿态，"以仁厚清廉、雍容退让，释天子之猜疑，消相臣之倾妒"[1]。极端情况下，他们甚至宁愿有过，但求无功，以免有"功高震主"之嫌。武将为了躲避擅权的嫌疑而与士卒保持距离，大将知道"败可无咎，胜乃自危"[2]，不惜牺牲士卒生命来保全自己，这无疑是一个病态的政治氛围。因此，狄青的遭遇不过是当时武人所面临的困境的一个缩影，随着文官集团地位的稳固，武将的生存状态愈发压抑。

看尽了五代时期武将们凭借兵强马壮而易置天下的闹剧，文官集团希望永久性地消弭军权对政权的威胁，继宋初实现统兵权与调兵权分离、兵将分离之后，他们继续在制度上进行探索，至北宋中期形成以文臣为主帅、武将为部将的统兵体制。狄青至西北参加宋夏战争时，就身处这样的体制下。大量不知兵机的文臣掌握了作战指挥权，武将的命运已经不由自己掌握，如果遇到范雍这样的无能之辈，覆军杀将就是等待他们的必然结局。类似李复圭之流的文官，尚且敢于充满自信地授予武将阵图、方略，失利之后又不惮于推诿塞责，无怪乎宋军对外作战屡遭挫折。饱含自尊的士大夫们面对着军事上的不断失利，又不甘心放弃已经到手的地位与特权，只能以自我吹嘘的方式自欺欺人，幻想着战场上的敌人在自己的智谋韬略下望风而降，但幻想终究难以弥补现实的残酷，体制上的积弊也一天天地丧失了救治的良机。

狄青的经历显示，远在前线的武将们想要获得升迁，必须经由文臣统帅

---

1 ［清］王夫之：《宋论》卷二《太宗四》。

2 ［清］王夫之：《宋论》卷二《太宗五》。

的提携。然而与其说这是文臣对武将的认可，毋宁说是一种充满优越感的居高临下的施舍。施舍永远是有限的，文臣已经为武将的活动范围划定了清晰的界限。在文臣掌控的界限之内，甘心居于从属的武将可以加官晋爵；而一旦他们超越界限，与文臣分庭抗礼，立刻会招致文臣群起而攻。这种界限经由国家制度的强化上升为国家意志，文官群体仍然在不断地收紧缰绳，武将的生存空间愈发逼仄。从枢密院的人选来看，经过宋太宗、真宗两朝，文臣逐渐掌握了枢密院的支配权，武官被弱化为陪位的角色，宋仁宗时期，武职出身者在枢密院已完全处于被压倒的局面。西夏元昊自立，宋仁宗召枢密院长官询问边备，诸人竟然都无言以对，宋仁宗愤而将枢密院长官四人尽皆罢免。或许是出于对其他大臣的失望，宋仁宗对狄青的信任是发自内心的，但即便是他，也难以扭转整个文官集团的意志，如狄青这样的良将，仍然难免沦为摆设。从仁宗嘉祐元年（1056）罢去狄青、王德用枢密使之任后，一直到北宋覆灭，枢密院几乎成为清一色的文臣衙门，在七十余年的时间里，只有郭逵和种师道两位武将在其中任职。郭逵在宋英宗治平时任同签书枢密院事一年多，大部分时间以陕西四路沿边宣抚使的身份出镇在外；种师道在金军大举攻宋时，被授予同知枢密院事的官职，率军解围，显然也是挂名虚衔。也就是说，在相当长的时间内，作为国家最高军事机构的枢密院，居然完全没有富于军事经验的武将参与其中。

狄青在其仕宦生涯中，大体上与文官集团维持了比较融洽的关系，最初在陕西得到尹洙的推荐，韩琦、范仲淹的赏识，其后又有余靖为其撰写《平蛮碑》。从狄青生前和身后士大夫集团对他的评价来看，文官集团对他的功业整体而言是予以认可的。因此，包括余靖、欧阳修等人对他的污蔑乃至谩骂，并非源自私人恩怨，而是出于维护文官集团对国家领导权的独占的需要，是维系兴文抑武的国家体制的必需。狄青的功业越盛，官职地位越高，对文官集团的威胁就越大，与国家体制之间的冲突就越激烈，正如欧阳修所说:"武臣掌国机密而得军情,岂是国家之利?"[1]狄青存在的意义,已经超出了其个体的范畴;罢免狄青的意义,也不限于个人得失。正因如此,我们看到,在士大夫集体攻击狄青时,尹洙、余靖等与他关系密切的文官们并没有为他发声。站在整个文官集团、国家体制的对立面,狄青的悲剧性结局无法避免,他的遭遇反衬出体制的冰冷和身处其中的人们的冷酷。

然而就长远的历史发展趋势而言,狄青并不是唯一的失败者,文臣对从中枢决策机关至地方统兵体系的独占,最终给宋王朝带来恶劣的影响,王夫之评论说:"中枢之地,无一策之可筹。仅一王德用之拥虚名,而以'貌类艺祖,宅枕乾冈'之邪说摇动之,而不安于位。狄青初起,抑弗能乘其朝气,任以专征,不得已而委之文臣。匪特夏竦、范雍之不足有为也,韩、范二公,忧国有情,谋国有志,而韬钤之说未娴,将士之情未浃,纵之而弛,操之而烦,慎则失时,勇则失算。"[2]当面对金人的虎狼之师时,不知兵机的文臣统兵者们犹如待宰之羔羊,相对于个人而言无可撼动的体制,终究无法抵挡历史的车轮。

与狄青相比,北宋另一名著名的武将王德用的命运似乎要好一些。王德用出身于武将世家,他的父亲王超是宋太宗的潜邸旧臣,在真宗朝也受到重用,虽然他本身不善谋略,作战经常失败,也因此受到处分,但由于皇帝的信任,王超的官位越做越高,死后朝廷赠其侍中,又赠中书令,追封鲁国公。相比于父亲的无能,王德用很年轻的时候就显露出了军事才能。至道二年(996),宋太宗下令兵分五路,试图一举荡平李继迁。王超亲统六万士兵出征,年仅十七岁的王德用就以前锋的身份随军出征,并带领军队冲锋陷阵。王德用参加的战斗并不是很多,但他在仕途上稳步前进,这

---

1 [宋]欧阳修:《论水灾疏》,《全宋文》(第三十二册)卷六八七《欧阳修二五》。
2 [清]王夫之:《宋论》卷四《仁宗八》。

可能与他父亲的身份有关。宋仁宗时，想任命王德用为签书枢密院事，王德用推辞说："臣只是一名武将，得到陛下的信任在军队中为国家效力，已经很不容易了。我平时不学无术，不堪担当枢密院的职务。"仁宗不答应，将其任命为枢密副使，后又提升他为知枢密院事。

王德用虽然担任枢密院的最高长官，却因为自己是武将而刻意自我贬损。按照北宋朝廷的旧制，宰相和枢密院长官可以推荐馆职人选。有人想到馆职谋职，就偷偷地找王德用，希望他能在皇帝面前推荐自己，王德用说："你是通过科举考试进入仕途的，有人推荐的话，也应该是由科举出身的文官才相配。我是一名武将，从来不看书，如果由我来推荐你，那就不合适了。"身为枢密院长官，王德用无论从条令规定还是从资格上都可以荐举士人，但他却坚决不肯这样做，因为他很清楚，国家的一些权力是不能由武将操控的。

由于很年轻就随父征讨西夏，所以王德用在西夏名气很大，再加上他长相特别，身材魁伟，面庞黝黑，脖子以下却很白，所以人称黑王相公。西夏人看到小孩子啼哭不止，往往吓唬孩子说，黑大王来了。王德用很知趣，在枢密院屡次请求辞职，平时也不参与决策，尽管他保持低调的作风，也有皇帝的信任，但还是免不了受到文官的猜忌。

有人在他长相上大做文章，说王德用长得像宋太祖赵匡胤，文官孔道辅跟着上奏，不仅说王德用长得像赵匡胤，还危言耸听地说他家里的房子"宅枕乾冈"。乾冈，就是西北冈。王德用以西北冈为依傍修建住宅，这本是当时风水择地的一般原则。但是由于王德用的住宅位于皇宫西北的乾位，乾是天的代表、皇权的象征，这样看来，王德用就有凌驾于皇帝之上的嫌疑了。孔道辅说王德用在士兵中很有威望，从国家安全考虑，不能再让他在枢密院供职。这种奏章几乎可以让王德用死无葬身之地。

王德用很清楚自己处在危险的边缘，稍有不慎，灭顶之灾就会从天而降。他再次向皇帝提出辞呈，并将自己家的房子也捐给朝廷。在给皇帝的辞职书中，王德用不卑不亢地写道："我长得像太祖皇帝，这是父母生我的时候就决定了的；我的房子依傍西北冈修筑，但是这房子是先皇赐给我家的。"王德用的这些话很快传播开来，人们都怪孔道辅多话。其实，孔道辅受到批评不是因为他弹劾王德用这件事，而是他提出的理由太过于无聊。在宋人看来，文臣有义务和责任监督武将。

王德用果然被调离枢密院，贬为右千牛卫上将军，下放到随州，州里面设了判官一职，明显是负责监视王德用。王德用的家人看到这种情况，心里都很害怕，王德用表现得很从容，他并没有像狄青那样在担惊受怕中死去，行为举止就像平常一样，只是不再接见客人。后来有人告诉他，曾经陷害他的孔道辅死了，王德用并没有表现出幸灾乐祸，只是轻描淡写地说："孔道辅身为言官，弹劾大臣是他的职责，怎么会害我呢？朝廷少了一个忠臣，非常可惜。"由于查无实据，所以王德用慢慢地也就恢复了职务，后来朝廷要防御西夏和辽朝，又重新起用王德用。

经历了这次危机后，王德用的仕途反而愈发顺利。皇祐三年（1051），王德用上疏请求致仕，仁宗下诏王德用以太子太师致仕，大朝会缀中书门下班。虽然已经退休，遇到朝廷重大节日，王德用仍然出现在朝班中。一次辽朝使臣不解地问："黑王相公又被朝廷起用了吗？"仁宗听到这话，下令起复王德用，以河阳三城节度使、同中书门下平章事、判郑州。至和元年（1054），王德用再次担任枢密使。第二年，富弼担任宰相，契丹使者耶律防来宋，王德用陪同耶律防在玉津园射箭。耶律防说："宋朝天子让您掌管枢密院而用富公担任宰相，将相都恰如其人。"仁宗听说后十分高兴，赏赐王德用一张弓，五十支箭。王德用晚年屡次求退，朝廷不得已，最后让他退休。仁宗还特意下诏，让王德用五天参加一次朝会，因为年老体衰，到时候可以让儿孙辈搀扶。王德用死后，朝廷赠太尉、中书令，给他家里赏赐黄金。

仁宗朝是北宋武将地位最为低落的时期，狄青就因为文官的迫害而悲惨死去，在这种情况下，王德用虽然也一度遭到迫害，但他后来仕途却一帆风顺，似乎成为皇帝的宠臣。确实，我们仔细分析王德用后期得宠的原因，可以得知，在很大程度上外部条件是诱因。由于北宋在与西夏战斗中屡屡受挫，辽朝趁机逼迫北宋朝廷将岁币由每年三十万增加到五十万，北宋朝廷苦于招架，只得答应。为了不让辽朝进一步轻视北宋，朝廷迫切需要一个武将典型来对外宣传。在这种情况下，王德用无疑成为最好的人选。他在西夏和辽朝都有一定威信，为人又很谨慎，因此仁宗才会比较放心地让王德用作为北宋武将的形象出现在政府高级领导班子中，当然，王德用虽然担任枢密使的职务，但他只是一个摆设，并不处理任何实际事务。对王德用个人来说，他晚年飞黄腾达，受到朝廷"重用"，似乎是他的荣耀，但其实这是一个悲剧：作为一名武将，他没有办法在战场上施展自己的军事才华，只能作为文官的陪衬出现在朝堂上。他只是一个符号和工具，朝廷需要的不是他的军事才能，而是把他当作一个可以用作对外宣传的活标本。

种世衡是北宋初年著名隐士种放的侄子，文人出身的种世衡怀着一颗报效国家之心投身边防。宋夏战争爆发后，由于北宋常年疏于战备，很快就暴露出边境防守不足的严重问题。种世衡当时担任鄜州（今陕西省富县）判官，他经过实地考察，向当时主持陕西战事的范仲淹提出在延州（今陕西省延安市）东北二百里宽州旧地（今陕西省清涧县）修筑城池青涧城。青涧城的修筑过程相当艰难，西夏不断派军队前来破坏，种世衡不得不一面督促士兵加紧修城，一面指挥军队抵御西夏进攻。青涧城修成后，种世衡奉命驻守。由于地处边境，人烟稀少，粮饷缺乏。种世衡便亲自率领士兵开垦土地，种植粮食，经过不懈努力，他先后开垦了两千多顷田地，青涧城的军粮得到了有效保障，青涧城因此成为北宋防御西夏进攻的一座坚强堡垒。

为了孤立西夏，种世衡千方百计招安北宋与西夏之间的羌族部落，使之成为北宋强有力的同盟军。为达到收服羌人部落的目的，种世衡一改宋廷官员颐指气使的做法，亲自深入羌人部落，嘘寒问暖。在种世衡的笼络下，当地羌人唯命是从，积极配合宋军防御西夏的进攻。

虽然种世衡为国操劳，生前却多次遭到大臣的弹劾，死后朝廷没有按照习惯对其进行赠官与抚恤。后来直到种世衡之子种古悲愤于朝廷对其父亲的不公，只身前往京城申诉，在一些有正义感的官员帮助下，朝廷才决定赠予种世衡成州团练使，并将其事迹写入国史，算是给了九泉之下抱憾终生的种世衡些许安慰。

宋神宗是北宋最有抱负的一个皇帝，为了改变国防颓势，在大臣王安石的协助下，宋神宗对传统抑制武将政策进行了一定的调整，推行了"将兵法"，武将群体素质有所改善。宋哲宗朝，伴随着清算王安石变法斗争行动的展开，对武将的鼓励政策也被废止。北宋末年，朝政日趋混乱，武将队伍的精神面貌及素质也更为低下，这一点鲜明地体现在宋金联合灭辽以及金朝灭北宋时的诸多战争中，最终酿成"靖康之难"悲剧的发生。

北宋灭亡后，皇室成员赵构在战火纷飞情况下仓促建立南宋政权。北宋的灭亡，使得其各项制度崩溃瓦解。南宋建立初，赵构不得不重新建立武装力量，以保卫自己的安全和维持统治。在这种情况下，武人地位有所提高，南宋出现了韩世忠、岳飞等著名的武将，但随着宋金议和的进行，皇帝对武将防范的思想日益加强，崇文抑武的政策继续在南宋推行，一直到其灭亡。

结　语

宋朝君主鉴于唐末五代武人飞扬跋扈的弊政，对武将严加防范，尽最大努力消除武将割据或者叛变的可能性。宋太祖赵匡胤确立起重文抑武的国策，他下令将全国最精锐的士卒集中，组成中央禁军，实施"更戍法"，不断调动部队的驻地。他还通过"杯酒释兵权"等方式逐步解除了禁军高级将领的兵权，分割了禁军统帅的职权。作战时，将领必须根据君主制定的方案作战，不能随意自作主张。

更重要的是，在种种打压武人的制度和政策之下，文臣和武将的差距越拉越大，社会风气发生了巨大的转变。人们将当兵视为低贱的职业，官员不愿从事武职，文臣轻视武将，军功得不到应有的重视和表彰。武将也主动贬损自己的形象，有意向文人靠拢，最终丧失了军人应有的血性。宋代固然再也没有出现军阀割据、武人干政的局面，但是，一批有才能的武将遭到压抑和迫害，无法真正施展抱负、实现价值。两宋在与少数民族的战争中长期居于弱势地位，因女真和蒙古的"外患"而亡国，这无疑是宋朝为"重文抑武"国策所付出的惨痛代价。

第二章

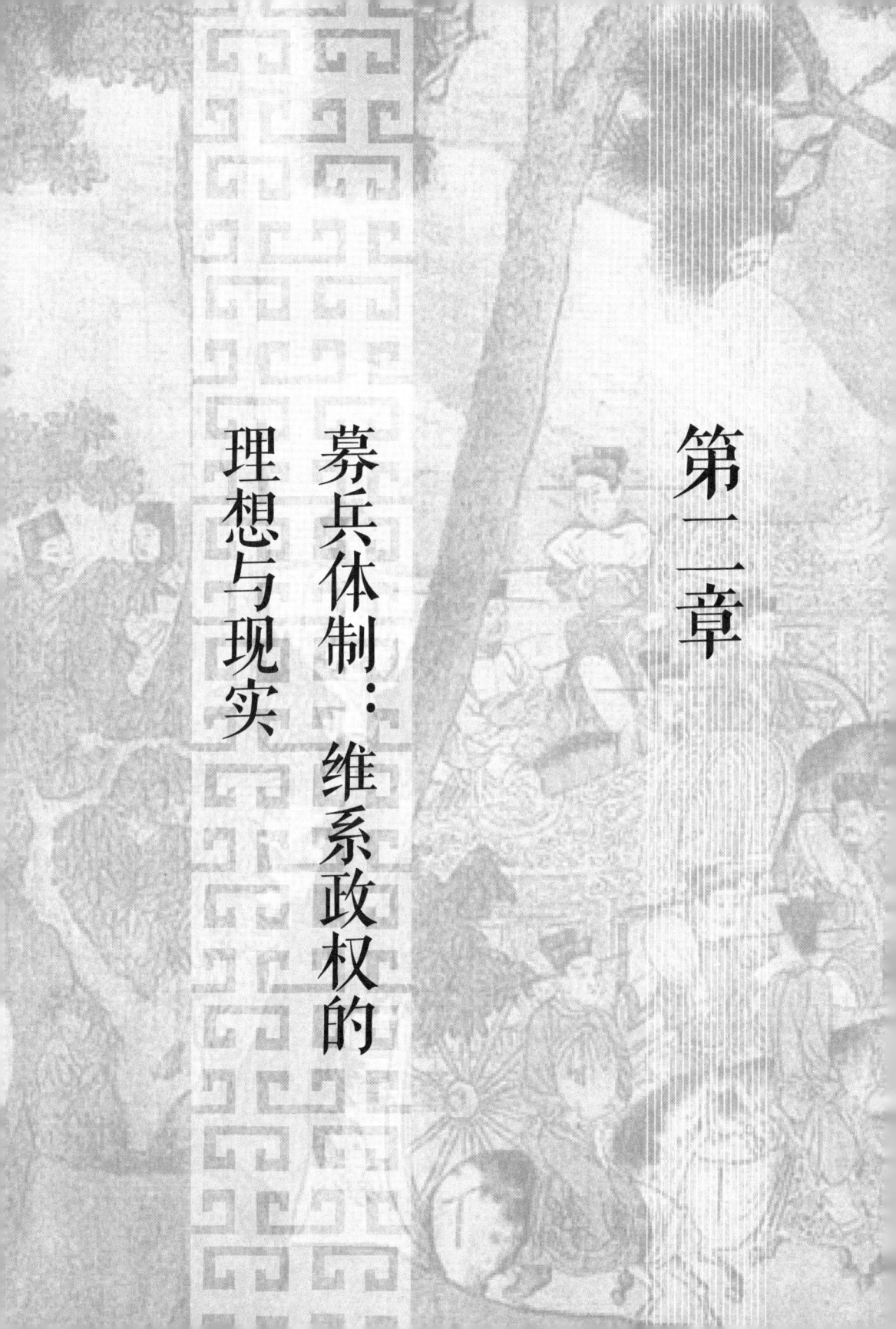

募兵体制：维系政权的理想与现实

赵匡胤建国后，深刻吸取"陈桥兵变"的教训，想方设法革除五代以来的各种弊端，以免重蹈五代各国短命的命运。于是赵匡胤的一切政治措施都围绕这一主题原则展开，用宋太宗赵光义的说法，就是"事为之防，曲为之制"，任何事情或制度都要互相牵制。其中在军事方面的体现是，募兵制度被作为一项不变的国策确定下来。据史书记载，赵匡胤对募兵制度很满意，他自信地说：可以给赵宋王朝带来百代之利的，只有养兵之策。

居安思危与募兵制的建立

北宋国家军队分为禁军、厢军、乡兵、蕃兵四种。禁军也被称为正兵，负担着保卫国家和征战的职责，属于国家正规军队。厢军的成员主要是那些身材不够魁梧、体质不够健壮，不能编入禁军或是被禁军淘汰的士兵。厢军一般只在诸路州郡负责杂役，不用于作战。禁军和厢军从组织结构上来看，是由政府招募的、按月、按节或按年给予一定数量的"廪给""请受"的正式军队，是募兵制度的主要组成部分。从职责和社会地位来看，禁军要高于厢军。

乡兵、蕃兵是国家正式军队的补充。北宋的乡兵主要是指在辽、西夏边界诸路，或有少数民族聚居的诸路，间或也在内地某些地区，国家根据当地居民各户丁壮数目，通常情况下按三丁抽一或五丁抽二的办法抽调出来加以编制，并令其在农闲季节进行训练的军队。蕃兵由西北缘边诸路羌族部落中汉化较深、与汉人关系较好的所谓"熟户"中的丁壮编制而成。与禁军相比，乡兵、蕃兵都是通过抽调征发而来的，不是由北宋政府招募来的，虽然在某些特定时期内，北宋政府也需要给予二者一定的物资补助，但他们基本上不能列入募兵制度范围之内，充其量算是对募兵制度的一种补充。不过，确切地说，宋朝实行的是以募兵制为主、募兵与征兵相结合的兵役制度。

宋朝募兵的对象主要是流民和饥民。为了防止灾民作乱，宋朝政府每逢灾荒年份就会招募士兵，将流民、灾民收编入政府的军队，使潜在的威胁转化为维护统治的力量。宋真宗时期，潭州发生饥荒，于是官府便将这些饥民招入军队，共计万余人。南宋孝宗时期，江西、湖南两路因旱灾而粮食歉收，宋廷下令各招募千人。灾年招兵暂时安定了社会，但也带来了巨大的隐患。

宋廷招募士兵时主要衡量身高和体力，除此之外，还要测试应募者的跑跳动作和视力。按照宋廷制定的标准，符合条件者被分到上、中、下禁军和厢军。上禁兵对身高要求最高，军俸也最高，中禁兵和下禁兵军士的身高和军俸各有等差。

北宋实行的募兵制度并非独创，而是继承了晚唐、五代以来的募兵制度并进行了改动，即赋予募兵制度新的职能或功用，来贯彻宋朝的"事为之防，曲为之制"的精神。

首先是利用文官制衡武将。赵宋王朝定都"四战之地"的开封，首都周围无险可守，为了保卫首都的安全，势必需要大量军队进行驻防。有宋一代，周边少数民族政权林立，且军事力量相对强大，几乎全都与北宋发生过或大或小的军事冲突，在这种情况下，北宋只能是"依兵而立"，保持强大的军事力量。但另一方面，北宋开国皇帝赵匡胤通过军事政变上台，内心深处十分担心其他军事将领仿效自己发动新的"陈桥兵变"，所以必须严格控制武将的实力。为了消除这一隐患，北宋政府在文臣、武将之间搞不平衡，大力提高文官地位，压制武将，也就是"重文抑武"。北宋"重文抑武"不仅体现在朝堂之上文官压制武将，连在传统上武将势力范围内的军队系统中，文官也要压在武将之上。表现在军队中加入了文官序列，并刻意拔高文官的地位，除在意识形态上制造重文轻武的局面，还在职阶的设置上以文官压制武将。一般的做法是由文官出任正职，武将出任副职。北宋时期在宋辽、宋夏交战中，北宋政府常常委派不能领兵打仗的文官出任正职，真正能够领兵打仗的武将出任副职，这样掌控军队能够造反的武将必须听命于不懂军事、没有造反能力的文官，两者相互牵制，北宋政府则可高枕无忧。

其次是武将与士兵之间的制衡。武将统率士兵，两者时间一久难免产生亲密关系，这一点是赵宋皇帝不愿意看到的。宋太祖赵匡胤深谙武将与军队关系密切的可怕后果，为了割断武将与士兵之间的联系，北宋政府在军队中推行"更戍法"，使"兵无常帅，帅无常兵"，达到"兵不知将，将不知兵"的目的。"更戍法"表面上宣称是为了让士兵更多地了解各地情况，锻炼士兵，实际上是害怕武将与士兵在一起时间太久，两者关系密切。事实上，"更戍法"除达到赵匡胤的私人目的之外，是一种十分不可取的战术。每次更戍都要消耗大量政府的财力，同时"将"与"兵"由于相处时间太短，彼此之间不熟悉，发生战争之际，两者配合不默契，极大地削弱了军队的战斗力。后来，北宋在与少数民族政权战争中屡屡失利，一定程度上是武将与士兵之间磨合不足造成的。

再次是士兵与民众之间的制衡。赵匡胤采纳募兵制度之初，重点在于把"失职犷悍之人"收编入军队，且终生供养，这就刻意把"兵"与"民"分割开来。用赵匡胤的说法："可以利百代者，唯'养兵'也。方凶年饥岁，有叛民而无叛兵；不幸乐岁而变生，则有叛兵而无叛民。"[1]从赵匡胤的总结中可以看出，募兵制度将士兵与一般民众隔离，使其成为两个"绝缘"的群体，赵匡胤是十分得意的。赵匡胤之后的北宋历代帝王，对于赵匡胤的用意也是深有体会，对于募兵制赞不绝口。

北宋军队的招募对象多为灾荒饥民，并实行灾年招募饥民为兵的养兵制度。此外，还鼓励营伍子弟接替父兄当兵，或以罪犯充军，兵源缺乏时，也抓民为军，一经应募，终身为伍。北宋规定，诸路募兵由长吏或都监施行，以"兵样"或"木挺"为标准，选壮健者充禁军，其短弱者充厢军。新兵入伍，即在脸部或手臂刺字，以标明军号，故招募又称"招刺"。其家属可随住军营。宋军实行拣选制度，每年春秋按上、中、下三等标准进行训练考核。壮健有武技者，可由厢军升禁军；武技出众者，优给赏物，可补阙阶官；武技不及下等者，马军降为步军，又不及降为厢军；老弱者或降低级别，或削除军籍，或降充"剩员"和供军中杂役。禁军、厢军以及土军，一般六十岁退役，其衣粮供给减半。阵亡军士家眷有抚恤，伤残也有安置的规定。

最后是军队之间的制衡。北宋禁军驻扎地一般分为京城和外地。作为国家最重要的正规军，北宋禁军负担着保卫京城、戍守边疆、保护地方州郡之职，同时还有镇压民变和农民起义以及对周边民族政权的防御、征讨等任务。为了既能够完成各项"任务"，又不威胁到国家政权，北宋皇帝在禁军驻扎分布方面煞费苦心，以求能够做出符合互相制约原则的种种安排。据宋神宗所言，宋太祖赵匡胤时期，全国禁兵大约二十万，其中京城驻扎十万，地方驻扎十万。京城军队可以制衡地方诸路，使地方不敢轻举妄动；同时，地方各路禁军联合起来，也足以抵挡京城守队，京城就不会发生变乱。如此一来，内外相互制约，没有偏重，天下太平。从赵匡胤对于禁军屯驻地和人

---

1 ［宋］晁说之：《嵩山文集》卷一《元符三年应诏封事》。

数比例的安排上面，我们也可以看出他无时无刻不在担心自己及子孙的皇位的安全问题。

募兵制度造成北宋兵力不振

由于北宋政府推行募兵制度，北宋军队数量像雪球一样越滚越大。宋仁宗至和二年（1055），枢密院上奏全国士兵总数，太祖开宝年间（968—976），全国据统计有士兵三十七万八千人，其中禁军有十九万三千人。而庆历年间（1041—1048），全国有士兵一百二十五万九千人，其中禁军有八十二万六千人。短短不到八十年间，士兵数量就增加了两倍多。事实上，皇祐初年，全国的军队又增加到了一百四十万人。虽然士兵数量越来越多，素质却越来越差。

由于北宋政府的募兵，更多的是为了维护社会治安，防止百姓造反，这就使国家在招募士兵时不太考虑被征者的各种素质，很多游手好闲者甚至地痞流氓之类都进入了军队。遇到天灾人祸，朝廷募兵的对象更是那些可能对社会产生危害的不良分子，这些人把社会上的一些坏的习气带到军营中，于是，军队中充满了市井气和流氓气，严肃的军纪逐渐遭到破坏。"欲得官，杀人放火受招安。"这是宋代流传甚广的一句话，由于宋廷实行招抚政策，很多接受招安的盗贼都可以摇身一变成为朝廷官员。像北宋末年的宋江等人，在接受招安后被任官，趾高气扬地行走在大街上，引起路人的惊愕。文官李若水记载了这一场面："大书黄纸飞敕来，三十六人同拜爵。狞卒肥骖意气骄，士女骈观犹骇愕。"[1] 宋江等三十六位首领被授官，他手下的士兵

---

[1] ［宋］李若水：《捕盗偶成》，《忠愍集》卷二。

自然被编制为朝廷军队。根据宋朝募兵制度规定，士兵一旦被招募，便终身"仰食于官"，即便是年老体弱后也不会被淘汰，成为终身的职业兵。如此一来，士兵中就既有精锐的少壮士兵，也有那些不堪战斗、饱食终日的老弱病残之人。这样的军队要是临阵对敌，战斗力肯定大受影响。而且天长日久，士兵的士气也会受到影响。

北宋建国初，赵匡胤为了防止士兵素质下降，曾特意制定了一些规定，比如士兵不允许穿着丝绸等制作的华丽衣服，每次发放军饷和军粮，士兵必须亲自去领取，不允许让他人代领。还特意规定住在城西的士兵要到城东仓库领粮食，住在城东的士兵要到城西仓库领粮食，目的就是要士兵养成吃苦耐劳的习惯。随着大规模战争的结束，士兵的训练形同虚设，素质急剧下降。宋仁宗时期的苏舜钦就不无忧虑地对范仲淹说："现在诸营士兵不肯用心操练，将校与士兵中整日赌博、饮酒的很多；随意出入军营，整日游荡于市井，以卖弄技巧绣画为职业，穿衣打扮完全不似士兵，众人都习以为常。"禁军"骄惰"到何种程度，北宋中期的欧阳修就曾不无担心地上奏："如今士兵当值，让别人替自己携带武器；禁军发粮饷，雇人替自己扛粮食。这样的士兵，怎么肯辛苦作战呢？"

赵抃到过陕西，看到当地禁军虽然很多，平时却很少进行军事训练，而主帅和一些官员私自役使士兵为自己劳作，或者五七百人，或者千余人，这些士兵连规定的校阅都不参加。他在上奏中发出这样的质疑，万一出现紧急军情，国家让这样的军队参战，这和让毫无军事训练的市人参战有什么区别？其实，在宋夏战争时，禁军就已经暴露出战斗力不强的弱点。大臣田况在上奏中提到，与西夏作战的北宋骑兵最高番号"龙卫"中的一些士兵甚至不能披甲上马。至于其他低级别番号的北宋骑兵，边骑马边挽弓，只能挽五六斗的弓，每次教习射箭，都往空中射箭，由于没有力气，射出去的箭离开马前一二十步就已经坠落在地上。以西夏军队的坚硬铠甲，纵使能够射中，也不能射穿，况且未必能射中。

作为北宋骑兵中高级别番号的龙卫士兵，战斗力都已经大打折扣，可以想象低级别番号的禁军，战斗力会差到何种地步。正因为如此，北宋在与周边民族作战时，往往败多于胜。当时西夏军队深知北宋禁兵不堪一击，对北宋军事主力禁军毫无畏惧，每次交战碰到宋朝禁军都感到很高兴，因为他们知道禁军战斗力极差。相反，由一些常年生活在边境上的普通百姓组成的非正规军队土兵，战斗力反而远远强于禁军。有时候宋军将领为了让西夏军队上当，就故意把禁军和土兵的旗帜、番号进行交换，让西夏军队在进攻土兵时误以为是禁军而掉以轻心。虽然宋军通过这种战术取得了胜利，但作为北宋军事主力的禁军，在统一全国的战斗中还曾英勇善战，经过短短几十年，竟然衰落到这种地步，实在令人难以置信。

到了北宋末年，禁军由于常年疏于军事训练，有些士兵甚至都不会骑马，好不容易骑上战马，却因为害怕从马上掉下来，两只手死死地抓住缰绳；有的士兵干脆连弓箭都拉不开，或者射出去的箭没有一点力道。这样一支部队，在灭辽、抗金战争中屡遭败绩，也就不让人感到奇怪了。

不堪一击的北宋募兵与靖康之难

宣和四年（1122），宋将刘延庆统率十万军队，外加投降的郭药师常胜军，浩浩荡荡杀奔辽朝的燕京。当时燕京兵寡将弱，主要依靠萧干统领的不到一万辽军。由于实力对比悬殊，刘延庆自以为辽军肯定望风而逃，所以军队行进毫无纪律，结果被萧干半路劫杀。初战失利，刘延庆慌了手脚，赶紧下令闭关不出。后来郭药师偷袭燕京失败，萧干派兵虚张声势，佯作进攻状，刘延庆不辨真伪，连夜烧营而逃，军饷物资统统丢弃。得知宋军不战自退，萧干趁机追击，宋军又败，最后仓皇逃回雄州。

靖康元年（1126）正月初二，金将斡离不所部攻陷相州（今河南省安阳市与河北省临漳县一带），迅速逼近黄河。钦宗任命内侍梁方平率领骑兵七千人、步军都指挥使何灌率兵两万人扼守黄河，阻挡金军渡河。梁方平根本就没有做抵抗的准备，只是天天饮酒作乐，看到金军逼近，仓皇逃窜。负责把守黄河渡桥的宋军也吓得将黄河上的桥梁烧断后逃跑。至此，黄河对面已经没有任何宋军把守。第二天，斡离不不慌不忙地找到小船，率领自己的队伍在宋军几乎毫无防御的情况下安全地渡过黄河。由于人马太多，足足花了五天时间，骑兵才完全渡过，步兵接着渡河。

十一月，粘罕率领的西路军赶到黄河北岸，此时北宋负责把守黄河渡口的是宣抚副使折彦质。北宋朝廷这一次对黄河比较重视，不仅有折彦质带领的十二万人，还有李回带领的一万骑兵，近二十万宋军分布黄河沿岸，声势颇为壮观。金将完颜娄室对粘罕说："宋军人马众多，我军如果强行渡河作战，胜负难以预料，不如虚张声势，恐吓宋军！"当天夜里，金军准备了数百面战鼓，同时擂响，声震天地。折彦质听到震天动地的鼓声，以为金军趁夜色杀过黄河，吓得连夜逃跑，李回也匆忙逃走。第二天，金军安安稳稳地渡过黄河。

除了战斗力不强，北宋末年的士兵暴露出雇佣兵特有的劣性——有奶便是娘。金军攻陷开封后，守城宋军一哄而散，宋将范琼很快就变节成为金军的爪牙。金人打算废黜宋钦宗，改立张邦昌为傀儡皇帝，开封留守王时雍怕百官不服，就骗百官到秘书省，指使范琼将省门关闭，以重兵将会场团团包围，然后范琼当众宣布推戴张邦昌为皇帝。在这种情况下，谁也不敢提出反对意见。为了稳定军心，范琼露骨地对士兵说："当兵的目的就是养家糊口，所以赵官家（宋朝皇帝的称谓）来了我们吃饭，张官家来了我们照样吃饭。"宣赞舍人吴革计划起兵杀死张邦昌，夺回徽、钦二帝，范琼知道后，假意与他联合，在骗取吴革信任后，将其全家和同谋者全部杀死。张邦昌登基，很多宋臣都流露出悲痛的表情，只有范琼等少数人扬扬自得，以开国功臣自居。

金军嘲笑在靖康之难中，宋朝忠义之人只有李若水一人而已。上百年的养兵政策，换来的却是助纣为虐的范琼之流。

常胜军和义胜军——助纣为虐的募兵

与范琼表现相似的还有两支北宋朝廷花费巨资招募的军队——常胜军和义胜军。

常胜军源于辽朝末年天祚皇帝时期，其初创时被称为怨军。辽朝末年，女真崛起，阿骨打领导女真族人民反抗辽朝的残暴统治，为此辽朝屡次派兵弹压。然而，辽朝军队屡战屡败，伤亡惨重。因此，天祚皇帝下令招募辽军死难将士的后裔及一些流离失所的老百姓充兵，组成了怨军。辽朝统治者企图雇佣这些人为亲人报仇雪恨，攻打女真，恰恰相反，这些雇佣军反倒变成了统治者的一个极为沉重的包袱。赡养这支军队的费用姑且不论，怨军经常打家劫舍，犯上作乱，弄得辽朝统治者非常头疼。

宣和四年（1122），宋朝大兵压境，金朝军队在辽朝北面节节胜利，南边宋军声势浩大，已兵临燕京城下。常胜军首领郭药师自知燕山府难守，于是率部投降宋朝。

辽朝灭亡后，按照宋金海上之盟的约定：宋金联合夹攻辽朝后，宋朝收复燕云十六州之地，燕云之地的汉族归属宋朝。契丹、奚等民族则迁徙到金朝的统辖区内。常胜军士兵均属这些民族，理应归属金朝。但在常胜军的归属问题上，宋金两国统治者出现了两种截然不同的态度。昏庸的宋徽宗听信童贯的偏见，以燕云十六州的汉族富民、工匠等同常胜军做交换，自以为得计，换来一群骁勇善战之人，并给予他们丰厚的待遇，重用他们捍边卫国，将防御金军的重任交给这帮雇佣军。其实这是养虎遗患，后来的史实即能证明这一点。

常胜军镇守辽朝涿州时，应该属于辽朝的精锐部队，其军事实力极为强大，但士兵数量有限。郭药师投降后，常胜军在北宋统治者的竭力扶植下，其力量迅速壮大起来。宋朝统治者放手让郭药师在燕山地区招兵买马，因而常胜军的人数很快增加，与此同时，宋朝政府还将燕山府的政治、经济、军事大权毫无保留地交给了降将郭药师。虽然宋政府曾派遣王安中出任燕山府知府，但大权旁落，燕山府的实权被牢牢掌握在郭药师之手，颇有尾大不掉之势。

宋朝政府对常胜军的宽容态度使常胜军更加骄横跋扈，肆无忌惮。他们在燕山地区大肆劫掠百姓财产，使燕山地区民不聊生，于是这些地区的人民对宋政府大失所望。宋朝统治者将防御燕山地区和抵抗金军入侵的希望完全寄托在常胜军身上，使河北地区的边防形势更为恶化，这对北宋来说，无疑是致命的失误。常胜军的存在加重了宋朝的经济负担，使冗兵冗费问题更加严重。同时使河北、河东、京东地区的社会经济遭到罕见的摧残。原来童贯计划用燕山地区富民田宅养活常胜军，但事实上是不可能的，宋朝为此付出了巨大的代价。

宣和七年（1125）年底，斡离不率军南侵燕山府，常胜军高级将领张令徽等人不战而降，临阵倒戈，接着郭药师也率部背叛宋朝，投入斡离不的怀抱。自此，宋金对峙的短暂局面便彻底打破了，斡离不在短短的十几天里，不费吹灰之力便占领了宋朝北方军事要地燕山府。不仅如此，金朝还得到了实力雄厚、装备精良的数万常胜军，其后宋金签订和约，但金朝退兵时，所过之处，无不进行一番洗劫，河南、河北之地惨遭劫难，这些计策都出自常胜军降将郭药师之口。宋徽宗禅位钦宗，斡离不担心形势会发生变化，想要暂时停止进攻，以观时变。郭药师却对他说，宋朝不一定有所准备，可以继续进军，见机行事。斡离不觉得郭药师的建议更好，就继续指挥军队向开封进攻。

义胜军是北宋政府招募的另一支部队。当北宋在招抚燕云地区的百姓内迁时，贪图当地男子悍勇可用，从中招募了一批山后汉儿，称作义胜军，其中驻扎在河东的有十万余人。朝廷以为依靠义胜军就可以防守河东，所以对义胜军的待遇远远高于其他禁军。时间一长，义胜军由于宋廷给钱粮不及时而怨声载道，而当地的禁军看到自己的待遇竟然不如一支投降国家的百姓组成的军队，心中极为不平。他们以为自己的口粮都被义胜军所夺走，所以两支部队之间冲突不断，禁军扬言要杀死所有义胜军，义胜军听说后都很害怕，暗中动了叛乱的念头。

金军进攻开封，义胜军趁机纷纷投降。例如代州守将李嗣本准备率领军队抵抗，结果被义胜军擒献给粘罕。粘罕逼近太原，太原帅张孝纯派义胜军首领耿守忠带领八千士兵驻守险隘的石岭关阻挡粘罕，没想到耿守忠不做任何抵抗，将石岭关拱手让给粘罕。

作为重金招募的军队，常胜军和义胜军不但不能保护边境，反而投降敌方，成为助纣为虐的帮手，这宣告了北宋养兵政策的彻底失败，也预示着北宋亡国只是早晚之事。常胜军的投降，使大宋王朝苦心经营了一百六十多年的河北防线土崩瓦解，靖康之耻随即到来。

结　语

宋代沿用晚唐五代的制度，通过募兵制度组建军队，这就是两宋的"养兵"之策。宋朝统治者对于军队严加防范，文官和武将、武将和士兵、士兵和民众以及各军队之间都得到充分的制衡。宋朝政府还将募兵视为稳定社会的重要手段。招募的对象多为灾荒年份的流民、饥民，还有很多叛军、流寇在被招降之后加入宋朝军队。士兵数量虽然越来越多，但素质却越来越低。士兵贪图安逸，疏于训练，导致军队战斗力低下，很难担起繁重的保家卫国的重任。为了养兵，宋朝政府投入了巨大的财力和物力，造成了严重的财政负担，这无疑大大加重了老百姓的赋税负担。北宋末年，宋徽宗为了收复燕云十六州而用重金招募的常胜军、义胜军等部队，本质上是一群骄横跋扈的亡命之徒。他们非但没有为北宋建立功勋，反而最终纷纷向金朝投降，加速了北宋王朝的衰亡。

第三章

集权与分权：宋朝政治制度的演进

宋朝的疆域不及汉唐，但在中央集权的强化程度上却远远超过了汉唐。一个明显的例证就是像汉末三国、唐末五代这样长时间的地方割据的局面在宋朝并未出现。赵宋立国直承五代，如何避免成为"第六代"，是宋朝开国君臣的首要大事。司马光《涑水记闻》卷一记载了宋初君臣的一次对谈。赵匡胤问赵普："天下自唐季以来，数十年间，帝王凡易十姓，兵革不息，苍生涂地，其故何也？吾欲息天下之兵，为国家建长久之计，其道如何？"[1]赵普回答："唐季以来，战斗不息，国家不安者，其故非他，节镇太重，君弱臣强而已矣。今所以治之，无他奇巧也，惟稍夺其权，制其钱谷，收其精兵，则天下自安矣。"[2]这一席君臣对话十分重要，它举出了宋王朝加强中央集权的主要措施，即将地方的政权、财权、兵权悉数收归中央，其结果如范祖禹所说："唯本朝之法，上下相维，轻重相制，如身之使臂，臂之使指……藩方守臣，统制列城，付以数千里之地，十万之师，单车之使，尺纸之诏，朝召而夕至，则为匹夫。是以百三十余年，海内晏然。"[3]中央对地方的控制达到了如此一呼百应的地步，实在是前代无法比拟的，但这也有很大的弊端。朱熹在总结北宋亡国的教训时就说："本朝鉴五代藩镇之弊，遂尽夺藩镇之

1　［宋］司马光：《涑水记闻》卷一。

2　同上。

3　［宋］范祖禹：《范太史集》卷二二《转对条上四事状》。

权,兵也收了,财也收了,赏罚刑政一切收了,州郡遂日就困弱。靖康之祸,虏骑所过,莫不溃散。"[1] 正因为地方上无兵无钱,无法阻挡金兵的入侵,才使得北宋亡国如此之速。需要指出的是,中央集权的实现是建立在地方分权的基础上的。集权与分权的关系也体现在皇权制度中,权力逐渐向皇帝集中,而臣僚之间则维持了互相制衡的分权局面。

宋代地方政治制度的演进

大致来说,宋代对地方控制的加强是其制度成功的一面,原因首先是这套制度本就是为避免重蹈唐代藩镇之乱的覆辙而设计的,宋朝君臣竭尽所能地削弱地方权力。一般情况下,王朝开始时创建的制度一旦定型,制度的惯性会使改革变得无比艰难。中国历史上虽然有不少号称"中兴"的皇帝,但实际改革成功的例子却不多见,更为常见的是通过改朝换代来重建新的制度体系以取代旧的一套。在这种情况下,开国君主的选择会极大地影响到整个王朝制度的走向。对于赵匡胤兄弟来说,如何避免藩镇割据的局面再次出现是重中之重,这种导向在岳飞之死事件中起了决定性的作用。对于宋高宗和他的文臣来说,防范像岳飞这样手握重兵的大将成为新的藩镇势力,远比恢复中原要重要。宋高宗之所以重用秦桧,原因就是要利用文官来夺大将之权。无论岳飞有没有造反的意图,对于高宗来说,手握重兵就是最大威胁,即便岳飞忠心耿耿也有可能在手下的拥戴中"黄袍加身",相比于更会韬光养晦的韩世忠等人来说,岳飞自然就成为杀鸡儆猴的最佳选择。正是这样一种导向,使得宋朝历代皇帝们坚持不懈地削弱地方,加强中央集权,两宋都

---

1 [宋] 黎靖德编:《朱子语类》卷一二八《本朝二·法制》。

亡于外族，在某种程度上也说明了这一制度的"成功"。

其次是唐末以来的战乱摧毁了世家大族，整个社会更加平民化。平民化的社会使得地方割据的可能性大大降低，出身不高的平民经过科举制选拔成为官僚的主力，对皇帝的忠诚度超过了前代。同时宋代的商品经济有了长足的发展，加之对长江以南地区开发的日渐深入，各地联系的密切程度也超越了前代。社会背景的变化给中央集权的加强提供了一个适宜的制度实施环境。

抛开社会背景不谈，先来看宋朝这套地方政治制度的精巧设计。严格地说，宋朝地方实行州、县两级建制。州一级政区包括府、州、军、监，州的长官为"知某州军州事"，简称知州。宋代又设通判以监督知州，通判全称为"权通判某州军州事"，设置通判的目的主要是分知州之权，所以当时有个笑话说做官要到有螃蟹无通判的地方。通判原本是一名专职的监察官，后来陆续增加了许多行政事务，逐渐演变成为州的第二行政长官。到南宋时，通判实际上成为一州主管财政的第一长官。

在州上设"路"以监督府州军监，路设帅（安抚使司）、漕（转运使司）、宪（提点刑狱司）、仓（提举常平司）四司，它们在职能上各有所侧重，分掌军政、财政、司法、民政，互不统属，互相监察，互相牵制，极尽分权之能事。路级官府只是朝廷派驻各路的机构，朝廷通过它们实施对府州军监的监督，实质上却是行使了一级政府的职权。

转运使之称始于唐朝中期，原本是根据特殊需要而由朝廷任命办理财政事务的临时性差遣。宋初承袭此制，开始主要是临时委派一些官员负责征运军粮，后来为了削夺藩镇之权，正式设置各路转运使，以掌握地方财权。

提点刑狱司是负责司法的机构。宋初统一全国后，各路刑狱公事由转运司主管，同时为了防止地方官员贪赃枉法，朝廷不定期地派遣使者去各地审理刑狱。宋太宗淳化二年（991）开始派遣中央官员到各路充当"诸路转运使提点刑狱公事"，负责监督诸路刑狱事务，此时提刑司只是转运司的一个下属部门。到真宗景德四年（1007），在各路常设提刑司，并且取得了与转运使司相同的待遇，成为一路最高的司法机构。后来又曾一度撤销，但仁宗以后就固定下来了，成为路常设监司。南宋时，提刑司还兼管经总制钱，其权限更为扩大。

提举常平茶盐司是负责地方农田水利和茶盐事务的机构。常平仓是中国古代政府为调节粮价，储粮备荒以供应官需民食而设置的粮仓。宋太宗淳化年间各地开始建立常平仓，但并不普遍。真宗景德三年（1006），又命各地重建常平仓，由转运使派人掌管，总隶朝廷司农寺。王安石变法时，选派官员到各路"提举常平广惠仓兼管勾农田水利差役事"，主要负责监督青苗法、免役法等新法的实施。此后在新旧两党的党争中，几经裁撤。宋代茶盐都属于国家专营，徽宗时为管理茶盐事务，在各路设置提举盐香茶矾公事，是路级监司之一。南宋时，提举常平和提举茶盐合并为提举常平茶盐。

安抚使司设置之初，只是为了在各地出现天灾或边境用兵时，特派官员安抚百姓而已。此后逐步增加职事，如抚恤灾民、复审囚犯等。神宗元丰改制，规定安抚使主管一路兵、民之政，总管诸将，统率军队。各路安抚使司设置安抚使一员为长官，一般由本路最重要的州府长官兼任。到南宋时，地方军权由各路都统制掌握，安抚使的职权范围被大幅度减缩。

宋初针对唐朝地方行政体制的缺点，采取了各种措施削弱节度使的权力。首先是给予各府州的长官以统一完整的治理本府州的权力，其次是给予转运使以统一完整的治理本路的权力。由于府州和路都直属中央，因此地方政府的权力完全收归中央。此后，府州的权力逐渐减少，原因是西夏和辽的威胁使得朝廷以各种名义从各府州征调大量财赋，以供养日益庞大的军队和官僚队伍。到神宗时，府州长官所能掌管的军队和财赋进一步减少。府州的司法权也大为削弱，原来拥有的死刑终审权被收归提刑司。

宋朝的地方机构经历了复杂的集权与分权的争斗，这些争斗主要表现在财权方面。宋初转运使司在夺节度使之权的同时，逐渐集中一路的最高行政权力于一身。藩镇的威胁消除后，宋太宗开始担心转运使权力过重，于是下令府州长官可以直接向皇帝奏事，借此来限制转运使的权力，以免其过分膨胀。此后，不断创设新的监司也是出于担心地方出现一个独立的权力中心。

宋代地方这种叠床架屋的制度设计，带来的问题也是非常明显的。宋代的路级监司通过分权的方式有效地加强了中央集权，但也造成了不少弊端：一是监司之间职权互相牵制，造成行政效率的下降，如转运使、提刑使、提举常平使都有一部分财权；二是州县的军权、财权、司法权日渐减少，监司机构越来越庞杂，州县的权力也日趋向监司集中，造成了州县困顿不堪。当北宋末金军入侵时，各州县既无兵又无粮，无力抵抗，金军得以长驱直入，一举攻陷开封。

针对这一问题，宋代不少官员主张减少路级机构。哲宗即位之初，司马光就曾称赞宋初地方事权集中于转运使"官少民安"，而指责王安石变法时设置的提举常平官是"病民之本源"。司马光的出发点当然是反对变法，但他无疑认为地方监司的增加是扰民之举。朱熹也认为，"今诸路监司猥众，恰如无一般。不若每路只择一贤监司，其余悉可省罢"[1]。各监司互不统属的状况也给很多具体事务的处理造成了许多不便，为了解决这一问题，朝廷又逐步采取了增加监司联合行动的措施。到了南宋，这种情况一直在持续增多，虽然皇帝始终不愿放弃这一地方分权的政策，但建立一个统一的路级机构的需求一直是存在的。

需要指出的是，宋代监司最初作为中央派出机构，一项重要的职能就是监察地方官吏。随着监司的增多，多数监司都负有监督地方官吏的权力。宋代在路级另设一种走马承受制度，官员为走马承受或廉访使者，时而隶属于

---

1 ［宋］黎靖德编:《朱子语类》卷一一二《朱子九·论官》。

帅司，时而独立，是皇帝的"耳目之寄，实司按察"。他们的职能包括风闻言事、按察诸路帅臣和州郡官吏；探察边事，及时奏报朝廷；从不许干预军政到监察军队；点检本路封桩钱物，并上朝廷汇报。可见该制度对监司、府司制度是一种很有力的补充，也更能说明宋代地方监察制度的本质就是防止一切不利于中央集权因素的出现。

简言之，宋代对地方控制的加深并非单纯是一个制度上的问题。制度的创建和实施都需要符合当时社会的要求，同时，制度的实施也会带来社会的变化，而且这种变化很多时候会反过来影响制度，因此制度绝非制定出来就能一成不变。就宋代而言，制度的变化依然是曲折繁复的，但这种变化却一直没有超出最初规定的限度，即加强中央集权始终是宋代地方政治结构调整的基调。

宋代的中央政治格局

自秦以来，中央国家机构形成了行政、军事、监察三大系统鼎立的局面，到宋代也是如此，中书负责行政，枢密院负责军事，台谏负责监察。

作为中书的长官，宋朝宰相的事权经历了一个先分割、后集中的过程。这是适应形势的发展而采取种种措施以后的必然结果。宋初基本上奠定了宰相主管民政、枢密院长官主管军政、三司使主管财政的鼎立的格局。宋初始设参知政事作为副宰相，当时规定参知政事地位低于宰相，殿上位置在宰相之后，诏书末尾的署名低于宰相，俸禄只有宰相之半。此后为了防止宰相专权，到太宗时，参知政事的职权和地位一度获得了大幅度的提高，诏书末尾参知政事与宰相并排列衔，他们在街头可以并马而行。三司使理财制度确立于真宗朝。

宋初的政治结构一直持续到神宗元丰时，在熙宁新政中，神宗深感官僚机器官员的冗杂和效能的低下，为了减少冗官、省并机构、明确职责、提高效率，他主持了元丰官制改革。元丰官制改革之前，一般官员都有"官"和"差遣"两个头衔，有的官还加有"职"的头衔。"官"只是说明其可以领取俸禄，而差遣才有实际的权力。每个机关彼此互相牵制，"任非其官"的情形很普遍。例如左仆射、右仆射、六部尚书、侍郎、大夫、郎中、员外郎、卿、少卿等，在成为官阶的名称后，就失去了原有的意义，不再担任与官名相应的职务。这些官名只用作定品秩、俸禄、章服和序迁的根据，因此称为正官或本官，又称阶官或寄禄官，其中有文资、武阶的区别。差遣是指官员担任的实际职务，又称"职事官"。差遣名称中常带有判、知、权、直、试、管勾、提举、提点、签书、监等字样，如知县、参知政事、知制诰、直秘阁、判祠部事、提点刑狱公事之类。也有一些差遣并不带上这些字样，如县令、安抚使等。官阶按年资升迁，即使不担任差遣，也可依阶领取俸禄，而差遣则根据朝廷的需要和官员的才能进行调动和升降。所以真正决定其实权的不是官阶，而是差遣。至于"职"，一般指三馆（昭文馆、史馆、集贤院）和秘阁中的官职（如大学士、学士、待制等），它们是授予较高级文臣的清高头衔，并非实有所掌。

大体从熙宁末年起，宋神宗下令以《唐六典》为蓝本，着手研究官制改革的具体方案。元丰三年（1080），颁布《寄禄新格》，开始执行文臣京朝官的寄禄官新官阶。元丰五年（1082），新颁三省以下中央机构的组织法规和《官品令》。元丰官制改革主要体现在两方面。第一，以阶易官，减少等第。神宗在改官制诏书里规定：所有仅领空名的寄禄官全部废罢，更换以相应的阶官，作为领取俸禄的级别标准。新的阶官共二十五阶，比旧寄禄官省减了十七阶。新官品仍分九品，每品分正、从，共十八阶，比旧官品减省了十二阶。以后官员升迁与俸禄都按《寄禄新格》和新《官品令》办理。第二，三省六部，循名责实。元丰改制前，三省六部的主要职能都已转移分割到其他机构，其长官也只是寄禄官，三省六部制徒有虚名。元丰改制恢复了中书省主决策、门下省主封驳、尚书省主执行的三省旧制。宰相的办公机构虽仍设在原来的政事堂，但名称上不再叫中书门下，而改称都堂。取消了同中书门下平章事和参知政事，以尚书左仆射兼门下侍郎为首相，以尚书右仆射兼中书侍郎为次相（但因采取唐代中书取旨、门下复奏、尚书施行的旧制，实权却在右相），中书省与门下省各另设一侍郎主管本省事务，与主管尚书省事务的尚书左、右丞同为副宰相。但都堂与枢密院分掌文武大权的二府制没有改变，二府长官仍统称宰执。有人曾主张废除枢密院，神宗明确反对削弱这种"相互维制"的机制。尚书省下领吏、户、礼、兵、刑、工六部为具体职能部门，各设尚书与侍郎为正副长官。原来从六部转移分割出来的职能机构分别还归各部，例如审官院、流内铨与三班院归吏部，三司与司农寺归户部，太常礼院归礼部，审刑院与纠察在京刑狱司归刑部，等等。新官制职责分明，系统清晰，机构简化，费用减省，作为一次官制改革，元丰改制虽然还有生搬硬套《唐六典》的弊病，但还是比较成功的。

元丰官制改革名义上恢复了三省制，但实际上三省制并没有得到认真执行。中书省负责起草诏令的是中书舍人，门下省负责封驳的是给事中，这样的分工其实与改革之前并无分别。尚书省的长官同时也兼任中书省和门下省的长官，三省长官的职责划分实际上并不清晰。哲宗初，王珪以尚书左仆射兼门下侍郎为首相，蔡确以尚书右仆射兼中书侍郎为次相。蔡确为了独揽大权，强调中书省负责决策、门下省负责审核，以此为理由将王珪排挤出决策层。但这只是一个特例，多数情况下，三省长官一般是合班奏事，没有明确的分工。此外，有时候还只有一位宰相，这种分工更是形同虚设。宋徽宗政和年间，蔡京任宰相，自称"太师"，总领门下、中书、尚书三省之事，改尚书左、右仆射为"太宰""少宰"，由太宰兼门下侍郎，少宰兼中书侍郎。

钦宗靖康年间，又废除太宰和少宰，改为尚书左仆射和右仆射。这次改革实际上只是名称的改变而已，制度的运行状况并未改变。到南宋孝宗乾道八年（1172），左右仆射兼同中书门下平章事改为左右丞相，参知政事照旧，除去中书令、侍中、尚书令的虚称。门下并入中书，称中书门下。左右宰相主中书事，兼尚书省之长，六部直属于宰相，尚书省之制已废于无形，实际上这也是三省合一。从此，左右宰相成为全国最高的行政长官，尚书省只掌握六部，奉命执行政务。南宋建炎四年（1130）宰相范宗尹兼知枢密院事，此后宰相一般都兼枢密使。南宋的宰相权力相比北宋有了不小的增长，南宋的权相数量也远超北宋。

枢密院在宋人看来是文臣掌兵的典型例证，而且"二府"对峙的局面是枢密院对宰相事权的分割，南宋宰相兼枢密使则成为宰相权力再次加强的标志之一。但从枢密院本身发展的脉络来看，并非如此简单。枢密院在唐代诞生之初是宦官机构，负责的是宫廷内外文书的传递，在宦官力量不断加强的时期，枢密院逐渐演变成举足轻重的决策机构，成为所谓"内朝"的核心。五代后梁太祖朱温扫荡了宦官势力，派自己的亲信执掌枢密院，相比于"外朝"的文官集团，枢密院依然是"内朝"的核心。五代时期的外朝文官集团是个独特的群体，他们负责掌管中央的民政系统，不停地变换效忠的对象以保持自己的地位，自称"长乐老"的冯道就是一个典型的例子，他效忠过数个皇帝，却始终不倒。这是由五代独特的政治结构造成的，皇帝们坐上宝座之前都是掌握兵权的武将，管理民政的人才严重不足，而且在位的时间有限，往往来不及培养新的人才就被赶下台了，因此外朝文官集团的存在有其独特的历史背景。但皇帝们也不可能真正信任外朝的文官，因此真正掌握决策权的还是他们信任的枢密院长官，外朝的文官只是命令的执行者而已。宋初的情况也类似，赵匡胤完全保留了后周的几位宰相，但当时他信任的还是原先的幕僚赵普等人，掌控枢密院的赵普等依然是强势的一方。之后，赵普登上相位，情况开始变化，宰相与枢密院开始形成一个微妙的平衡。在太祖、太宗两朝，枢密使的人选还多是皇帝信任的心腹幕僚，但外朝的文官逐渐由前朝的旧官僚换成了本朝科举新选拔的新官僚，这样原本的内外之分变得模糊起来，而且随着和平时期的到来，枢密院逐渐演变成一个单纯的掌兵机构，在决策中的地位下降了。北宋初宰相和枢密使还多是分班奏事的，行政和军事的决策系统还是分开的，此后宰相权力逐渐加强，也开始参与军事决策。神宗元丰改制虽然号称恢复三省六部制，却没有取消枢密院，目的就是限制宰相的权力。到南宋，由于长期宋金对峙，军事决策的重要性再度提高，但枢密院的地位没有重新加强，宰相兼任枢密使，使得宰相在决策中的地位得到提升，枢密院虽然没有被取消，却成为一个单纯的发兵机构。

宋朝各类监察机构形成了严密而又错综复杂的权力制衡关系，不仅百官处于各类监察机构的监督之下，而且监察机构和监察官员本身也处于皇帝和百官的监督之下，它们还彼此互相监督。宋代的中央监察制度，基本上可以分为三块，即御史制度、谏官制度和封驳制度。

北宋前期，御史大夫"无正员，止为兼官"。所谓兼官，即武臣的加官宪衔。御史中丞是御史台的台长，侍御史知杂事为副台长。御史台下设三院，即台院、殿院和察院，分别由侍御史、殿中侍御史和监察御史充任其职。"官卑而入殿中侍御史、监察御史者谓之里行。"[1] 太祖、太宗两朝，三院御史多出外任知州或通判等差遣，而御史台三院的职掌，"以他官领之"，御史"无定员，无专职"。直到真宗年间，御史台在制度上才有了定员。元丰改制后，御史台的结构有所变化，主要表现在：罢除御史里行和"五使"等使名差遣，定员分职；台院的侍御史取代侍御史知杂事而为副台长，台院名存职废，隋唐以来的三院组织结构趋向合并；设六察司于御史台，按察京师的所有政府

---

[1] ［清］徐松辑：《宋会要辑稿》职官一七。

机构，发展了唐代的六察制度。南宋时，御史中丞仍为御史台台长，但常阙而不除授，察院成为御史台最繁忙的机构，总体而言，制度比较简陋，人数也明显减少。宋代御史台的职能比起隋唐有了很大的扩展。首先在传统的监察百官、弹劾纠察违反传统统治秩序的行为方面，包括了对宰相、宦官、军事机构和皇亲贵戚的监察，而且突破了唐代以前御史主监察而"不专言职"的规定，开始规谏皇帝、参议朝政。另外还有维护朝会和朝廷宴会秩序、参与司法工作、监察司法部门、参与文武百官的管理工作、参与荐举官员、兼任侍讲等职能。御史的选任方式主要有两种：皇帝亲擢；臣僚荐举，皇帝从中选拔任命。北宋后期以及南宋一代，宰相控制了御史的举荐，从而改变了北宋初、中期皇帝通过御史来制约宰相的局面，使御史成为宰相专权的工具。宋代选任御史比较注意资格与资序，资格是指御史的官职品阶（即寄禄官），资序则指资历，即御史的历任情况。所以宋代的御史文化修养和政治素质一般都比较高。御史升迁的官职一般都比较重要，如御史中丞多升迁为执政。

宋初在谏院任职者才是谏官，所谓"我国初，官以定俸，实不亲职，故赴谏院者方得谏官"，因而这一时期的谏议大夫、司谏、正言并非都是谏官，只有在谏院供职者才是。元丰改制后，上述三种官职都官复原职，成为谏官，一直延续到南宋灭亡。就谏官的组织机构而言，宋初沿袭唐代，隶属于中书、门下两省。宋仁宗时，谏官机构从两省中独立出来，设立"谏院"，长官为知谏院。元丰改制后，谏院废去，门下省与中书省各增设后省，为谏官组织。宋高宗时，又设立独立的谏院，直至南宋灭亡。宋代谏官的职能主要是谏诤皇帝、奏劾宰相及百官（前代所无）、参议朝政、参与荐举官员、受理臣民的上奏章疏、兼任修起居注与侍讲。宋代谏官的选任方式与御史基本相同。北宋前期谏官的荐举者多以任职清要，并且与宰执无直接隶属关系的翰林学士、侍从、御史中丞、侍御史知杂事等充任。北宋后期，尤其是哲宗前期，保守派宰执吕公著、司马光等人开始亲自物色谏官人选。宋徽宗继位后，下诏允许"宰臣、执政、侍从官各举可任台谏者"[1]，为宰执控制谏官的任用权打开了方便之门。北宋后期直至南宋一代，谏官也逐渐被权相控制。从上述御史与谏官的种种职能来看，许多都是一致的，最能说明问题的就是御史的职能从监察弹劾扩大到谏诤议论，而谏官的职能则从谏诤议论扩大到监察弹劾，尽管各自的侧重点不同，但这就为台谏合一的形成奠定了基础。另外，三省制度的变化以及学士队伍取代谏官的部分职能，也有利于台谏合一。

传统社会的封驳制度在汉代就已出现，但当时封驳权掌握在宰相手中。魏晋南北朝时期，封驳权开始移向言谏官手中。隋唐时封驳权由门下省掌管，给事中的权力加重。宋代初年没有恢复唐末废止的封驳制度，太宗时正式以通进、银台封驳司为封驳机构，长官为知通进银台封驳司，后又改为知通进银台司兼门下封驳事，另外，知制诰以封还词头的形式也参与封驳，而给事中和中书舍人都只是寄禄官，不参与封驳。元丰改制恢复了给事中和中书舍人的封驳职能，同时封驳机构改为新设置的门下后省和中书后省，而门下省的侍中、侍郎都没有了封驳之职。南宋时，三省合一，设门下后省专主封驳，给事中正式成为门下后省的长官，与中书舍人共同掌管封驳之职。有宋一代，虽然如给事中的封驳职能在不断扩大，但是就整个封驳官的权力而言，实际上处于不断缩小的趋势。宋代封驳官的职能主要包括监督朝廷的决策、参议朝政、规谏皇帝、奏劾百官、荐举官员、审察百官奏章，兼任知审官院和知三班院等差遣，其中第三、四项都是前代封驳官所没有的职能。宋代封驳官的选任由皇帝亲擢，这样革除了唐代后期宰相"总其进叙"的弊端。宋代封驳官如同御史与谏官，也讲究回避和资格资序，对文化修养也很

1　[元]脱脱等：《宋史》卷一九《徽宗一》。

重视。

唐代及其以前，封驳官、谏官和御史的职能分工明确，封驳官审驳朝命，谏官主谏诤，御史监察百官。两宋时期，随着君主专制的加强，三种监察官的职能开始出现变化与混合的趋势。就奏劾百官、谏诤皇帝和议论朝政而言，它们的职能几乎相差无几，而其有所区别的地方大多是在一些程序和形式上，如三官职能的先后有序，一般是在监督朝政的过程中，以封驳官为先，谏官次之，御史又次之。另外，宋代在制度规定上，封驳官的职能要比台谏重要，但在实际的运作过程中，台谏的势力和作用都要大于封驳官。

宋代中央监察制度比起前代有几个明显的不同，就是中央监察官的选任者由皇帝变成了宰相，监察官的权力较少受宰执的影响，台谏官职能侧重于监察宰执百官，监察体制完备严密以及监察官的素质要高于前代。这几个特点反映了宋代中央监察制度的发展趋向，即更加严密化和日益成为君主专制的工具。

宋朝统治者的这些集权措施日趋严密，甚至达到"细者愈细，密者愈密，摇手举足，辄有法禁"的程度。这种情况带来了两种后果：一方面形成了宋代重视"法制"的风气，不管是皇帝还是大臣只要有逾矩的行为，就会遭到多数士大夫的反对；另一方面，制度规定越细致，制度的刚性就越强，官僚习惯因循守旧，造成了行政效率的下降。

宋代的皇权

宋代采取分割各级长官事权的办法以加强中央集权，又将中央权力集中于皇帝一身。相比于前代，宋朝皇帝的地位得到了进一步提高，其权力也在一定程度上得以提高。首先是对官员的任免权。宋代虽然出现了不少权相，但对宰辅大臣的任免权始终掌握在皇帝手中。徽宗时，蔡京权倾天下，他四次入相，核心是他能得到皇帝的信任，且始终无法威胁到皇权。南宋枢密使赵汝愚逼光宗退位，看起来是皇权受到了重大威胁，但实际上，事件的起因是光宗患精神疾病无法处理朝政，尤其是光宗长期与作为太上皇的父亲孝宗不和，在孝宗去世时拒不出面主持丧礼。赵汝愚等人的行为目的是稳定政局，维护赵氏的统治。而且赵汝愚拥立的是光宗的儿子嘉王赵扩，并得到了当时的太皇太后高宗吴皇后的赞同，很难将这一事件看作一次篡位行动。此后，史弥远拥立宋理宗虽然是出于私心，篡改了宁宗的遗命，但这一行动也得到了宁宗杨皇后的许可，而且宋理宗与原本的继承人赵竑同是宁宗养子，具备继位的基本条件。史弥远在他一手遮天的情况下也不敢篡位自立，原因是他清楚地知道这样的行动势必会遭到士大夫的群起反对，另一方面也说明宋代皇权的制度保障十分有力。

宋代君权的加强并不意味着皇帝直接掌控所有权力，相对于清代皇帝的"勤勉"，宋代君主保留的是最终裁决权。有人曾经建议仁宗皇帝"收揽权柄，勿令人臣弄威福"，仁宗问他如何做到这一点，此人说："凡事须当自中出，则福威归陛下矣。"意思是皇帝每件事都亲自决策，皇帝的权威自然就可以树立起来。仁宗答道："此固是，然措置天下事，正不欲自朕出。若自朕出，皆是则可；如有不是，难以更改。"仁宗清楚地意识到作为君主并非圣人，也会有犯错的时候，而君主一旦犯错带来的危害更难控制，所以他提出："不如付之公议，令宰相行之。行之而天下以为不便，则台谏得言其失，于是改之为易矣。"[1] 仁宗的意思是决策的时候应该多听取意见，执行则由宰相来负责，台谏官负责监督，这样一旦发生问题还可以纠正。仁宗的想法是宋代中央决策机制的写照。

---

1 ［宋］杨时：《龟山集》卷一二《余杭所闻》。

宋朝的皇权还受到了其他的约束。从太祖开始的各种皇帝日积月累的祖宗之法，成为限制后来皇帝们的紧箍咒。这种制约可以从观念和制度两方面来分析。宋代士大夫最常引用以限制皇权的说法有几种，第一种是"道理最大"。这个说法出自沈括《梦溪笔谈》，内容是太祖有一次问赵普："天下何物最大？"赵普的回答是："道理最大。"太祖点头称是。由于没有更早的史料证实，所以这个说法并不十分可靠，但宋代士大夫却常在奏章中引用这个说法，冠以"祖宗之法"的外衣。显然这一观念在赵宋君臣中颇有市场。第二种是利用"天"来约束皇帝。这在皇帝自称"受命于天"的中国古代，一直是士大夫手中限制皇权的武器。宋人富弼曾说："人君所畏惟天，若不畏天，何事不可为者，去乱亡无几矣。"[1]意思是皇帝如果连天意都不畏惧了，国家也快要亡国了。宋代士大夫不一定都相信天意，但却不能放弃天意这个武器。真宗伪造"天书"以封禅，打着天意的旗号大兴土木。真宗死后，大臣将"天书"全部陪葬，士大夫都清楚真宗伪造事实，却不能明确说出来，害怕后来的君主也依样画瓢。第三种是"王者无私"论。朱熹曾说："天下者，天下之天下，非一人之私有。"[2]言下之意，天下不是皇帝所私有。在宋代，皇帝如果偏袒皇亲国戚，这条理由就常被搬出来，宋代后妃、外戚、宦官干政都不严重，这样的观念无疑起到了一定作用。第四种是"人君有过"论。如范祖禹说："人主不患有过，患不能改过也。"人君不是圣人，依然可能犯错，这样就给大臣劝谏皇帝提供了有力的根据。值得称道的是，宋代君主多认可这一点，承认自己有不足，可以清醒地接受不同意见。第五种是"君道无为"论。宋代形成了"上自人主，以下至于百执事，各有职业，不可相侵"的政治格局，百执事就是百官，也就是说百官各司其职，皇帝也不能随便越

1　［宋］王称：《东都事略》卷六八《富弼传》。

2　［宋］朱熹：《孟子集注》卷九。

俎代庖。

关于制度上的制约，首先是政令之形成有一定的程序，不能随便更改。政令一般先由皇帝与宰相及执政大臣商议，宰执大臣有权反对；统一意见后，再将"词头"即要点交给中书舍人起草，中书舍人有权封还；然后把草稿交给给事中，给事中有权缴驳；政令经皇帝批准之后，台谏以及相关官员依然有权表达意见。皇帝如果不按照程序办事，言事之风颇盛的宋朝士大夫通常会上书反对，甚至采取行动予以抵制。有宋一代抵制皇帝"内降"的记载常见于史籍，所谓"内降"就是没有经过前述程序，皇帝直接颁布的命令。例如仁宗时宰相杜衍，接到皇帝封赐某人的"内降"并不执行，累积到十份以上，一起交还给皇帝，反而得到仁宗的赞许。当然不可否认，虽然遭到士大夫的抵制，"内降"从未消失，但相对其他朝代，宋代皇帝并不能随心所欲，为所欲为。杨万里的《诚斋集》记载了这样一件事：宋太祖曾令后苑造一熏笼，数天未成，太祖怒责左右，臣僚答以此事必须经过尚书省、本部、本寺、本局等许多关口，等到逐级办齐手续后覆奏，得到皇帝的批语"依"字，然后方可制造。宋太祖听后大怒，问宰相赵普说："我在民间时，用数十钱即可买一熏笼。今为天子，乃数日不得，何也？"赵普回答说："此是自来条贯，不为陛下设，乃为陛下子孙设，使后代子孙若非理制造奢侈之物，破坏钱物，以经诸处行遣，须有台谏理会，此条贯深意也。"太祖听后转怒为喜说："此条贯极妙！"这个故事说明，复杂的程序约束的是君臣双方。

在某种意义上，宋代的政治体制可以被称作君主独裁制，但实际权力运作并非绝对由君主独裁，皇帝享有制度赋予的最高权力，但并非随心所欲的权力。同时，宋代的政治也可以被视为士大夫政治，宋代的士大夫拥有相对宽松的参政、议政的环境，甚至有了"皇帝与士大夫共治天下"的说法，但前提是士大夫认可皇权，尊重并极力维护皇权。在士大夫眼中，皇帝是必须有的，是效忠的对象，但士大夫心目中也有一个完美的君主形象，他们努力使现实中的皇帝向这一形象靠拢，如果两者差距超过限度，他们也是不介意换一个皇帝的。在宋代，士大夫与皇帝逐渐演变成一种共生体，维持着一种微妙的平衡。

结　语

宋代统治者一直贯彻着分权和制衡的原则。在中央与地方的关系层面，中央持续削弱地方的职权。在诸州设置通判，牵制州的长官。在州府之上设置路，在路上设有转运使司、提点刑狱司、提举常平司、安抚使司四个机构。它们既有分工，也共同行使一些职权，达到相互牵制的效果。在中央层面，宋初实行宰相负责行政、枢密院长官主管军政、三司使主管财政的制度，进一步分割宰相的职权。朝廷在原有的机构之外设立新机构，官员的头衔分为"官""职""差遣"三类，而真正体现官员实际职权的是差遣。宋神宗元丰年间改革官制，以阶易官，减少等第，恢复三省旧制。南宋宰相的权力逐渐集中，宰相兼任枢密使，这使得宋廷产生了一些权相。宋代还重视监察，加强了台谏官监察和监督的力量，监察的对象和范围大大扩展。宋朝皇帝的权力得到提升，宰相、宦官、外戚没有对皇权造成实质性的威胁。尽管如此，皇权仍会受到制度和程序两方面的制约。宋代士大夫用"道理最大""天""王者无私""人君有过""君道无为"等理念劝谏皇帝，制约君权。宋朝还制定了一套复杂的决策程序，君主在决策时往往能够和臣僚们进行比较充分的沟通。通过严密的顶层制度设计，宋代彻底消除了地方割据势力再现的可能性，中央集权程度空前提高。但是，政府机构叠床架屋，处理政务的程序十分烦琐，这些极大地降低了行政效率，造成了官员因循苟且的风气。

第四章 教育与科举：奠定宋代文明的基石

两宋时期，先后有三次大规模兴学之举：庆历、熙宁和崇宁兴学。崇宁兴学是徽宗时期在蔡京等人主持下进行的。一是扩建太学，使太学教育得到前所未有的改善和扩充，当时有人赞誉："太学养士，最盛于崇（宁）、（大）观间。"[1] 二是兴建地方州县学，形成了遍布全国州县的学校网络。三是在实行"三舍法"制度的基础上，废除科举，由学校升补取士。与前两次兴学高潮相比，崇宁兴学改革力度更大。在三次兴学浪潮的推动下，宋代的教育事业得到了空前的发展。

宋代的官学

（一）中央官学

宋代官学分为中央和地方两级，中央官学按其性质来分，大致可分为以下四类。

1. 国子学和太学

（1）国子学

国子学又称国子监，是宋代最高的学府。国子学于太祖建隆三年（962）

---

1 ［宋］李心传：《建炎以来朝野杂记》甲集卷一三《太学养士数》。

在后周天福普利禅院的基础上建成，国子生人数无定员，后来以二百人为额，招收七品以上官员子弟入学，因而学生享受优厚的物质待遇。但这些官员子弟多是挂名学籍，不务正业，真正在国子监学习的人并不多。因此，国子学地位虽高，却徒具虚名。太学建成之后，国子监成为管理全国学校的机构，负责训导学生、荐送学生应举、修建校舍、建阁藏书、刻印书籍等事务，其所刻书称为"监本"，刻印精美，居全国之冠。元丰三年（1080），国子监内分立厨库、学、知杂等三案，分管太学钱粮、文武学生升补考选等事务。

（2）太学

宋代太学初创于庆历四年（1044），是中央官学的主体。在庆历新政的推行过程中，宋廷应国子监王拱辰、田况等人的要求，以锡庆院为太学，借鉴胡瑗的湖州教法，邀请石介、孙复等大儒讲学。大体而言，太学学生分为两类，一为八品以下官员子弟，二为庶人之俊秀者。太学教学内容以儒经为主，但也有几次调整：熙宁时，统习王安石的《三经新义》；徽宗时，蔡京当政，将黄老之学列为太学教材；南宋时期，仍习"五经"；孝宗时，太学曾经将骑射、斗力等作为考试内容，这是为应对外患而推行的措施。宋代太学的发展大体上可分为三个阶段。

熙丰变法时期是太学的发展时期。太学建筑规模扩大，已经具备容纳二千四百人就读的能力；三舍升试法创建后，使太学具有了一套严密的成绩评定和奖惩制度；王安石改革太学教学课程与内容，明经以试大义为主，诸科仍试帖经、墨义，注重教学内容的实用性。

徽宗时代是太学的鼎盛期。崇宁元年（1102），在蔡京的建议下，建立外学。由著名建筑家李诫负责在京城南门外营建房屋建学，称为辟雍。太学专设内舍、上舍，由辟雍招收外舍生。学生皆先入外舍，经试补入内舍、上舍，之后方能入太学。辟雍的建成使太学办学规模扩大，上舍生已达二百人，内舍六百人，外舍三千人。罢科举，专以学校取士，使太学成为士人及第的唯一途径，太学教育盛极一时。

宋室南渡后，太学一度停办，附于国子监。至绍兴十二年（1142），才以临安府学为太学，招收生员。但朝廷的内忧外患直接影响了太学的发展，加之宣和三年（1121）恢复科举考试后，太学已不是唯一的求仕之途，世人对太学的兴趣大为下降，因而南宋太学并没有北宋那样大的影响力。

2. 专科性质的学校

（1）武学

武学是专门培养军事人才的学校。始建于仁宗庆历三年（1043）五月，但不久即行废止，其后时废时兴。神宗熙宁五年（1072）六月于武成王庙设武学，选文武官员知兵者为教授，教以诸家兵法及历代用兵成败之道，生员以百人为限，凡未参班的使臣、恩荫子弟及"草泽人"（平民），只要应试合格，即可入学。三年之后经考试合格，按其出身经历给以相应的职位。崇宁三年（1104），仿照太学实行三舍法，立考选升贡法，其武艺绝伦且具有文采者，用文士上舍法。同时，令地方诸州开始兴置武学，宣和二年（1120）罢。南宋绍兴十六年（1146），重建武学。宋代对武学的重视，很大程度上是因为边患频繁，朝廷迫切需要高素质的军事人才。通过兴办武学，宋朝政府积累了培养军事人才的经验。但毕竟宋朝为重文的时代，因而武学的发展受到了很大限制。

（2）律学

律学是古代培养法律人才的专门学校。北宋初年，即于国子监置律学博士，教授法律。熙宁六年（1073），始置律学，以朝集院为校舍，赐钱以养生徒，置律学教授四人，专任教职，学生以命官或举人为之。举人入学须命官两人保荐，并须先听讲，而后试补。考试合格后，才能成为正式生员，分习断案和律令。律学学生每月公试一次、私试三次。凡朝廷新颁法令，即由刑部颁发，令学生研习。学成后从政，应试不及格者，罚以重金。两宋设置律学，体现了政府培养实用法律人才的现实需要。

（3）医学

宋代医学初隶太常寺，分设三科，即方脉科、针科（针灸）、疡科。每科置博士一人，教学内容为《素问》《难经》《脉经》《巢氏病源》《千金翼方》《伤寒论》等经典著作。徽宗时改归国子监，后又改隶太医局，设博士、学正、学录各四人，分科教学。选试并依太学三舍法，上舍四十人，内舍六十人，外舍两百人，总计三百人。学习期间，学生还轮流到太学、律学、武学和各军营治病，进行医学实习，并以此作为年度考核的依据。毕业考试合格，按等授职。金兵侵宋，医学曾一度停办。南宋高宗绍兴年间，恢复医学。

（4）算学

宋徽宗崇宁三年（1104）建，初隶太常寺。学生定额为二百一十人，入学者有命官和庶人两种。大观四年（1110）三月归太史局管辖。学习内容为《算经十书》《九章算术》《周髀算经》《海岛算经》《孙子算经》《五曹算经》及张丘建、夏侯阳算法等，兼习《易经》或《书经》等。仿太学之制，实行三舍升补法，按等级授官。南宋高宗绍兴初年，命太史局试补算学生。算学生毕业后多在官营作坊服务，因而贵族子弟多不愿入学就读，入学者多为庶民子弟。

（5）书学

大观四年（1110）设立，归翰林院书艺局主管。学生入学资格及生员数量均无明确规定，主要学习篆、隶、楷三体，并须明晓《说文》《字说》《尔雅》《方言》等书，兼习《论语》《孟子》等，以通儒家大义。书法的评价标准有三种："以方圆肥瘦适中、锋藏画劲，气清韵古，老而不俗为上；方而有圆笔，圆而有方意，瘦而不枯，肥而不浊，各得一体者为中；方而不能圆，肥而不能瘦，模仿古人笔画不得其意，而均齐可观为下。"[1] 实行三舍法，上舍生按照不同等级授予官职。

（6）画学

宋徽宗崇宁三年（1104）置，归翰林院画图局管辖，为北宋独创的专科学校。学生分士流、杂流，以绘佛道、人物、山水、鸟兽、花竹、屋木为业，兼习《说文》《尔雅》《方言》《释名》等。实行三舍考选升补之法。考试时以不模仿前人、情态自然、笔韵高简为上等。考题往往选取古人著作中具有诗情画意的词句让学生描画。宣和年间，画学兴盛，徽宗曾亲自出题取士，考试艺能。

3. 贵胄子弟学校

（1）宗学

宗学是为赵宋宗室子孙设立的学校，宋初建立，但废置无常。当时，凡宗室均可以在自己的住所设立小学。赵氏子孙八到十四岁入学，每日记诵二十字，实为家庭教育性质。神宗元丰六年（1083）设立宗学，但不久便废。哲宗元祐六年（1091），重建宗学。徽宗崇宁元年（1102），诸王宫皆设置大、小二学，增置教授二员，立考选法，宗室子弟十岁以上入小学，二十岁以上入大学，宗学初具规模。南宋于高宗绍兴十四年（1144）在临安重建宗学，属宗正寺，宗室疏远者也允许入学就读。南宋末年停办。

（2）内小学

理宗时期专为贵胄子弟中的儿童设立的，专选十岁以下资质优异的宗室子弟入学，设有教授、直讲等教职。

（3）国立小学

哲宗元祐六年（1091），政府在诸宫院建立小学，该校是政府设立并管

---

[1] ［元］脱脱等：《宋史》卷一五七《选举志》。

辖的一所普通小学。初建立时生员较少，设两斋进行教授。徽宗时生员额近千人，分为十斋。规定学生八至十二岁入学，教授诵经与习字两科，实施"三舍升补法"。

4. 特殊性质的学校

广文馆是临时性的教育机关，凡四方赴京应试的士子及落第举人均可入馆听读。哲宗绍圣元年（1094）废罢，生员入国子监。四门学是仁宗庆历三年（1043）为士子预备科举而设，凡八品以下官员及庶人子弟皆可入学。

（二）州县学

唐末五代以来，战乱频繁，州县学绝大多数已经废弃。宋代对地方州县学十分重视，地方官学的普及程度、学校规模、教学状况都超过了前代。

景德三年（1006），宋真宗下诏令全国各州修缮孔庙，并在庙中设立讲堂，挑选一些儒雅之士担任教师。乾兴元年（1022），宋政府应孙奭之请，赐田十顷于兖州建学，是为北宋官方正式建立州学的开始。仁宗庆历四年（1044），范仲淹推行新政，诏令诸路州、军建立学校，规定凡立学者可赐学田，于是"学校之设遍天下"[1]。全国掀起了一次大规模的兴学高潮。在兴学热潮中，也有地方官贪功好虚名，盲目增建校舍，滥招学生，甚至以兴学为名聚敛民财。同时，这次兴办学校也未形成一套比较完备的制度。

神宗熙宁四年（1071），地方官学进一步发展。政府规定，诸州各赐田十顷，以充学粮，中书在每路选举有"经术行谊"之人管理教育事宜，各路置教授担任教官。这样，北宋的地方官学在行政领导、教学力量和办学经费等方面都得到了基本保障。至元丰年间，全国已有十八路五十三个

---

1 ［元］脱脱等：《宋史》卷一五七《选举志》。

府、州、军、监委派了学官、教授。元祐更化，罢除诸多革新派学官，规定以进士出身、经明行修之人充学官，使学官、教授的资格有了更明确的规定。

徽宗崇宁元年（1102），蔡京为相，下令合并规模较小的州县学，同时令监司、守令等地方行政长官加强对州县学的管理。崇宁三年（1104），选拔人才由学校升贡，州学生可通过"三舍法"升入中央太学，从而将中央官学与地方官学联系起来，大大调动了士子进入地方学校的积极性。

南宋初年，朝廷仍注重地方官学的发展。高宗绍兴二十一年（1151）曾下诏以寺庙的田产兴学、助学。但自孝宗以后，教学人才的缺乏和经费困难等原因导致地方州县学日趋衰落。

宋代的私学教育

宋统治者不仅积极兴办官学，重视官学，而且对私学和新兴的书院也采取积极扶持的态度。各类学校并行发展，相互补充，使中国古代的学校制度和私学教育都发展到了一个新的高度。就全国范围来看，官学教育多集中于州县，不便于偏远地区的居民子弟入学，这便为私学教育提供了生存发展的空间。宋代私学教育的发展大致可以划分为三个阶段。

第一阶段是北宋开国至真宗时期。虽然国家经济日渐复苏，政局逐渐稳定，但仍无暇顾及兴学，州县学尚未建立，一批有识之士已经在乡党间兴办私学，教授生徒，如王昭素等，都是宋初创办私学的先行者。第二阶段是北宋三次兴学期间。如石介、孙复等，举进士不中，退居泰山，兴办私学。宋学先驱周敦颐、程颢、程颐、张载、邵雍等从学于私学，学成后又从事私人授徒教学。第三阶段是南宋时期。南宋偏安一隅，官学名实不符，引起了许多学者的不满，他们纷纷归田隐居，致力于私人教学，私学教育又进入了一个新的高潮。

宋代私学主要有师授和家传两种形式。师授按其内容又可分为两大类：一类是教授识字和日用基本的小学或蒙学，主要有乡学、村学，或由宗族设立的义学，或富有人家的家塾；另一类是为年龄较长、程度较高的青年学子设立的研究学问或准备科举的精舍和经馆等。

（一）师授私学

1. 蒙学（小学）[1]

宋代的蒙学有常年开课的私塾、义学、家塾等，也有季节性的村塾、冬学等。私塾是塾师在自己家中设学教授，规模较小，学生从十几人到几十人不等。教师以学生所交的少量现金或财物作为办学费用，塾师生活往往相当艰难，时常无下锅之米，但这些教书先生却热爱教育事业，为提高宋人的文化素养做出了积极贡献。

义学或义塾是宗族或地方士绅等出钱聘请教师，在家乡开办学校，教育本族及乡里子弟，如范仲淹曾于苏州太平山建立范氏义学。大多数义塾都置有田产，塾师的生活比较有保障。

家塾是官宦世家或富裕之家聘请老师教育其家族子弟的私学。如陆九渊、吕祖谦等人，都设有家塾教育家族子弟。义学、家塾都是常年开课。宋代乡村还普遍设置有季节性的村塾、冬学，十月以后，农事已毕，是农家子弟学习的绝好时间，其教学内容以《百家姓》《杂字》为主。

---

[1] 古代"小学"实际上已经包含了现代的幼儿教育和中等教育的一部分。中国古代的蒙学教育一般是七八岁儿童至十五六岁少年的教育阶段，参见《中国教育通史》第三卷，济南：山东教育出版社，1987年版，第43页。

宋代蒙学教学形式多样，学习内容以识字、习文为主，同时也进行伦理道德和行为规范教育。由于蒙学设置相当普遍，城镇乡村处处都能听到琅琅读书声，这对培养儿童道德素质和增长知识有着难以估量的重要贡献。

2. 经馆、精舍

宋代的经馆、精舍尤为发达，多为经师、名儒进行讲学活动的场所，其中声望较高的有胡瑗、二程、朱熹、陆九渊等人。胡瑗曾在苏州、湖州地区兴办私学，积累了丰富的教学经验，创立了"苏湖教法"，培养了大批学生。宋代理学名士程颢、程颐兄弟自神宗熙宁五年（1072）至元丰年间在家中讲学，很多人不远千里纷至从学，且夕不绝于馆，在当时颇有影响。朱熹是南宋时期理学思想的集大成者和著名的教育家，除了在书院教学外，他还设立寒泉、武夷、竹林精舍等进行私学教授，培养了大批门生弟子。陆九渊中进士后，在家候职的三年中，将家中东厢房辟为讲学之所，称为"槐堂书屋"，潜心讲学，教授弟子。淳熙十四年（1187），陆九渊在贵溪应天山的废弃寺庙故址上建立精舍，名曰"象山精舍"，居山讲学五年，从学者尤多，盛极一时。

（二）家传私学

宋代私学除了师授以外，还有家传之学。这种私学既包括家长为子弟启蒙，传授基本知识，也包括较为高深的家学传授。

家长亲自教授子弟大致有两种情况。一是家庭贫寒，无力为孩子交纳学费，只好自己教子。欧阳修家贫，四岁丧父，便是由母亲以荻画地，教其文字。二是长辈爱子，望其成龙而亲自教授，如苏轼自幼由父亲苏洵、母亲程氏教授。理学家朱熹从十一岁到十四岁时，也是受业于家中，由其父朱松亲自课读讲授。除了父母亲自传授外，也有不少是由兄长传授知识的，陆九渊兄弟六人，除老二陆九叙经营药铺外，其余五人都读书讲学，著书立说，兄弟之间也是互称师友。一些世家大儒之家家学渊源深厚，往往代代相传，南宋大学问家吕祖谦便是受传于家门之学。除儒学之外，文学、艺术、医学和其他科学也存在着这种家学传授而世代相承的情况。

总体而言，宋代私学超过了前代，对宋代学术文化的发展起了极为重要的作用。宋学思想从奠基到集大成，差不多都是以私学为基地进行研究和传播的。宋代私学教育培养了大批学者，诸多名师巨儒与私学教育都有不解之缘。因此，私学教育极大地推进了宋代社会的发展和进步，同时对提高全民文化素质也有着莫大的积极意义。

书 院 教 育

书院始于盛唐，是中国古代特有的一种教育机构。宋统一全国后，战乱渐平，民生安定，士子纷纷要求就学读书，但经历唐末五代战乱，官学多遭废坏，书院就是在这种历史条件下发展起来的。北宋书院多为民办学馆，建于山林僻幽之所，后经朝廷赐额、赐田、赐书等，逐渐变为半民半官性质的地方教育机构。书院聘请学者讲学，学生分斋习读，书院供给住宿、饮食，采用积分制考核学生优劣。从某种意义上说，宋代的书院大都是著名学者讲学聚居之地，有名的书院往往具有相当高的教育水平。

北宋仁宗后，官学盛行，书院教育呈现出衰落趋势。南宋时期，由于朝廷大力提倡理学家讲学活动，书院又进入复兴阶段。北宋大部分著名书院得以恢复和重建，浙江、福建、安徽等地新建了大量书院，甚至连偏远地区，如黎州（今四川省汉源县），也建了玉渊书院。同时，书院制度进一步完善，朱熹亲手拟定的《白鹿洞书院学规》成为书院教育规范化的重要标志。理宗以后，随着程朱学派被官方正统化，各地官员纷纷仿效理学家建立书院，书院教育进入鼎盛时期。

两宋时期出现了许多有名的书院,白鹿洞、应天府、岳麓、嵩阳,世称"北宋四大书院"[1]。南宋比较有名的四大书院是岳麓、白鹿洞、丽泽、象山,除此之外,石鼓、茅山、华林、雷塘等书院也是比较著名的书院。

(一)白鹿洞书院

白鹿洞书院位于今江西省九江市庐山五老峰下。唐代李渤及其兄李涉曾在此隐居苦读,养一白鹿跟随自娱,白鹿十分驯服,还能帮主人传递信件和物品。李渤被称为白鹿先生,其居住地也被称为白鹿洞,书院因此而得名。南唐升元年间(937—943)于此建学馆,置田产,供各方来学者,称"白鹿国庠"。宋太祖开宝九年(976)于此建书院。太宗太平兴国二年(977),赐国子监印本九经,供士子学习。真宗咸平五年(1002),重加修缮,并塑孔子及十大弟子像。孙琛在白鹿洞故址建学馆十余间,称为白鹿洞书堂。南宋淳熙六年(1179),朱熹知南康军,重建书院,并亲定《白鹿洞书院学规》,白鹿洞书院达到极盛。从唐末到宋初,在白鹿洞任教和就学的名人相当多,书院具有极大的影响力,培养了不少优秀人才。

(二)应天府书院

应天府书院在今河南省商丘市内,原为名儒戚同文旧居。真宗大中祥符二年(1009)应天府曹诚在此建学舍一百五十间,聚书一千五百余卷,并将此学舍捐赠给政府,朝廷赐额"应天府书院",由戚同文的孙子戚舜宾主

---

[1] 宋初著名的书院究竟是哪几所,历来说法不一。按朱熹《衡州石鼓书院记》的说法,有石鼓、岳麓、白鹿洞三所。吕祖谦的《白鹿洞书院记》以白鹿洞、岳麓、应天府、嵩阳为天下四大书院。王应麟的《玉海》也从吕说。而马端临《文献通考》以白鹿洞、石鼓、应天府、岳麓为天下四大著名书院。此从吕祖谦之说。

持。仁宗景祐二年（1035），朝廷改书院为应天府官学，并给田十顷。著名的学者韦不伐、范仲淹、石曼卿、王洙等先后主持书院教席，四方学者辐辏其门，为国家培养了大批人才，在当时产生了很大影响。钦宗靖康元年（1126），书院毁于战火。

（三）岳麓书院

岳麓书院在湖南善化县（今湖南省长沙市）西岳麓山下。唐末五代，僧人智睿曾在此办学。宋开宝九年（976），潭州太守朱洞建讲堂五间、书斋五十二间。真宗咸平二年（999），知州李允则又加扩充，学生达六十余人，赐予国子监印本九经等书。大中祥符五年（1012），真宗召见山长周式，并赐"岳麓书院"匾额。南宋后，书院被多次重修与扩建，张栻、陈傅良等曾撰《岳麓书院记》。光宗绍熙五年（1194），朱熹任潭州知府，再次重建书院，并亲自到书院讲学。书院得到了官方的诸多支持，具有半官方的性质。岳麓书院在传播儒家思想、砥砺社会风气方面起到了极为重要的作用。南宋末年，元兵攻取潭州之时，书院师生誓死守城，死节者甚众，赢得了社会的广泛赞誉。

（四）嵩阳书院

嵩阳书院在今河南省登封市嵩山南麓，五代后周时建。宋太宗至道二年（996），朝廷赐其"太室书院"匾额，并赐印本九经等书。仁宗景祐二年（1035）官方重修了书院，并改其名为"嵩阳书院"，赐学田一顷。书院初建之时，影响颇大，程颢、程颐曾先后讲学于此，南宋时期渐渐无闻。

（五）石鼓书院

石鼓书院在今湖南省衡阳市北二里石鼓山下，旧为寻真观。唐宪宗时李宽曾读书于此。宋太宗至道三年（997）李士真曾向郡守申请，在李宽秀才居住旧址，创建书院。仁宗景祐二年（1035），朝廷赐其"石鼓书院"额匾。南宋理宗赐书院学田三百五十亩。

综观两宋的书院教育，在教学、管理等各方面都颇具特色。第一，书院的教育经费来源多样化。既有官府资助，也在民间筹集，学田收入是其中比较重要的经济来源之一。以白鹿洞书院为例，南宋先后三次增置学田，书院总共拥有学田一千八百七十亩。绍熙五年（1194），官府一次拨给岳麓书院学田五十顷，书院学生日给米一升四合、钱六十文。而浙东一带的富庶地区，常有富人或巨商赞助书院，东阳（今浙江省金华市）郭氏累代出资创办书院，拨良田数百亩用于养士，其子孙后代先后设立了石洞书院、西园书院和南湖书院。这些私人捐款的书院内部设施十分完善，办学条件也很优越。

第二，书院实行山长负责制，管理体制日趋完备。宋代书院的最高领导称为山长、洞主或洞长，他们既是主要教学者，又是最高管理者，往往都由著名学者来担任。南宋时期，随着办学规模的扩大和内部设施的完善，书院的教学管理人员也相应增加，有讲书、堂录、堂宾、直学、讲宾、司计、掌书、掌祠等协助管理，其名目有十余种之多。书院教职人员人数的增加和分工管理制度的形成，标志着书院管理水平的提高，也是书院教学更加规范化、制度化的体现。

第三，书院实行开放式的教学和研究。求学者不受地域、学派的限制，都能前来听讲、求教。例如白鹿洞书院曾拨出一笔专款，用来接待四方来求学的人，并有专人负责招待。书院在教学人员上也不限于自身已有的教员，还广泛邀请学界名流前来执教。

讲会是书院首创的重大教学和研究活动，与现代社会的学术研讨会极为相似。首开讲会先河的是朱熹，淳熙八年(1181)，朱熹邀请陆九渊到白鹿洞书院讲学，陆九渊演讲的题目是《论语》中的"君子喻于义，小人喻于利"。讲会完毕，朱熹大为折服，遂将陆所讲内容刻石于院门，从而为不同学术流派的兼容并蓄树立了典范。鹅湖书院曾同时邀请朱熹和陆九渊来讲学，二人观点对立，辩论相当激烈，史称"鹅湖之会"。在书院讲会期间，除了学者之间的辩论，学生也可以质疑问难。开办讲会，既提高了书院的学术地位和社会影响力，又促进不同思想的活跃和交流，推动了学术的繁荣，对两宋时期文化的发展和传播起到了积极的作用。这种灵活开放的教学方式，为后来的教育工作者所借鉴。

第四，书院教学注重启发引导，提倡切磋讨论，讲究身心涵养。在书院中，学生除参加学术活动和教师必要的讲授外，主要是独立思考，因而书院十分重视提高学生自主学习的能力。同时，书院还要求学生提出疑问，慎思博文。朱熹制定的《白鹿洞书院学规》要学生做到"博学之，审问之，慎思之，明辨之，笃行之"，因此，书院的管理侧重于启发学生的上进心和自觉性，少有禁戒惩治的规章，书院的教学组织形式灵活多样而少有衙门气，对中国古代教育产生了十分深远的影响。

总之，宋代书院扩大了中国古代学校教育的范围，开辟了新的学风，成为推动教育和学术发展的重要动力。书院在办学和管理领域也创造了许多行之有效的经验，成为中国古代社会中后期一种重要的教育组织形式。

科 举 考 试

隋唐以来，科举考试制度成为中国古代社会选拔各级官吏和各类人才的重要途径。宋代科举考试制度在沿袭唐制的基础之上，得到了进一步的完善和发展。宋代科举考试主要有贡举、武举、童子举、制举、词科等，其中影响最大的是贡举制度。

（一）贡举

贡举是指士子通过地方考试后贡之于朝廷之意。宋初，贡举每年举行一次，仁宗时改为两年一次，到神宗时改为三年一次，以后相沿不改，成为定制。

1. 应试资格

宋初对举子参加科举考试并无过多的限制。仁宗庆历新政时期规定，国子监生徒听学满五百日，诸州县学生徒入学听习三百日，且取得解人资格超过一百天，才能参加礼部考试。新政失败后，这一规定被废止。徽宗时期规定，只有取得太学资格的生员才能参加科举，这项政策直到宣和三年（1121）才被罢除，此后对举人的学历再无要求。另外，服丧期间的举子，曾受过杖刑以上处罚者以及僧人、道士、吏人，不得参加科举考试。同时，宋王朝放宽了对工商业者应举的限制。"工商杂类"中有奇才异行者，可以应举，皇祐元年（1049）连中三元（解试、省试、殿试均第一）的冯京便是商人之子。从总体上来看，宋代科举对应试者的资格限制呈现逐渐放宽的趋势，国家取士的范围逐渐扩大，这有利于选拔优秀人才，维护赵宋王朝的统治。

2. 考试程序

宋初承唐旧制，分为解试、省试两级，太祖开宝六年（973）实行殿试制度，于是宋代科举考试制度开始固定为三级。

（1）解试

宋朝地方组织举人考试，并将合格者贡给朝廷，故解试又称"乡贡"。宋代解试包括由州府行政长官主持的地方试、国子监试（太学试）、诸路转运司的漕试等，一般每三年一次，通常在秋季举行。解试之前，由各县对本地士子的资格等进行审查，保送至州，知州等加以复核。之后参加州级文化考试，择优录取。若举人考试合格，即由州、转运司或太学按解额解送礼部。

（2）省试

省试是由尚书省礼部主持的全国举子考试，又称礼部试。礼部负责查验解试合格人员的名单，审核考生资格，组织考试。合格举人，由贡院放榜，正式奏明朝廷。

（3）殿试

殿试又称御试、亲试、廷试，是科举考试中最高一级的考试。举人经过省试，须再参加殿试，才算是真正登科。政府安排专门的官员负责出题、监考、阅卷等考试事宜。考试结束后，由皇帝主持唱名仪式，合格者按成绩高低授本科及第、出身、同出身，前三名称为状元、榜眼、探花。

3. 考试科目及内容

（1）进士科

宋初承唐及五代之制，考试诗、赋、论各一首，策五道，帖《论语》十帖，对《春秋》《礼记》墨义十条。帖经是考查所习之经，如同填空题。墨义是考查学生对经书的背诵和默写能力。仁宗庆历四年（1044）三月改革科举，罢帖经、墨义，试经史、时务策论等，庆历新政失败后也随之被罢除。神宗熙宁四年（1071）王安石变法，颁布贡举新制，罢诗赋，考试墨义、帖经。

（2）诸科

除进士科外，还设有经、传、礼、史、法等诸多科目，统称为"诸科"。在考查内容方面各有侧重，或侧重对儒经的默诵、理解，或注重对礼法、专史和律令的掌握。其考查内容大体如下：

科 目	考 试 内 容	帖 经	墨 义
九经科	《周易》《尚书》《毛诗》《礼记》《周礼》《仪礼》《春秋左传》《公羊传》《穀梁传》	帖书120帖	墨义60条
五经科	《周易》《尚书》《毛诗》《礼记》《春秋》	帖书80帖	墨义50条
三礼科	《周礼》《礼记》《仪礼》		墨义90条
三传科	《春秋左传》《公羊传》《穀梁传》		墨义110条
学究科	《周易》《尚书》《毛诗》中的一经或两经及《论语》《孝经》等		墨义《毛诗》50条,《论语》10条,《周易》《尚书》各25条,《尔雅》《孝经》共10条
开元礼、通礼科	《开元礼》或《开宝通礼》		墨义300条
三史科	《史记》《汉书》《后汉书》		墨义300条
明法科	考试内容为律、令、断案及《论语》《孝经》等		律令40条,墨义50条

(3) 明经新科

仁宗嘉祐二年（1057）设明经新科，是为革除科举弊病而特设的科目，考试大经、中经、小经[1]各一。其中考查《论语》《孝经》墨义、大义各十道，分八场，以六通为合格，另测试时务策三道，大体相当于考查时事政治，以文辞典雅者为通。其出身与进士同。与唐朝明经科相比，北宋明经科的考试重点由帖经、墨义变为大义，更加注重举子对儒家经典的理解和发挥。

熙丰变法之际，王安石改革贡举，罢明经、诸科，以进士一科取士。徽宗崇宁三年（1104）取消科举，由学校三舍升迁法取士。从哲宗元祐年间至南宋时期，进士科分为经义进士和诗赋进士两种名目，实质上与进士科没

---

1 大经指《礼记》《左传》，中经指《毛诗》《周礼》《仪礼》，小经指《周易》《尚书》《穀梁传》《公羊传》。

有任何区别。鉴于唐代科举的帖经、墨义完全是考死记硬背，而诗赋考试又与治国安邦没有太多直接联系，朝廷废除了帖经、墨义、诗赋等传统科目，改试经义，这是论述儒经某一内容的小论文，既考查考生对儒家经典的掌握理解，又考查考生的文笔水平。

进士科是宋代科举设置最早的科目，也是历朝科举中最主要的科目。诸科在宋朝科举中的地位比进士要低，故宋代有"焚香礼进士，撤幕待经生"的诗句。在诸科之中，录取的数量以学究为多，而其待遇以九经为最高。

（二）武举

武举又称武选，是宋代选拔军事人才的主要途径，也是宋代科举制度的重要组成部分。唐代已有武举，有军谋越众、军谋宏达、材任将帅等科，以武艺高下取人。宋代武举正式确立始于仁宗天圣八年（1030），但因武举所设科目流于形式，缺乏军事上的实用价值，所选拔的人才良莠不齐，皇祐元年（1049）废罢武举。英宗治平元年（1064）再置，沿至南宋末年。然而，由于两宋统治者历来重用进士出身的文官，士人有能力应进士举者，便不屑于应武举，因而宋朝武举并未选拔出多少将帅之才，这在一定程度上对宋代军事产生了不利的影响。

宋代武举的选拔范围较为广泛，三班使臣、诸色选人、不曾犯赃及私罪情轻者、文武官子弟中未触犯法令者，均可以应举。熙宁年间规定：武举每三年一次，与进士等科同时发解，先考《孙子》《吴子》两种兵书及兵机对策，再校试弓马武艺，合格者赴殿试。殿试考骑射和对策，以弓马骑射成绩决定等级高下，以对策成绩决定录取与否。对策的内容以边防、时务为主，多问与兵法、军事战争有关的内容。

（三）童子举

童子举是宋代专门为智力超常儿童应试设置的考试科目，又称应试神童。北宋规定凡十五岁以下儿童，学业有成，能通经作诗赋者，即可由所在州府解送京师。国子监审验后，送中书复试，合格者即由皇帝殿前亲试之。殿试优秀者，也可以拜官。如北宋名臣晏殊便是名噪一时的神童，后来通过童子科入仕。南宋孝宗淳熙元年（1174），有个叫林幼玉的女童求试中书省，经书皆通，特诏封为孺人，此为宋代科举中的一件奇事。

宋代童子科举应试内容，起初并无具体规定，一般是视童子背诵经书以决中否。真宗时，诏试考生诗赋。南宋时期，考试仍重背诵，范围有所扩大，或诵经史子集，或诵兵书、习步射等等，难度有所增加。

早期童子举虽然考试内容较为简单，却选拔出了一些优秀的少年学子，其中不少日后成为国家的栋梁之材，也有的成为一代宗师。童子举没有固定试期和录取限额，但真正的神童数量毕竟有限，因而两宋由此举而通达者屈指可数，北宋自仁宗至徽宗赐出身者仅二十人而已，南宋也寥寥无几。

（四）制举与词科

制举、词科是宋代选拔特殊人才的科目，往往下诏求荐，有察举制的特征，录取人数少，其考试内容、方法与进士、诸科大为不同。

1. 制举

制举又称制科、大科、贤良科，其科目设置、举行时间、录取名额都是不固定的。宋代的制科由皇帝亲自主持，不需要经过贡举那样复杂的程序。宋朝初年，沿用后周之制，设贤良方正能直言极谏、经学优深可为师法、详闲吏理达于教化三科。后来科目逐渐增加，制科允许在职官员及平民百姓，经所在官府推荐应试，如苏辙便是已考中进士，此后复举制科。考试内容为礼部考论三道，共三千字以上，文采和义理俱优者中选，然后由皇帝主持策试，考试对策一道，不试诗赋。成绩分为五等，因为第一、第二等从不授予，所以第三等为最高，待遇相当于进士第一名。

由于一般读书人都力求通过贡举这一正途踏上进身之阶，因而应制举考试之人较少，制举也在宋代兴废三次之多。北宋真宗大中祥符元年（1008），因臣僚上疏制举不合时宜，遂令诏罢之，这是宋代第一次罢制举。仁宗天圣七年（1029），诏令复设制举，所设科目有贤良方正能直言极谏、博通坟典明于教化、才识兼茂明于体用、详明吏理可使从政、识洞韬略运筹决胜、军谋宏远材任边寄等六科，后增加到九科，严格限制了应试对象的资格。神宗熙宁七年（1074）第二次罢制举。哲宗元祐二年（1087）四月，又正式恢复制举，但仅设贤良方正能直言极谏一科。哲宗亲政后复又废罢，到北宋末年都未再恢复。南宋高宗绍兴二年（1132）正式恢复贤良方正能直言极谏科，以求取能直言敢谏之士，但是进士科早已垄断仕途，应举者很少，合格者寥寥。

宋代设制举是为了选拔知识渊博而不擅长诗赋章句或不屑于应诗赋考试的士人。其策论考题不但要求应试者有良好的文学素养，而且须灵活运用经典故事分析历史或现实问题，以便为统治者提供借鉴。嘉祐六年（1061）苏辙应贤良方正能直言极谏科时，在策论中直言不讳地指责当朝皇帝宋仁宗奢侈腐化、安于享乐，导致民生贫困，国力衰弱。士人在御试策中公开批评皇帝，堪称英雄壮举。在录取苏辙的问题上，主考官们意见不一，最后宋仁宗亲自裁决，录取了敢于直言的苏辙。因此，在宋政府的倡导下，参加制举考试的士人敢于直抒己见，借古喻今，针砭时弊，写下了不少优秀的策论文章。由于制举考试难度大、要求高，两宋录取总额仅四十人，但是被录取者多获重用，不少人成为宋朝有影响的政治家。

2. 词科

词科是宋代宏词科、博学宏词科、词学兼茂科的通称，也是为朝廷选取起草诏诰文书人才而设置的考试科目。北宋前期，进士科重诗赋，士人多擅长章句文辞。王安石变法时期，进士科罢诗赋，重视经义。文人习章句者减少，而宋政府日常所用的诏、诰、表、铭、赋、颂、赦、檄文、诫谕等公文都沿用四六文旧体。为保证起草此类文诰者后继有人，哲宗绍圣元年（1094），设立宏词科。每年进士考试结束后，允许进士登科人或罢任官员到礼部报名应试，其考试规则与进士科相仿。

词科考试内容主要是朝廷日常所用行文，文体上注重四六对偶、声韵和谐及典故堆砌，多在形式、技巧上下功夫，内容平淡而辞藻华丽。词科的地位稍逊于制举。综观两宋时期的词科，总共录取的人数大约一百一十名，其影响远不及进士科。

（五）其他科目

1. 恩科

宋代恩科的设置，一是赐给功臣子弟或圣贤后裔科举出身，旨在表彰先贤或功勋卓著的名臣宿旧。如宋太宗赐孔子后裔乡贡进士孔世基同本科出身，宋真宗曾赐孔子第四十六世孙孔圣祐奉礼郎，近属授官及赐出身者六人。此类情况在北宋前期较多，仁宗朝以后便不多见。

二是实行特奏名制度。一些屡试不第、年资较深的老迈举人免解试、省试而直接参加殿试，赐予科名或一官半职。宋初每次科考都有大批举子落第，其中有屡试不第而老死场屋者，甚至有人因考不中而投奔敌国。宋代的笔记小说中有许多反映类似内容的资料，有落第进士夫妻投河者[1]，也有举子徐履因功名之重经常犯心疼之病[2]。为了笼络这些读书人，宋政府对多次参加

---

1 参见［宋］江休复：《醴泉笔录》卷下。

2 参见［宋］张端义：《贵耳集》卷下。

省试、殿试落第者予以特殊录用，称"特奏名"。其录取的条件主要考虑举子的应举次数和举子年龄。宋初规定，只要应举十五次以上，即准予参加特奏名，无年龄限制。真宗时期，既要求举数，又要求年龄在五十岁以上。宋神宗时期，在某次特奏名殿试中，一个七旬老举子无法答题，便在试卷上写了"臣老矣，不能为文也，伏愿陛下万岁！万岁！万万岁！"[1]一段话，竟也因此获得官职。另一首诗曰："读尽诗书五六担，老来方得一青衫。佳人问我年多少，五十年前二十三。"[2]不难看出，特奏名所录举子多为白发老迈之人，通常是象征性地授予一任官职，且多为一些试衔散官或长史、助教之类的低级而无职事的官衔。这种方式将读书人毕生束缚在书本和考场，不使他们因绝望而萌生异志，目的是维护宋王朝的稳定。

2. 八行取士法和十科取士

宋徽宗大观元年（1107），蔡京当政，实行过以孝、悌、睦、姻、任、恤、忠、和等八种德行取士的"八行科"，完全取消文化知识的考核，依据被推荐者在德行方面的表现进行选士。十科取士法始于神宗朝宣仁太后（高太后）垂帘听政期间，目的是选拔具有特殊才干和长处的人才。

（六）严格考试制度的措施

宋朝统治者十分重视科举，从政权建立之初，在沿袭前代科举考试制度的基础上，采取了种种措施，严格考试制度，逐渐形成一套严密完备的防弊措施。

1. 废止门生称谓及公荐制

唐代以来，每次科考前，朝廷的达官显宦都可以保荐一些有文才的考

---

1 ［宋］朱彧：《萍洲可谈》卷一。
2 ［明］陶宗仪编：《说郛》卷三八。

生，于是举子们争相将自己的作品呈送给他们，以求得保举，称之为公荐。由于科举考试的主考官是对外公开的，因而考生也可以将作品送给考官，称为公卷。于是社会上便造成了相当严重的请托现象。达官贵人可以替亲友故旧向考官说情，甚至决定录用名单，因而举子被迫奔走于考官和显宦门下，以求其推荐。中举者无不视考官为恩师，而考官则视举子为弟子，由此结成门生座主关系，助长了科举的徇私舞弊和官场的拉帮结派，加剧了统治阶级内部的矛盾和纷争。宋太祖即位后不久，废止权臣向考官推荐考生的特权，并诏令考生今后不得再呼考官为恩门、师门及自称门生，所有考中者都是天子门生。至宋仁宗时，废除了公卷制度。

2. 锁院制度

宋朝在"知贡举"（主考官）、"权知贡举"（副考官）等考官人选确定之后，便立即将他们锁于贡院之中，断绝他们与外界的联系，避免出现漏题、舞弊等现象。

3. 封弥制度

封弥始于宋太宗淳化三年（992）的殿试，后逐渐推广到省试、解试。考生考试结束后，由专人将试卷上的姓名、籍贯等用纸封糊起来，再交给考官评判，直到最后公布成绩时，才能拆封公布姓名，否则便视为作弊。这一方法是要解决考官看到亲友子弟的考卷而徇私判卷的弊端，也成为后代封弥试卷制度的起源。

4. 誊录制度

实行封弥制度之后，又出现了考生在试卷上做暗号、标记等作弊行为，而且，考官也可通过笔迹辨认出与自己有关系的考生，提高其成绩。于是宋真宗景德二年（1005），政府采取了誊录制度，即朝廷聘请一批抄书手将考生试卷再重新誊写一遍，交给考官，其用意便是杜绝封弥措施的纰漏。

5. 别试

别试又称别头试，贡举考试方式之一，是针对考官亲属特设考场考试的制度。在礼部试、解试过程中，凡是考官亲属和有关官员的子弟、亲戚、门客，应试时必须回避，另派考官设场屋考试，以防出现徇私舞弊的现象。同时，对朝廷权贵的子弟还要再复试一次，以防高官权贵利用权势将无能子弟成绩拔高。别试始于唐，但仅限于礼部，未形成定制。北宋太宗雍熙二年（985），始命礼部试考官亲戚试于别处。仁宗景祐四年（1037），在北宋各路州军推行别试。从此，地方各级考试大多设别试或别试院。

通过不断调整，宋朝的科举制度逐渐完善，使统治者进一步加强了对科举考试的监管和国家权力部门的防弊能力，限制了权贵子弟徇私舞弊、朝中权臣把持科场的特权。这样，基本上保障了考试的公平合理，庶族与平民子弟通过科举跨入仕途的人数日益增多，从而扩大了科举考试的影响力和覆盖面。统治集团内部也逐步形成了一个庞大的科举官僚群体，这为宋代社会和文化教育等事业的发展注入了勃勃生机。

结　语

赵宋王朝建立后，在"兴文教，抑武事"的基本方略下，从中央到地方，建立起了系统而全面的教育体系。宋代中央官学以国子学和太学为代表。宋太祖即位不久，就在京师设立国子监，作为国家教育领导机关。宋代大规模兴学始于仁宗庆历新政以后。庆历初年，中央正式建立太学，政府拨给土地、房钱等作为教育经费，改良教学内容和方法。随后，地方学校也大规模兴起，各府、州、军、县陆续建学。各类学校遍布天下，从而形成了以中央国子学、太学为中心，包括诸多专科学校和地方州县学的教育网络，"虽荒服郡县必有学"[1]。从中央到地方各级单位对教育的重视,使得宋朝各类学校众多,管理规范,宋代官学在数量、科目设置、管理等各方面都远远超过了前代。

统治者对文教的推崇,促使社会上广泛兴起重学兴文的风气。同时,宋王朝对民间办学采取了比较宽松的政策,使得私学较前代有了显著的发展。宋初虽然无暇顾及学校建设,但仍然通过赐田等方式对私学予以支持,使之成为官学的有益补充。特别值得一提的是宋代的书院,书院对学生入学不做限制,一些贫困学生甚至可以寄读,这有利于教育的普及。南宋以来,理学家常在书院开展讲学活动,由于书院实行自由讲学,讲求相互辩论,因而一些名儒往往在书院对各种学术问题展开讨论,这对宋代文教和学术的发展有着难以估量的积极作用。随着官方将理学正统化,宋廷更加推崇书院教育,进一步完善书院制度,通过增置学田等举措,为书院提供政策支持。两宋时期,江西的白鹿洞书院,河南的应天府书院、嵩阳书院,湖南的岳麓书院、石鼓书院等教育机构都具有极大的社会影响力。以书院为基地,不同思想相互碰撞、广泛传播,促进了宋代学术文化的活跃与交流,造就了大批于国于民都有利的人才。

应该说,发展教育和完善科举是宋代崇文政策的一体两面。官学与私学的兴盛为赵宋王朝培养了大量优秀人才,科举制度则是赵宋王朝从中遴选国家栋梁的重要渠道。科举制度首创于隋唐,然而,当时门第等级观念还有很大影响,新老世族把持着取士大权,科场成绩并不是唯一标准,很多有才华的平民并不能凭借科举得到任用。宋代彻底打破了门第等级对科举制的影响,基本上取消了对举子出身的限制,士农工商的子弟均可参加科举考试。这样的制度设计,使普通的平民阶层可以通过科举改变自身及家族的命运,也间接地扩大了文化普及的范围。从这个层面来说,科举制度无疑是滋养

---

1 [宋]吕祖谦:《宋文鉴》卷八二《南安军学记》。

宋代灿烂文化的肥沃土壤。与此同时，科举考试的内容也发生了变化。唐代科举考试主要考查诗赋和经义，而宋代改为经义、诗赋、策论并重。这一转变改变了知识分子求学的方向，单纯的背诵或吟诗作赋已经不能在科场中胜出，士子必须具备独特的见解，能够独立思考。这既有利于学术文化的发展，也使宋代文化形成了独具魅力的特点。此外，武举、童子举、制举、词科等科目各有侧重，分别针对不同的特定群体，既丰富了科举考试的形式，又有利于选拔具有特殊才干的人才。

总而言之，这样的文化氛围和政策环境，使得出身不一、才能各异的知识分子们得以施展才智，充分发挥其主动性和创造性，为两宋时期的文化勃兴和学术上的"百花齐放、百家争鸣"奠定了基础。

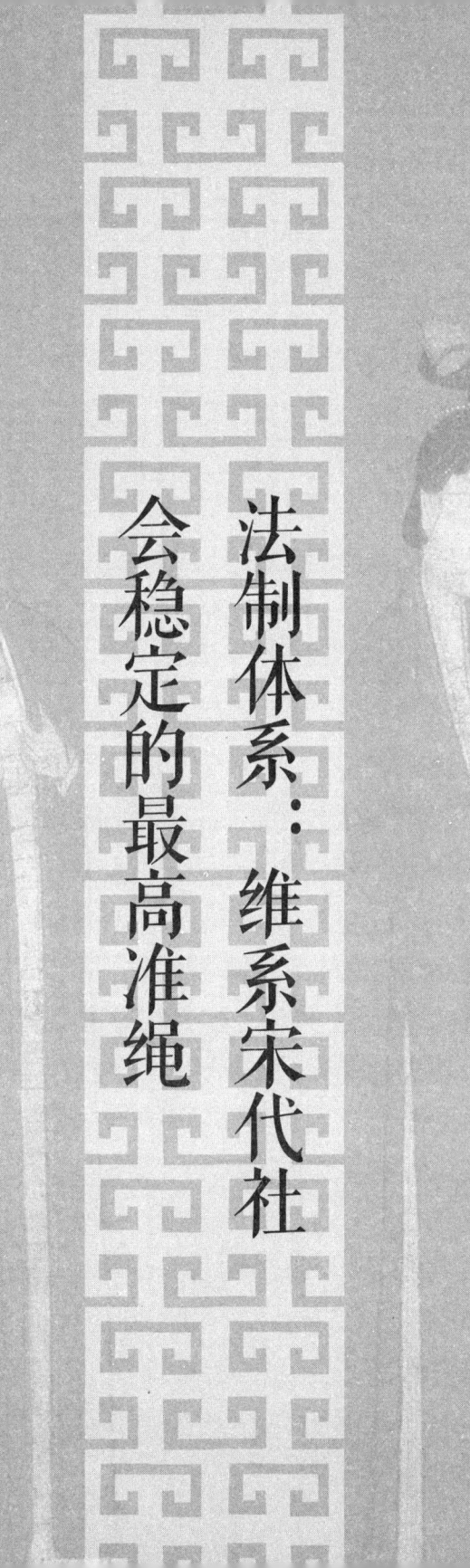

第五章

法制体系：维系宋代社会稳定的最高准绳

长期以来，人们通常认为，中国古代的法律制度到唐朝已达到鼎盛时期，其体制规模，垂为后范，宋代法律基本上是沿袭唐律而来。这种观念在一定程度上影响了后世对宋代法制的深入探讨，使得该领域的相关研究相对滞后。直到20世纪后期，经过众多学者的努力，宋代法律的基本内容及其相关问题才逐渐清晰起来，宋律的历史地位也得到了人们的认识和重视。事实上，宋代的法律制度在继承前代的基础上多有创新，很多方面都表现出了与其时代相适应的特色，对后世的法制产生了深远影响。

宋代法律的历史地位及其特点

（一）立法浩繁，创新规制

宋初，朝廷以后周《显德刑统》为基础，制定了第一部成文法典——《建隆重详定刑统》，后简称《宋刑统》，这是宋朝建国后第一次大规模的立法活动。但随着社会的变化，《宋刑统》很快就不再适应现实的需要，太祖时就不断颁布敕令以补其不足之处。其后，各代皇帝也相继颁布了大量敕、令、格、式。从适用范围看，这些法令既有通行全国的综合性编敕，也有省台寺监的部门编敕，还有一路、一州、一县的地方编敕。据粗略统计，从宋太祖到宋理宗时期就颁布了二百四十二部法典。[1]法典规模也不断扩大,宋真宗《咸平三司编敕》仅六卷,至神宗时期,《熙宁三司敕式》就达到了四百卷。宋人毕仲游评论说:"建隆敕者不过数百条,而天圣编敕,则倍于建隆;庆历编敕,又倍于天圣;嘉祐编敕,复倍于庆历;至于熙宁、元丰之敕,乃益增多于嘉祐几千条,而续降敕令,与夫一司、一路、一务、一州、一县者,复防万条,而引用此例以相附著者,至不可胜纪。"[2]

宋代立法浩繁,较之唐律已有很大不同。宋律体例多有创新,其主要表现之一是宋神宗时期编纂的《元丰敕令格式》。神宗锐意变法,深感旧的法律制度和规范"不足以周事情",于是极力提高敕的地位,调整旧的法典体系,将唐代以来的律令格式变为敕令格式,打破了单纯依律分门的旧制,开创了敕令格式统类合编的立法体例,这对综合性法典的编纂形式的改进和创新有着相当积极的意义。二是南宋孝宗时期编纂的《淳熙条法事类》。神宗时开创的敕令格式统类合编体例存在着法典条目繁杂等缺点,同一事类因敕令格式不同而分散于各篇,使用起来非常不便。孝宗时期,为方便使用,宋廷将以前统编的敕令格式"随事分门""别为一书",[3]编成《淳熙条法事类》,首次确立了"条法事类"体例,这体现了宋代立法前所未有的巨大进步。

(二)强化中央集权,皇帝干预司法活动

为了防止地方势力威胁皇权,宋朝统治者积极展开行政立法工作,制定了一套严密的行政法规,如《宋刑统·职制律》、元丰《新修吏部敕令格式》、《元祐司封考功格式》、《庆元条法事类》等,对官员的选拔、注拟、磨勘、

---

[1] 参见郭东旭:《宋代法制研究》,保定:河北大学出版社,2000年8月,17页。

[2] [宋]毕仲游:《西台集》卷七《上门下侍郎司马温公书》。

[3] 参见[清]徐松辑:《宋会要辑稿》刑法一之五二。

改官等都做了严格规定，使从中央到地方的各项工作都有法可依，从而加强了对各级官吏的控制。

宋代的专制主义得以加强，反映到司法制度上，就是皇帝加强了对立法和司法活动的直接干预。在立法方面，皇帝以宣敕形式表达自己的意旨，具有最高的法律效力，可以随时补充、修改律令条文。在司法方面，太祖经常亲自审问囚徒，干预审判活动。太宗时更于禁中置审刑院，将司法权收归中央，由皇帝直接控制最高司法权。神宗时虽然废除了审刑院，但仍然经常任命非司法系统的官员参与案件的评议和审理。徽宗公然宣称，皇帝御笔断罪、特旨处分是不可侵犯的特权，"每降御笔以乱旧章"，置法律条文于不顾，任意轻重予夺，严禁办案官员对御笔断罪表示疑议，否则"以违御笔论"。[1]

（三）重法惩治"贼盗"

"贼盗"罪指危害封建专制政权、侵犯他人生命财产安全的犯罪行为，包括谋反、叛逆、谋杀、谋乱、强盗等行为。宋朝立国三百余年，虽然没有发生大规模的农民战争，但小范围的农民反抗一直不断，统治者始终视"贼盗"为心腹大患，因而宋代有关"贼盗"的立法异常详备，朝廷甚至颁布特别法对"贼盗"进行重典惩治。

北宋建立之初，太祖为笼络人心，放宽了一些轻微刑事案件的刑罚，以示仁德，但"贼盗"罪不但不在宽限之列，反而呈现日益加重的趋势。唐律规定，"强盗"伤人、杀人才处以死刑，即使是持械抢劫，只要没有获得赃物，就可免除一死；而《宋刑统》却规定，凡是持械抢劫者，不论抢劫是否成功，一律处死。这种不论情节、后果一概处死的判罚，明显要重于唐律。

然而，严酷的刑罚非但未能制止"贼盗"活动，反而激起了更大的反抗

---

[1] 参见［元］脱脱等：《宋史》卷一五二《刑法志》。

浪潮。仁宗时期，随着阶级、民族矛盾的加剧，出现了盗贼蜂起的严重局面。统治者深感旧的法律条文已不足以维护统治，于是颁布特别法，加重处罚"贼盗"罪。仁宗嘉祐七年（1062），政府颁布《窝藏重法》，将京畿地区划为重法地分，凡在这些地区窝藏贼盗者，皆加重处罚。在常法之外，针对某一地区、特殊犯罪制定相应法规，这是中国法制史上的一大创举，它具有资产阶级特别法的性质，对宋代以后刑法的发展产生了重大而深远的影响。此后，英宗、神宗朝又相继颁发《盗贼重法》，在"重法之地"对"重法之人"施以重刑。至哲宗朝，不仅重法区域扩展到全国大部分地区，而且《盗贼重法》取代了《宋刑统》中的"贼盗律"，量刑之严酷远远超过前代。

综观两宋时期的立法，重典惩治贼盗是宋王朝的一贯政策，也是宋代刑法中的一大特色。在社会危机日益深重的背景下，统治者只能实施《盗贼重法》等特别法，借助于严刑苛法来达到维护统治的目的。

（四）惩治官吏赃罪日渐宽松

在中国古代社会，赃指不义之财，官吏利用职权贪污受贿、侵吞官私财物称为犯赃。宋代官员贪赃枉法、收受贿赂、侵吞官物等经济犯罪十分猖獗，涉及面之广，情节之严重，都远过于前代，成为宋代一个非常突出的社会现象。然而，惩治官吏犯赃的法律却呈现出由重而轻、由严而宽的趋势，这是宋代刑法的又一特点。

建国之初，太祖为了肃清吏治，制定了严格的惩治赃吏之法。开宝年间，更将官吏犯赃与十恶、杀人并列，定为常赦不原的重罪。太宗太平兴国三年（978）规定，官吏犯赃罪者，即便大赦也不得复官，永为定制。据《宋史》《续资治通鉴长编》记载，太祖、太宗两朝，官员因赃罪而弃市者达到五十余人，其中不乏高官要员，可见当时惩治赃官的处罚是非常严厉的。

但从真宗朝起，惩治贪官之法开始由重转轻。虽然宋真宗仍然坚持重典惩治贪官，屡次申严赃官遇赦不原的诏令，但在实际执行过程中，多以决配来代替死罪。真宗大中祥符九年（1016），著作佐郎高清、比部员外郎范航等人皆因犯赃罪当死，真宗特别赦免了他们的死罪，改为刺配远恶州军牢城。仁宗以编管代替决配，作为官吏犯赃贷死的法定量刑。神宗认为刺配不宜用于官员之身，于是取消了官员杖黥之法。徽宗则仅对犯赃官员给予行政处罚，免去官职，不再追究其刑事责任。南宋时期，虽然屡降严惩贪吏的诏书，但由于吏治腐败，权臣用事，贪官污吏互相勾结，法律成为一纸具文。官吏即使贪赃罪行败露或被人告发，也只是暂时离任，不久便可官复原职。在这种情况下，官员贪污之风愈演愈烈。

（五）刑罚体系的变化

刑罚体系包含刑罚的名称和适用原则。就刑罚适用原则而言，宋代多因袭唐律，少有创新，主要有八议、十恶不赦原则等。宋代刑罚体系的创新主要体现在刑罚名称上，在继承唐律笞、杖、徒、流、死五刑的同时，又做了一些变通和修改，增加了折杖法、刺配法、编管法、安置法等新的刑名。

1. 死刑

宋代法定死刑除继承唐律的绞、斩两种外，又新增加了杖杀和凌迟两种。杖杀是将犯人用杖活活打死；凌迟则是用利刃残害犯人的肢体，施加各种酷刑，让犯人受尽痛苦而死。这体现了宋代刑罚的残酷，是法律的退步。

2. 折杖法

建隆四年（963），太祖制定了"折杖法"，即用脊杖和臀杖来折抵笞、杖、徒、流四种刑罚，这是宋代刑罚制度的一个重大变化。

3. 刺配法

宋初用杖脊、刺面、流配、苦役来宽贷死罪，称为刺配。刺配在太祖时期就开始使用，真宗时期被写入编敕，成为一种法定刑名。刺配是一种非常残酷的刑罚，犯人虽然可免一死，但既要杖脊，又要刺面，还要遭到流配，终身服苦役，实际是犯一罪而受到四种刑罚。后来刺配不止用于死罪贷命，事实上成为一种普遍使用的独立刑罚。

4. 编管法、安置法

编管法、安置法都是将犯人贬谪到特定区域居住，编入特殊户籍，限制其人身自由。此外，宋王朝还在法定用刑之外使用了许多非法之刑，如夷族、活钉、断手足、腰斩等，以期取得更大的恐吓、威慑效果。

如上所述，宋代的刑罚适用原则更加细密，对保证刑法的实施具有重要指导作用，体现出宋代法律应用的进步。宋代刑名的增加，特别是诸多非法用刑的存在，反映了当时阶级矛盾的激化及统治者的残酷，大量使用肉刑，也给后代造成极为恶劣的影响。

（六）重视证据是宋代司法实践的一大特色

中国古代断案多凭法官的察言观色与主观臆测，不可避免地会造成冤假错案。到了宋代，科学技术的飞速发展使实证断案在一定程度上成为可能。宋人在继承前代断案经验的基础上，发展出一套相对完善的证据制度，使整个社会兴起一股重视证据的风气。宋制规定，没有一定证据不能结案。刑事案件必须要有凶器、尸首等相关物证才能最后定案，民事案件则要有相关的契约文书作为证据。除了重视物证的收集、鉴别和运用之外，宋朝还建立了严密的检验制度，其现场勘验和法医鉴定技术都处于当时世界的先进水平。

法 律 形 式

由于宋代社会关系异常复杂，法律形式也相应地多种多样。宋代的法律形式在继续沿用唐代的律、令、格、式之外，又增加了敕和例，这是宋代法律形式的独特之处。

（一）律

律是指国家用以正罪定刑的常法，是宋王朝基本的法律，具有稳定性和统一性。宋代的律有两种，一是国家法典，二是少量的单行律。太祖建隆年间颁布的《宋刑统》就是宋律的代表。

《宋刑统》是宋朝第一部系统的国家法典，也是中国历史上第一部刻板印行的封建法典。宋朝建国以后，主要因袭唐、五代法典。太祖建隆三年（962），乡贡明法张自牧、判大理寺事窦仪等人相继上书，建议重新编修法典。于是太祖命窦仪等人重修刑统，至建隆四年书成，定名为《建隆重详定刑统》，也即是后来所说的《宋刑统》，它总共十二篇，三十卷，五百零二条。

《宋刑统》是在《唐律疏议》《显德刑统》的基础上删修而成，虽然在体例和内容方面与唐律有相似之处，但实际上，《宋刑统》仍然有其自身的特点。在体例上，《宋刑统》继续沿用唐律十二篇之目，但在篇目下又分为二百一十三门，根据适用对象的性质把相同或相近的法律条文汇编为一个单元，标明其门类，这是唐律所不具备的。《宋刑统》又在律文之后，以"臣等参详"的形式新增"起请"条目三十二条，对原律文或敕令格式的内容进行解释，这些也具有法律效力。窦仪等人还将唐律中"余条准此"的规定辑出，汇编在一起，别为一门，以避免在使用法律过程中有所遗漏，首创综合性法规之门。这些都是《宋刑统》在体例上的创新之处。在内容上，《宋刑统》增创"折杖法"，以臀、脊杖来折抵笞、杖、徒、流四种刑罚，取得了轻刑的效果；对盗贼的处理远重于唐律，而对官吏赃罪的处罚却明显减轻；调整民事关系的法律与唐律相比显著增多。

《宋刑统》颁布后，曾在太祖乾德四年（966）、神宗熙宁四年（1071）、哲宗绍圣元年（1094）、南宋高宗绍兴元年（1131）进行过四次修订，但由于《宋刑统》乃"祖宗成法"，后代君主不敢轻易更改，因此内容上并无大的变动。内容的僵化不变使它在很多方面已不能适应社会的变化，其常法地位逐渐被编敕所取代。

（二）编敕

敕是皇帝发布命令的一种形式，是皇帝根据特定的人或事而临时发布的诏旨，通常称为宣敕，也称散敕。散敕本身缺乏稳定性，不具备普遍行用的法律效力，要想使它上升为一般的法律形式，还要对其进行编修，分门别类加以整理，这一过程称为编敕。编敕是宋代最具特色的法律形式。

编敕始于唐代。宋代大致经历了律敕并行和以敕代律两个阶段。太祖建隆四年（963），窦仪等编修《宋刑统》，同时编敕四卷，定名为《建隆编敕》，与刑统并颁天下。这时的编敕主要是对律所不载，或载之不详，或有失偏颇之处进行解释、调整，大体上是辅助律文。此后，编敕成为宋代最频繁、最重要的立法活动。仁宗时颁布《天圣编敕》，宣布敕为国家常法，与律并行，这表明敕已成为正式的法律规范。神宗锐意进取，深感僵化的律文不能适应变法的需要，于是颁布大量敕令，明确规定敕是最具普遍效力的法律形式。此后，敕取代律，成为优先适用的规范条文，律虽然"恒存乎敕之外"，但实际上已被束之高阁，这种局面一直持续到宋末。

（三）编例

"例"是指将以前事情的处理方法作为后来同类事件的参照标准，实际上是一种援引以往事例作为量刑定罪依据的做法。同散敕一样，例不具备普遍行用的法律效力，要想使它上升为一般法律，也要对它进行编修，使之成为通行的成例，这一过程称为编例。

例的来源有断例、特旨、指挥等。断例是以典型案例作为后来同类案件的审理依据；特旨是指以皇帝对特定的人或事的特别处理方式作为后来同类事件的处理依据；指挥则是中央官署就某事发布的指示或决定，这种指令一经发出，即可成为以后同类事件的处理依据，具有法律约束力。

宋代有"法所不载，然后用例"的规定，可知例应该是法律的补充，但事实却并非如此。北宋中期以前，由于《宋刑统》和相关敕令的颁布，例并不经常使用。神宗变法后，"法不胜事"[1]的问题非常突出，在颁布大量敕令的同时，依例断事的现象也逐渐增多，例的地位日渐提高。到徽宗时期，出现了大量"引例破法"的事实。到了南宋，规定"指挥自是成例"，标志着例的地位进一步提高。宁宗时期的《庆元条法事类》规定："诸敕令无例者从律，律无例及例不同者从敕令。"这表明例不但与敕、律有同等效力，某些情况下甚至优先于敕、律适用。

"引例破法"导致了极为严重的后果，一些贪官污吏经常利用法律的漏洞，收受贿赂，舞文弄法，欺上瞒下，"或罪轻而引用重例，或罪重而引用轻例，或有例而不引，无例而强引"[2]，"顾金钱惟意所去取"[3]。为杜绝奸吏营私舞弊，朝廷曾多次下令禁止引例破法，如徽宗就多次下诏，规定对引例破法者要处以徒刑，但由于其间的巨大利益，还是有不少官吏不顾禁令而行之，这种现象始终得不到有效整治，导致了两宋法制体系的紊乱。

总体而言，宋代的法律形式大体上可以划分为性质不同的两类，一是律，二是敕、例。作为国家基本大法的律，只是在北宋前期的司法实践中发挥了一定的作用，后来则逐渐被敕、例所取代，仅仅"存之以备用"。之所

---

1 [清]徐松辑：《宋会要辑稿》刑法一之二三。
2 [宋]李心传：《建炎以来系年要录》卷七八，绍兴四年七月癸酉。
3 [宋]赵善璙：《自警编》卷八《救弊》。

以会出现这种局面，固然有随着社会关系的剧烈变化，内容僵化的律已不能适应社会需要的原因；更重要的是，相对于固定的律而言，灵活变通的敕、例更能适时地体现统治者的意图，突出统治者凌驾于法律之上的地位；从更深的层次来看，宋代律、敕、例关系的变化，反映出宋代社会中政治权力与法律的矛盾，以敕代律、引例破法实际上都是行政权干预法律的重要表现。

司法机构

（一）中央司法机关

1. 大理寺

宋初，大理寺为审刑机构，并不直接参与审判，只负责将地方上奏的狱案送交审刑院复审，然后上报朝廷。由于大理寺不审理案件，京师所有囚徒都关押在开封府司录司及左右军巡三院，导致羁押留滞，不能及时处理。鉴于这种情况，神宗于元丰元年（1078）十二月下令复置大理狱，凡京师百司之狱由大理寺审理，流罪以下案件可由大理寺专断，从此恢复了大理寺的审判职能。大理寺的编制也相应地健全起来，置大理卿一人、少卿二人，下设正二人、推丞四人、断丞六人、司直六人、评事十二人、主簿二人。分左断刑、右治狱两个系统，由二少卿分领，左断刑掌管奏劾命官、将校和大辟以下疑案的审理，右治狱负责京师百司案件、特旨委勘重大案件和侵盗官物等案件。

2. 刑部

宋初，刑部主要负责复审全国已经判决的死刑案，监督重大案件的审理，以及官员犯罪除免、叙复等等。淳化二年（991），太宗于禁中置审刑院，此后，大理寺断决后的案件在送交刑部之后，都要再经过审刑院详议。淳化四年（993）规定，大理寺断决后的案件不再经过刑部，直接送审刑院，这就剥夺了刑部复审案件的职能，因而刑部只负责处理官员犯罪等相关事务。元丰官制改革后，将审刑院和真宗大中祥符二年（1009）设置的纠察在京刑狱司并入刑部，由知审刑院判刑部，刑部才开始总管天下刑狱。此后，刑部设尚书一人，主管全国刑狱之政令；侍郎二人，辅佐尚书处理日常事务；下设郎中、员外郎等官。刑部也分为左右两司，又称两曹、两厅，"左以详覆，右以叙雪"[1]。

3. 御史台

御史台本是宋代最高监察机关，兼具司法监督和审判职能。"州郡不能决而付之大理，大理不能决而付之刑部，刑部不能决而后付之御史台，则非甚疑狱，必不至付台再定。"[2] 太宗淳化二年（991）下诏，御史台刑狱公事由御史中丞以下的台官亲自审理。神宗元丰元年（1078），御史台增设检法官，遇有诏狱，由言官、察官轮流审理。御史台的司法职能包括：一是臣僚触犯法律的重大案件，二是诏狱，三是州县、监司、寺监、省曹等上报的疑难案件，四是奉命审理地方发生的重大案件。太宗太平兴国九年（984），开封府审理刘寡妇诬告丈夫前室子王元吉下毒谋害自己一案，审案官员收受贿赂，将王元吉屈打成招，王元吉之妻上诉到登闻鼓院，太宗即命御史台复审此案，最终真相大白。事实上，御史台在宋代已经成为法定的上诉机关，神宗元丰五年（1082）和南宋孝宗隆兴二年（1164）都曾下诏，规定百姓的上诉程序为县、州、转运司、提刑司、刑部、御史台、尚书省、登闻鼓院，御史台成为审判程序的一级。

此外，中央还设有登闻鼓院、检院、理检院、军头引见司等司法机构，

---

1 ［元］脱脱等：《宋史》卷一六三《职官志》。
2 ［清］徐松辑：《宋会要辑稿》职官一七之一二。

这些都是法定的上诉机关，凡不服州县、寺监判决结果之人，都可以按照法定的上诉程序向上述机构申诉。

（二）临时司法机构

针对一些大案疑案，皇帝往往会选派重臣组成临时性的审判机构进行审理，审判结束即告解散，其中主要有"杂议""制勘院""推勘院"三种形式。

杂议是宋代审理诏狱的最高审判形式，在遇到难以断决的疑案或刑名有争议时，朝廷会召集宰执、台谏、两制官集体讨论，以议定刑名或判决结果，进而补充和解释法律条文。

制勘院也是宋代审理诏狱的另一种形式。地方如遇重大疑难案件，由皇帝亲自派人前往案件发生的邻近地区置院推勘，事已则罢。推勘官员行事前后必须向皇帝奏禀，独立办案，禁止与地方官交接。通过这种手段，皇帝直接掌控地方重大案件的审理权，实际上是皇权凌驾于司法权之上的一种表现。

推勘院是针对一些大辟案件或官员犯罪翻供案件而设置的复审机构，通常由监司、州军派官在案件发生的邻近地区审理。推勘院与制勘院的区别在于，制勘院审理的是诏狱，法官由中央派遣；而推勘院审理的不是诏狱，法官也由地方指派。

（三）专门司法机构

两宋时期，针对特定领域的犯罪，宋朝政府一般会设置专门机构负责审理，多由行政机构兼掌。如军人犯法，行军时由临阵将帅处理，和平时期则由三衙、经略安抚司、总管司、都监、监押等分别审理；经济案件则由三司、户部审理。

枢密院是两宋时期最高军事行政机构，掌管全国军事，同时对军事案件的审理进行监督。北宋时，京师地区军事案件的审理由三衙负责，但三衙只能判决杖以下罪，死罪则要申报枢密院复核；地方的军事案件则由经略安抚司、总管司、钤辖司、都监等机构审理。南宋时军事案件则由三衙和江上诸军都统制司审理。总之，枢密院以下的各级军事管理机构，均有权审理所属军人的违法事件，只是审理的权限不同而已。

元丰改制以前，三司是全国最高财政管理机构，下属户部设有专门审理相关经济案件的推勘、检法官，受理"在京官司应干钱谷公事"[1]，有时也应诏审理民间财产纠纷。三司的判决只限于杖以下罪，徒以上罪要送大理寺。元丰改制后，户部成为最高财政管理机构，有权断决本系统内经济犯罪的杖以下罪，也受理监司、州县不能决断的民事上诉案件。

（四）地方司法机构

开封府、临安府虽属于地方机构，但由于是中央政府所在地，因而与普通地方州县颇为不同，是比较特殊的司法机构。

北宋京城开封府以尹、牧为长官，但并不常置，而以权知开封府摄其事。开封府分左、右厅，置判官、推官协助知府审理案件；设司录司，置司录参军一人，负责审理民事案件；设左、右军巡院，置巡使、判官各二人，负责审理刑事案件。开封府负责审理京畿地区的诉讼案件。宋初规定，开封府审理的所有刑事案件都要报大理寺审查，送刑部复核。宋真宗景德三年（1006）以后，才有了杖以下罪的独立判决权，徒以上罪仍然需要上奏。但是，凡是开封府奉旨审断的案件，刑部、御史台皆无权过问。

南宋高宗建炎三年（1129），改杭州为临安府，设知府一员、通判二员，下有签书节度判官厅公事、节度推官、观察推官、观察判官、录事参军、左

---

[1] ［清］徐松辑：《宋会要辑稿》刑法三之六八。

右司理参军、司户参军、司法参军等属官。临安府内有"三狱"之说：一为府院，由录事参军主管；一为左司理狱，由左司理参军主管；一为右司理狱，由右司理参军主管。三狱分别审理临安城及下属县内的刑事案件，府院兼理民事案件。临安城内外还分南、北、左、右四厢，听理民间诉讼。

宋代司法机构分为路、州、县三级。宋初，路级行政单位并没有专门的司法机构，一般是由转运使兼管辖区的司法。太宗淳化二年（991），设诸路转运司提点刑狱，巡察盗贼，监督司法，此后时置时罢。真宗景德四年（1007），鉴于地方司法案件众多，专置提点刑狱司，不受转运司管辖。主管所属州县刑狱公事，巡查复核所属州县各类案件的判决审理，平反冤狱。神宗官制改革后，提点刑狱成为固定职位，拥有对犯罪事实确凿、不需上奏的死刑的判决权和受理上诉案件的权力。

宋代州一级的行政区域内，知州和通判是最高行政长官，同时也是最高司法长官，掌管州级司法事务。知州、通判以下有判官、推官、录事参军、司理参军、司户参军、司法参军等负责司法。州一级的审判机构有二：一是州院，由录事参军主管，审理民事案件；二是司理院，由司理参军掌管，审理刑事案件。如两院所审案件有不合理之处，还可以互移重审。司法参军则专门负责检定法律，即针对二院审定的犯罪事实，检选适合的法律条文作为定罪量刑的依据，然后由判官、推官根据犯罪事实和适用法律写出判决意见，最后由知州和通判断决。北宋初期，州拥有徒、流罪及犯罪事实明显、不需上奏的死刑案的终审权，元丰官制改革后，将死刑案的终审权归于提刑司，州只能负责辖区内的徒、流以下罪的审判。

县是宋代基层的行政单位，也是基层的司法单位。县级官员主要有县令（或知县）、主簿、县尉，县令（或知县）是一县最高行政长官，也拥有县内的最高审判权，主簿作为县令（或知县）的助手协同审案，县尉主要负责捕捉盗贼，维护地方治安，但不具审判权。县内还有一些吏人也参与司法审判，如北宋的推司、典书，南宋的刑案推吏等。宋代的县只有杖罪以下的刑事案件和户婚、田宅、债务等民事案件的判决权，对徒罪以上的重大刑事案件，县仅能进行预审，即搜集证据、厘清案情后，将人犯、证据、卷宗等送州复审断决。

诉讼审判制度

（一）刑事诉讼审判制度

1. 起诉

宋代的刑事起诉方式有自诉、告发、官司纠举、自首等方式。自诉是指被害人及亲属直接向官府控告，这是最普遍的一种起诉方式。告发是指被害人及其亲属以外的了解犯罪事实的知情者向官府提出控告，可分为自愿告发、"募告"和强迫告发三种形式。官司纠举即通过监察机构或官司相互之间的监督来举劾犯罪行为，类似于现代的公诉，在刑事诉讼中发挥着非常重要的作用。自首是指犯罪人在罪行尚未暴露之前，主动向司法机关交代自己的罪行，接受审判的行为。《宋刑统》规定，在犯罪行为没有暴露之前而自首者可以得到赦免，但设定了相应的限制条件，一些恶性犯罪事件，如叛逆、强盗、杀人等，即使自首也要追究刑事责任。

2. 证据制度

证据是查清犯罪事实、认定罪行的重要依据。在中国古代，涉案人员的口供，即言辞证据，在定罪量刑的过程中占据着重要地位。司法机关为了获得口供，往往对涉案人员进行严刑逼供，造成许多冤假错案。有鉴于此，宋朝政府除了制定一些措施来保护证人的人身权利外，还把物证的地位提高到一个空前的高度。

证人是案件的知情人，在宋代以前，司法机关为了获得证人的口供，往往肆意逮捕、拘禁、拷问证人，牵涉无辜，骚扰百姓生活。宋朝政府为了杜绝这种情况的发生，从法律层面加强了对证人的保护。首先，各司法机关如需要证人到庭做证，不得擅自派人拘拿，必须要将证人的详细情况及案件通报证人住地的主管机关，得到许可才能带人。其次，司法机关录完证人口供之后要及时释放证人。徽宗宣和元年（1119）规定，羁押证人最多不得超过五日，否则相关人员要受到处罚。加强对证人的保护，体现了宋代证据制度的完善和司法文明的进步。但在实际审案过程中，"州县多将干证无罪人与正犯一例禁系，动经旬月"[1]，随意迫害证人的现象仍然屡见不鲜。

物证是指可以证明犯罪人犯罪事实的相关物品，包括实物证据和书证两种。在宋代，书证包括契约、遗嘱、债券、簿历等，主要用于民事案件。实物证据则有犯罪工具、罪犯在实施犯罪的过程中留下的痕迹等。《宋刑统》规定，在物证确凿的情况下，即使没有罪犯的口供，也可以根据物证定罪，表明物证的效力已经超过了口供。宋代一些法学著作中也对物证理论进行了系统的总结，如南宋法学家郑克的《折狱龟鉴》，书中极力强调物证在审案过程中的重要性，提出了物证优于人证的观点。在司法实践中，即使犯人已经供认犯罪事实，也要查找相关证据，以免造成冤狱或牵连无辜。如仁宗时，张亦为洪州观察推官，属县发生了一起盗贼纵火案，一直未能破获。三年后，官府抓到一名盗贼，其承认前案是自己所为。但官府并未就此定罪，而是继续追查他的纵火工具，由于发现案犯提供的纵火工具与实际不符，最终查明前案并非他所为。这是宋代重视物证的一个典型案例。

宋代对证据特别是物证的重视，突破了中国古代传统的证据观念，一定程度上避免了冤狱的形成和牵涉无辜，反映了宋代司法制度的进步与完善。

---

1 ［清］徐松辑：《宋会要辑稿》刑法六《禁囚》。

3.检验制度

检验是司法人员对犯罪现场、物品、人身等进行实地检查的行为，是获取证据的重要手段。宋代规定，凡杀伤、非正常死亡、死前无近亲在旁等情况，都必须差官检验，以确定有无犯罪发生。人力、女使、狱囚等社会弱势群体死亡，除非有证据表明是因病而死，否则都要经官检验。

宋代检验程序一般分报检、初检、复检三个步骤。报检指发生凶杀、非正常死亡等情况时，所在邻居、保甲有向官府报告申请检验的义务。初检指官府接到报检后，派人赴案发现场进行勘查，如确是非正常死亡，要报告上级，申请复检。复检指对初检的结果进行复查，验证初检有无差错。宋制规定，复检必须差与初检无关或相邻州县的人员来进行，以防止作伪。

在检验过程中，要对勘验对象做详细笔录，这种记录在宋代有验状、检验格目、正背人形图等形式，是分析案情的重要证据。宋代验状的格式和内容非常缜密，如检验尸体要按照"四缝尸首"的统一格式，即从俯、仰、左、右四个方位对尸首进行全方位勘验，并对尸体各部分的特征做出客观的描述，此外还要描绘尸体放置的场所、姿势、周围环境等要素。

南宋孝宗淳熙年间，为了能更周密地记载检验过程，浙西提刑郑兴裔创制了一种新的检验笔录形式，即检验格目，其内容比验状更加详尽，报检、初检、复检、申报的每个细节都要由检验官如实填写。检验格目一式三份，一份由所属州县保管，一份由被害人家属保管，一份上交。由于检验格目详细记录了检验程序的每个细节，因而它有利于上级对检验工作进行审查，约束检验官的舞弊行为。

南宋时，为了进一步防止检验官作弊，曾刊印正背人形图，令检验官勘验时在图上标明尸首上的伤处，并高声唱喝，令众人共同观看，众无异词，然后签字画押。比起验状和检验格目，正背人形图更加直观，透明度也更高，从某种程度上达到了"吏奸难行，愚民易晓"的目的。

随着检验制度的发展和完善，宋代出现了大批总结和介绍检验经验和检验理论的著作，如《折狱龟鉴》《棠阴比事》《洗冤集录》等。其中以宋慈的《洗冤集录》成就最大，它在现场勘验和法医鉴定等方面取得了突出成果，是世界历史上最早的法医学著作，对检验学的发展做出了重大贡献。

4. 审判制度

宋王朝为了防止徇私舞弊，制定了众多措施来保证审判的正常进行，主要有回避、长官亲自审案、独立审讯、"鞫谳分司"等原则。回避指如果审官之间或审官与犯人之间有利害关系，如亲属、故旧、仇嫌、籍贯、职事相关、同年同科及第等，则在审讯时必须回避。须由长官亲自审理的案件，不得由佐官或胥吏、牙校代审。独立审讯即为保证各级司法机关能够据实审案、独立判案，不受外界的干扰和影响，规定各级司法机关有权独立审讯，其上级机关不得干涉。"鞫谳分司"即在审判过程中将审理权与判决权分离，鞫司专掌审理案件，谳司专掌检法断刑，互不通问，互相牵制，这是最能反映宋代司法审判特色的一项原则。

宋朝政府确立的这些审案原则，基本上保证了司法机关能够在少受外界干扰的情况下正常审理案件，有利于司法独立；防止了审讯过程中的徇私舞弊、官官相护及打击报复，有利于维护司法公正；有利于官员之间相互监督、相互牵制；有利于正确应用法律，尽可能避免出现错误判决，体现了宋代法制的进步。

相比前代，宋代审案增加了许多人性化的制度，这是宋朝刑讯的突出特点。《宋刑统》规定，在司法机构对案件不能确定、嫌疑人又不肯招供的情况下，可以加以拷讯；如犯罪事实经过验证无疑，则可以"据状断之"，不必拷掠。同时，宋政府还限制了刑讯使用的范围，凡年龄在七十岁以上、十五岁以下者，有残疾、废疾、笃疾者，怀孕者、享有特权的犯官等，都不得用刑拷问。为了防止官吏非法刑讯，政府对刑具也做了统一规定。杖是宋代官定的刑讯工具，宋制规定，官杖长三尺五寸，大头宽不能超过二寸，小头宽及厚度不能超过九分，重量不能超过十五两，刑讯杖不能留节，也不能加钉子或筋胶之类的物件。刑讯部位为背、腿、臀，每次三十而止，行刑过程中不得更换行刑人。如在刑讯过程中犯人死亡，则根据相关官吏故意和过失、被拷人有罪和无罪承担相应的责任。这些措施反映了宋朝司法实践过程中重视人权和人性的一面，体现了社会的进步。

案件经过调查取证并审问清楚后，还要将口供和各种证据进行整理，以便作为判决的依据，这一过程称为"结案"，也叫"结款"。由于结案对最后的判决有至关重要的作用，因此宋王朝规定，凡杀人、伤人等重大案件，结案前必须差官检验，未经检验不许结案；如果案犯是外籍人，还必须在结案前到案犯原籍进行走访，调查案犯三代有无"官荫"特权，是否为在逃犯等，以此作为判决时减轻或加重刑罚的依据，这一过程被称为"本贯会问"。

结案以后，案件进入判决阶段。宋代判决包括录问、检法定罪、定判、结绝等程序。录问指对徒罪以上大案，在量刑定罪之前，要选差没有参加过审讯、符合回避原则的官员再次提审案犯，核实供词。如案犯承认供词属实，则进入下一程序；如案犯翻供，则要移司别勘。案件经过录问无异之后，就要进行检法定罪，这是指在最终判决前，由专门负责检法议刑的法司根据犯罪情节，对照适用的法律条文，作为量刑定罪的依据。法司检法后，案件进入正式判决阶段。由推官或签书判官厅公事等幕职官先草拟出初步判决意见，称为"拟判"或"书拟"。通判、法司官员集体对拟判进行审核，签书画押，然后上交长官，最后由长官盖印行下，做出定判，判决才算完成。长官定判后，还必须向犯人宣读判词，询问犯人是否服罪，这是赋予罪犯最后一次申诉机会。犯人如不服，则要另派官吏审理；如服罪，则开始执行判决，宋人称之为"结绝"。

宋代审判制度详细缜密，在审判的各环节严格把关，细致分工，相互牵制，有效地防止了出现长官随心所欲、个人专断的情况，使得审判能够尽可能公正地进行，减少了冤狱的发生。

5. 复审制度

复审是由于案犯对判决结果不服提出申诉而对案件进行的重新审理。宋朝政府赋予了案犯许多申诉的机会，既可以向原审判机构提起申诉，即在录问、结绝或行刑前翻供，也可以在行刑后向上级司法机关申诉，要求重审。宋代各类案件的申诉时效有不同的规定，北宋时期，一般案件的最高申诉时效为三年，南宋则延长到五年。申诉程序方面，宋政府规定上诉程序依次为：州——监司——尚书本曹——御史台——尚书都省——登闻鼓院——登闻检院——理检院——邀驾。无论是逐级上诉，还是越诉、直诉，都要有下级审判机构的判状，否则上级机关不得受理。

复审有两种形式，一是"移司别推"，二是"差官别推"。移司别推指针对录问或行刑前翻供的案件，由原审判机关长官改派同级他司重审。宋代从中央到地方各级司法机构基本都设有两个或两个以上的审判机构，如大理寺分左、右推，刑部分左、右厅，开封府设"府院"和左、右军巡院，各州有"州院""司理院"等。这种并列机构的设置，使案犯在不服判决时可以改由他司审理。差官别推指上诉案件不再由原审判机构内其他同级司法部门审理，而是直接由上级司法机关派人重审。

为了防止案犯无休止地申诉复审，宋代确定了复审的次数限制。一般情况下，北宋以三次为复审的最高限额，南宋增加到五次。如果五次重审后案犯仍然不服，则由提刑司亲自审理，并上报皇帝，由皇帝做出终审。

（二）民事诉讼审判制度

1. 起诉与受理

民事纠纷和诉讼不可避免地会对生产和社会风俗造成不良影响，为了减轻这种负面影响，宋朝政府从起诉人、起诉时间、诉讼时效、诉状、受理等方面对民事诉讼进行了限制。

由于老人、笃疾及孕妇无法承担相应的法律责任，所以宋朝规定他们不能提起诉状，而要由亲属代投，相应的责任也由代理人承担，如果没有亲属则不在此限。此外，民事诉讼的起诉人必须与本案有直接的利害关系，"不干己事"者提出起诉要受到责罚。这是出于维系民风的考虑，防止形成告讦之风，以期息讼宁人。

《宋刑统》规定，所有田宅、婚姻、债务之类的民事诉讼，必须在每年十月一日以后才能起诉，次年正月三十日停止受理，三月三十日以前审理完毕，其目的是不误农时。而与农户无关的案件，则不受起诉时间的限制。这种根据农时来规定案件起诉、受理、判决时限的法律，称为"务限法"。南宋时期，由于南方气候与北方不同，耕作时间也不一样，对起诉时间的限制也做了调整。高宗绍兴二年（1132）规定，准许起诉的时间仍然是十月一日，但终止日期改为二月一日，较北宋减少了两个月。这些只是朝廷的政策，在实际执行过程中，一些地方官往往根据本地的农耕情况来确定民事诉讼的受理日期。朱熹知潭州时，因为当地只有早稻，收获以后农民便少有农事，因此下令受理民事案件不必等到十月。

另外，宋代对民事纠纷的诉讼时效进行了限制，以防止民事诉讼无限期拖延。建隆三年（962）规定，典当、倚当庄宅物业的诉讼时效为三十年，超过三十年后，没有文契或虽有文契但难辨真伪者不再受理。时隔不久，建隆四年（963）颁布的《宋刑统》将上类案件的诉讼时效由三十年缩减到二十年。南宋时期，民事纠纷的诉讼时效规定更为细致，时效也更短。由于分家产而导致的产权纠纷为三年；由于遗嘱继承导致的产权纠纷为十年；典卖田宅后发生利息债负问题或亲邻先买纠纷为三年；私自典卖众人田宅，过十年不再追究责任，只偿还其值，如果十年后典卖人已死或已超过二十年,则不再受理;长辈盗卖卑幼产业的案件不受诉讼时效的限制,随时可以申诉。

宋初对诉状书的格式并没有严格的要求。《宋刑统》规定,诉讼人可以自己书写,在状后写明是自书;也可以雇请别人代写,在状后注明写状人姓名、家庭住址;如果本人不识字,又不能雇请他人,甚至可以用白纸充当诉状起诉。但是随着诉讼活动日益增多,民间出现了一些专门以替人写状纸为生的人,称为"珥笔之人",这些人往往在写状过程中虚构情节、教唆诬告,严重干扰了正常的诉讼秩序。鉴于这种情况,宋朝政府加强了对诉状书写的控制。北宋中后期,出现了专门替人写诉状的"写状钞书铺户",由官府控制,选差民间德行高尚的人专门代人书写诉状。宋朝政府规定,凡是普通百姓(官人、进士、僧道、公人除外)的民事起诉,必须要有写状铺户所写的诉状,否则不予受理。

宋代官府受理民事案件存在严格的规定,司法机关开拆司吏人负责接收百姓诉状,对于符合起诉要求的诉状,相关司法机关必须受理,否则要受到处罚。哲宗元祐四年(1089),苏州知州刘淑、两浙路提点刑狱莫君陈因不受理章惇强买昆山民田一案,最终被贬官。对于不符合规范的诉状,开拆司吏员有权拒绝收受。凡出现下列情况,官府可以不受理诉讼:不经书铺不受,状无保识不受,状过二百字不受,一状诉两事不受,事不干己不受,状注年月、姓名不实不受,投白纸状不受,拦轿状词不受,事不属本司不受,非户绝孤孀而以妇人出面不受,自刑自害状不受,匿名状不受,等等。这些规定完善了司法程序,但也使得百姓的诉讼权受到极大限制。

2. 证据制度

宋代民事诉讼采用的证据可谓多种多样,如书证、物证、人证、鉴定结论等,但其中最能反映宋代特点的则是书证,包括各类契约、遗嘱、订婚帖、宗谱、图册账籍、书信等。随着社会经济的发展,契约制度进一步普及和完善，民间的财产关系基本都要通过契约来确定，"大凡官厅财物勾加之讼，考察虚实，则凭文书"[1]。书证能够最真实地反映当事双方的民事法律关系，在诉讼过程中也最具法律效力。

由于书证的重要作用，一些人为了谋求不法利益，往往伪造文书，以获得有利的证据。在审案过程中，辨别书证的真伪成为官员审案的关键环节。官府在使用书证之前都要先进行检验，以查明真伪。真宗天禧元年（1017），在眉州大族孙延世伪造契约夺取族人田产一案中，九陇县令章频经过仔细检验，发现契约上字墨覆盖在朱印之上，于是断定契约是孙延世先盗取印章，然后再添加内容作伪，从而使案件真相大白。如官府不能查明书证真伪，则委托书铺鉴定，书铺要对鉴定结果承担法律责任。如不能辨明真伪，则要借助了解案件的相关人进行旁证，或者进行实地考察。

以书证作为民事案件的重要证据，是两宋时期商品经济关系发展的产物。宋代在民事案件的审理过程中，能够广泛搜集证据，特别是注重最能反映真实情况的书证，并通过寻求旁证、实地考察等手段来验证书证真伪，对于正确判决民事案件无疑有着积极作用，也反映了宋代司法制度的进步。

3. 审判制度

为了防止民事案件拖延不决，影响当事人正常的生产和生活，宋朝政府设定了民事案件的审理期限。南宋孝宗乾道二年（1166）规定，州县半年之内没有结案的民事案，可以由监司受理。宁宗庆元年间进一步要求地方官府，简单的民事案当日必须结案；如需要追摄证人，县衙的审理以五日为限，州郡十日为限，监司半月为限，各司法机构无故超越审理期限，诉讼双方则有权越诉。

民事案件不同于刑事案件，在审理过程中，主要适用的是人情与国法并

---

[1] 《名公书判清明集》卷一四《质库利息与私债不同》。

用的原则，采取调处与判决相结合的结案方式。具体而言，当法律规定与儒家伦理纲常相符的时候，则按照法律规定进行处理；一旦出现法律与儒家伦理纲常相矛盾的状况，就突破法律条文的限制，根据纲常礼教做出判决，以达到所谓厚人伦、美教化的目的。

对各级官员来说，儒家伦理是等同于甚至远远高于法律的，确如范应铃所言，"倘拂乎情，违乎理，不可以为法于后世矣"[1]。因此，官员在审理案件的过程中往往于法律之外徇用人情，以儒家伦理道德作为判决案件的依据。如毛永成诉讼赎回田宅一案，本已超出十年的时效，依法应判毛永成虚妄之罪，但主审官吴革认为，毛永成所诉虽不合法，但尚有值得考虑之处。首先是毛汝良典卖之屋与毛永成之屋连桁共柱，如果被买者拆毁，毛永成之屋则不能自立；其次是毛汝良典卖之地中有毛永成祖坟一所，因此毛永成的要求是合乎人情的；最后吴革判决，将屋二间及有祖坟桑地一亩照原价兑还给毛永成。这是典型的法外用情的案例。

对符合儒家伦理规范的行为可以法外褒奖，对背离儒家伦理纲常的行为则不问是非，严厉处罚。如阿张因为丈夫朱四的舅舅非礼自己，向官府申诉要求离婚。地方官胡颖认为，阿张为朱四妻已经八年，即使朱四身患重病，也应该终身不改。阿张向官府申诉要离婚，已经背离了夫妇之义，而又诬陷舅舅非礼，严重违背了儒家伦理纲常，最后虽然判决离婚，但却对阿张处以杖六十的处罚。在这一案例中，胡颖没有适用法律中"被夫同居亲强奸，虽未成而妻愿离者，亦听"的法律条文，而是根据儒家纲常中"夫有出妻之理，妻无弃夫之条"的道德规范，对阿张进行了处罚，这显示了儒家伦理道德在处理民事案件中的特殊效力。

儒家传统伦理提倡息事宁人的处世哲学，认为词讼之兴有损于纲常名

---

[1] 《名公书判清明集》卷一二《因奸射射》。

教，伤风败俗。因此，饱受儒学思想影响的宋代官员在审理民事案件时，往往并不只是为了把某一个具体案件调查清楚而已，他们的最终目的在于通过案件的审理，能够对社会产生一定的教化作用。在审案过程中，很多情况下，他们并不直接进行判决，而是利用伦理纲常对诉讼双方进行调解，一是官府直接调处，二是官府谕令乡邻调处。

（1）官府调处。对于案情清楚的民事案，直接判决不一定能收到很好的效果，因此官员往往亲自向双方当事人陈述道理，晓以利害，以和亲睦族。如刘克庄审理的谢迪悔婚案中，谢迪先将女儿许配给了刘颖，后又悔婚，刘颖将谢迪告上公堂。如依法判决的话，谢迪必须将女儿嫁给刘颖，但刘克庄并没有简单地按照法律规定判决此案，而是对双方进行劝导。他一面令谢迪参看法律条文，仔细考虑；一面开导刘颖及其母亲，两家已经对簿公堂，纵使成婚，日后也无颜相见。同时又令乡邻亲戚从中说和，经过六次劝导，两家终于达成协议，调解成功。官府对民事案件的调处，往往能收到比直接依法判决更好的效果，确实达到了教化社会的目的。

（2）乡邻调处。有些官府不便进行调解的案件，则依靠诉讼双方的乡邻亲戚从中协调，由于他们比较了解与诉讼相关的情况，与当事人关系较为密切，因而更容易让双方达成和解。如蒋邦先诉李茂森"赁人屋而自起造"一案，审理官员认为两家既是亲戚，不应为了区区小事伤了两家和气，因此并未依法判决，而是请邻里从中劝和，促成了两家和解。

同审理案件一样，调解过程也是有期限的，一般为五日，如到期不能达成和解，官府就会根据案情检选适合的法律条文进行判决。判决结束后，给当事双方发放"断由"，写清案件的缘由、诉讼请求、双方争议所在、认定的事实和适用的法律等内容，作为结案凭证和当事人上诉的依据。如果结案后不给断由，司法机关就要受到处罚。

法律在宋代社会中的地位

宋代是一个重视法制的朝代，统治者总结前代以来的历史经验，深刻地认识到法律对于治理国家的重要性，"法制立，然后万事有经，而治道可必"[1]。因而宋朝建国以后进行了大规模的立法活动，这些法律条文涉及社会生活中的方方面面，"今内外上下，一事之小，一罪之微，皆先有法以待之"[2]。以至"细者愈细，密者愈密，摇手举足，辄有法禁"[3]。在颁布大量法典的同时，宋王朝十分重视加强对官吏进行法制教育，在中央设律学，培育专业的法律人才，提高官吏执法水平。同时，朝廷将官员的任用升迁与其法律水平的高低结合起来。神宗熙宁年间规定，凡进士及诸科出身之人都要先考试律令大义或断案，通过之后才能授予官职；选人改官之前也要进行法律考试，合格者才能得到升迁。这些措施充分表明，法制在两宋政治生活中具有特别重要的意义。

宋政府虽然重视法制在社会生活中的作用和官员法律素质的提高，但对法律在民间的传播和百姓习法却予以严格限制。南宋高宗绍兴七年（1137）下诏，"访闻虔、吉等州专有家学教习词诉，积久成风，胁持州县，伤害善良，仰监司、守令遍出文榜，常切禁止，犯者重置以法"[4]。宋朝之所以禁止法律在民间传播：一是担心百姓习法后会争讼不已，不利于社会稳定；二是认为法律作为一种维护统治的工具，"上执之可以御下，下持之可以犯上也"[5]，从"愚民"的角度出发，使民不知法，由官方垄断法律，以便凭统治者的意志

---

1 [宋]李焘:《续资治通鉴长编》卷一四三，庆历三年九月丙戌。
2 [宋]叶适:《水心集》卷四《实谋》。
3 [宋]黄震:《黄氏日抄》卷六八《法度总论》。
4 [清]徐松辑:《宋会要辑稿》刑法二之一五○。
5 《江西通志》卷六七《建置略·廨宇》。

运用法律。

尽管宋王朝一再申严禁令，但依然遏制不住法律在民间广泛传播的趋势，这和当时的社会环境有直接的联系。宋代社会经济高度发展，人们之间的经济关系在各种社会关系中占据主导地位，致使各种经济纠纷显著增多，这就使得百姓迫切要求了解法律，以维护自己的权益。此外，宋代法律烦琐详密，稍有不慎，就会触犯律条；宋王朝又对民事诉讼做出了种种复杂的规定，稍不中规，就不予受理。因此，百姓必须对相关法律有所了解。

为了满足平民学习法律的需求，宋代民间兴起了私办讼学，并发展到了一个较高的水平。江西是私办讼学较兴盛的地区，当时江西民间有一本名叫《邓思贤》的书，专讲讼法，许多学校都把这本书当作教材讲授。乡村一些学校专以教习法律、讼学为业，"编户之内学讼成风，乡校之中校律为业"[1]。"江西州县有号为教书夫子者，聚集儿童，授以非圣之书……皆词诉语。"[2]可见民间学习讼学的不仅是成人，甚至有儿童从小就开始接受讼学教育，这些人学成以后，"更相告语以及其父子兄弟"[3]，从而使法律知识得到广泛传播。

法律在民间的广泛传播，提高了社会的文明程度，在自身利益受到侵害时，人们不再用野蛮的武力行为来解决，而是倾向于用法律手段来维护自己的权益。两宋时期，民间诉讼空前增多，显现"尚讼"风气。江西人好讼在当时已是全国闻名。宁宗时，江西崇真观女道士王道存与熊氏等十数家争讼地界，声称数家所居之地、所葬之坟皆是观中土地。因不满县主簿的判决，王道存又上诉至转运司。转运司判定其中一家应拆毁房屋归还道观，其余数家付给王道存租钱，王道存竟还"恃其澜翻之口舌，奔走于贵要之门"[4]，扬

---

1 《江西通志》卷六七《建置略·廨宇》。
2 ［清］徐松辑：《宋会要辑稿》刑法二之一五〇。
3 《江西通志》卷七〇《建置略·学校》。
4 《名公书判清明集》附录二《崇真观女道士圮掘坟》。

言要挖掘余登、谭太两家已葬数十年之祖坟。地方官黄榦书写判词时也不得不感慨，"江西之俗，固号健讼，然亦未闻有老黠妇人如此之健讼者"[1]。宋代其他地区的"健讼"之风也不逊于江西，如江南东路的歙州（今安徽省黄山市徽州区），"民习律令，性喜讼，家家自为簿书，凡闻人之阴私，……皆记之，有讼则取以证。其视入狴牢、就桎梏犹冠带偃篢，恬如也"[2]。又如婺州东阳，"习俗颓嚚，好斗兴讼，固其常也"[3]。可见宋代民间"尚讼"已不是一州一县的个别现象，而几乎是遍及全国的普遍现象。南宋宁宗开禧年间，"州县之间，顽民健讼，不顾三尺。稍不得志，以折角为耻，妄经翻诉，必欲侥幸一胜。则经州、经诸司、经台部，技穷则又敢轻易妄经朝省，无时肯止。甚至陈乞告中，征赏未遂其意，亦敢辄然上渎天听，语言妄乱，触犯不一"[4]。

商品经济的发展，使得人们的思想观念随之改变，"义利双行"甚至"重利轻义"的财富观取代了传统的"重义轻利"的观念。面对日益复杂和频繁的经济纠纷，人们更注重维护、争取自己的利益，从这个角度来看，宋代民间的"尚讼"之风是商品经济发展和社会关系、社会心理变动所带来的必然结果。然而，统治者并没有看到民间"尚讼"的真正原因，而把这种现象归结于顽劣之民的无事生非，或者是一些奸猾之徒的教唆挑拨。"大凡市井小民、乡村百姓，本无好讼之心，皆是奸猾之徒教唆所至。"[5]民间诉讼之所以增多，"皆是把持人操执讼柄，使讼者欲去不得去，欲休不得休"[6]。宋朝统治

---

1 ［宋］黄榦：《勉斋集》卷三三《崇真观女道士论掘坟》。
2 ［宋］欧阳修：《欧阳文忠公文集》卷六二《尚书职方郎中分司南京欧阳公墓志铭》。
3 《名公书判清明集》卷一四《资给告讦》。
4 ［清］徐松辑：《宋会要辑稿》刑法二之一三七。
5 《名公书判清明集》卷一四《责决配状》。
6 《名公书判清明集》卷一四《专事把持欺公冒法》。

者受传统儒家思想的影响,把民间这种"尚讼"之风看作社会的不稳定因素,对此多持批判态度。

事实恰好相反,"尚讼"之风的出现,反映出来的正是社会的进步和文明程度的提高,百姓遇到自身利益受到损害的情况,更多地求助于法律,这种意识的出现在封建时代是非常可贵的。百姓健讼并不会引起社会不安,引起社会不安的是官府有法不依、知法枉法的行为,"其由在上者自紊其法……政不廉,法不平",百姓自然会"纷纭于下""口不可塞也"。[1] 百姓知法懂法,就可以对官府的执法行为进行监督,官府也不敢再把民事诉讼视为"民间细故"[2],而要精心审理,倍加关注,从而有利于促进整个社会司法公正的实现,有利于社会的进步。

综上所述,法律在宋代社会生活中占据着重要的地位,宋人陈亮在总结本朝与前朝法律之不同时说:"汉,任人者也;唐,人法并行也;本朝,任法者也。"[3] 陈亮把宋朝完全视为一个法治社会。这种说法当然是不合适的,宋朝毕竟仍然处于帝王时代,皇帝的意志凌驾于一切法律之上,"人治"的因素要远远大于"法治"的因素,但无论如何,两宋时期,法律在社会生活中所起的作用是不可忽视的。

结　语

宋代统治者以"防微杜渐"为治国准绳,推崇"事为之防,曲为之制",

---

[1] 参见《江西通志》卷六七《建置略·廨宇》。
[2] 《名公书判清明集》卷一二。
[3] [宋]陈亮:《陈亮集》卷一一《人法》。

强调提前预防和及时遏制不良的势头，这一点在法制体系方面也表现得淋漓尽致。宋人以唐律为基础，结合五代以来，尤其是开国后的治理经验，开展了多次大规模的立法活动，颁布了上百部法典。以体例而言，宋代法律较前代有显著变化。唐代法律文书分为律、令、格、式四类，北宋前期沿袭唐制，同时大量编敕，作为《宋刑统》的补充，如太祖时期的《建隆编敕》四卷、太宗时期的《太平兴国编敕》十五卷、《淳化编敕》三十卷等。除颁布通行全国的综合性敕令外，宋廷还针对一路、一州、一县、一司、一务的需要，制定专门的条文。神宗在位时期，熙丰变法彻底打破了单纯按"律令格式"分门别类的传统，提升了编敕的地位，建立起以"敕令格式"为核心的新体系。此外，"例"也被赋予法律效力，广泛应用于司法实践中。靖康之难后，宋室南渡，百废待兴，朝廷重新整编国家法典。宋孝宗认为"敕令格式"的分类原则，会导致同一事项的相关条款极为分散，不便于官吏查阅、遵行。"用法之际，官不暇遍览，吏因得以容奸"[1]，良好的制度设计反而难以落实。因此，宋廷下诏依照"随事厘入"的方式，以事分类，确立起又一法律形式——条法事类。《淳熙条法事类》《庆元条法事类》《淳祐条法事类》先后颁订，宋代法制进一步走向规范和成熟。

从法条的内容来看，宋朝统治者鉴于唐末、五代皇权旁落、藩镇割据的教训，一方面强化了皇权对法制的影响力，使皇帝有权干涉立法和司法程序，另一方面严格规定官员的选拔、任用流程，用法律条文限制官员的权力。而在社会层面，随着社会阶级结构的变化，宋代平民地位上升，客户、雇佣奴婢等特殊群体也成为国家法律保护下的"编户齐民"。为适应新的社会现实，朝廷也十分重视民事立法和司法审判，从出台法令、设立机构等多个层面完善刑狱审理和诉讼审判制度。然而，宋朝统治者认为，民众掌握较多法

---

1 ［元］脱脱等：《宋史》卷一九九《刑法一》。

律知识，会难以"驯服"，乐于诉讼则容易导致人际关系恶化，社会矛盾激化，会增加国家的不安定因素。因此，朝廷不允许民间私藏、传播官方法典，并对民事诉讼做了相当严苛的规定，以减少诉讼案件。与此同时，宋代士大夫，尤其是南宋理学家追求儒家"无讼"的理想目标，倡导民众"息讼"，即经过亲戚邻里、州县官府调解或当事人自行解决民事纠纷。"息讼"思想源于亲邻和睦的道德观念，目的是劝导民众私下解决民事争端，避免因对簿公堂而伤及和气，为双方保留"体面"。尽管如此，宋代依然形成了"尚讼"的社会风气，民间"讼学"兴起，民众积极学习法律，在切身利益受到侵害时，自觉地寻求法律帮助。有宋一代，民众兴讼频繁，所讼案件涉及日常生活的方方面面，这说明当时民众已经具备了较强的法律意识和知识，对法律充满信心和信赖。

总的来说，官方对法制建设的重视和民众对自身利益的保护，共同推动了宋代法律制度的创新与发展。宋代法制体系的种种成就既反映了社会文明程度的提高，也在司法实践中进一步起到了教化民众、维系社会安定、推动历史进步的作用。

第六章

高度繁荣的经济：以国计民生与货币金融为例

宋代商品经济的繁荣，促使货币制度较前代有了飞速发展。货币流通仍然以钱为主，包括铜钱和铁钱，二者的使用具有极强的地域性。绢帛逐渐退回到日用品的地位，白银在流通中的重要性大大增加。北宋时在四川地区产生了世界上最早的纸币——交子，南宋进而将其推行于东南诸路。与此同时，宋代的信用与金融事业也取得了相应的发展，各种官营和私营的汇兑业务、信用贷款十分兴盛，表现出商业资本规模的扩大和经营方式的多元化。

货 币 制 度

（一）钱币

1. 宋钱的种类和流通的区域性

宋代货币体系是中国钱币史上最复杂的。按铸币材料分，铜钱和铁钱是正规的钱币，此外还有主要作为礼品和纪念品的金银钱。按面额分，一般有小平、折二、折三、折五和当十钱等，南宋还铸造过当百钱，这几种钱有些是足值的，也有不少是贬值的虚价货币。按钱名分，宋代实行年号钱，自太宗太平兴国年间（976—984）铸"太平通宝"钱开始，差不多每改一次年号就铸一种钱，而宋代更改年号又特别频繁，兼之钱名或称通宝或称元宝，南宋嘉定年号的铜铁钱甚至有珍宝、正宝等二十二种不同的称谓，因而钱名也极为繁复。按钱文书体分，则真、草、隶、篆皆备，一般来说，每种年号钱至少有两种书体，有时甚至有三种，称为"对钱"。不过，这种多书体及对钱形式，到南宋孝宗淳熙七年（1180）发生了变化，钱文书体统一为宋体字，并在钱币的背面铸明年份，有的铁钱还铸明钱监名称。如"绍熙元宝"背文"元"的铜钱，就是绍熙元年（1190）所铸。"嘉泰通宝"背文"汉二"的铁钱，就是嘉泰二年（1202）湖北汉阳监所铸。

宋朝是一个高度中央集权的帝国，但货币流通却呈现出一种区域分割的态势，铜钱与铁钱的使用有着严格的地域限制，这也是宋代货币制度复杂性的又一重要表现。早在五代十国时期，江南、四川等地政权就已铸行铁钱，目的在于控制本地区的金、银、铜钱等财货，免致外流。宋朝陆续平定各割据政权后，在境内大部分地区使用铜钱，只有四川地区由于铜价昂贵，政府无力增铸，继续使用铁钱，因此北宋前期的铁钱流通仅限于四川。其后，由于对西夏用兵，军费开支浩大，为了满足财政需要，宋政府先后在北方的晋州（今山西省临汾市）等地铸造小平铁钱及当十大铁钱，甚至还在南方江（今江西省九江市）、池（今安徽省池州市贵池区）、饶（今江西省上饶市鄱阳县）等州铸造铁钱，输往陕西以充军费，因而铁钱流通区域遂扩大到陕西、河东地区。至此，北宋的货币流通格局基本固定，铜钱流通区包括开封府、京东西两路、河北路、淮南路、江南东西两路、两浙路、荆湖南北两路、福建路、广南东西两路等十三路，成都府路、梓州路、利州路、夔州路等四路专用铁钱，陕西、河东则铜、铁钱兼用。

宋室南渡以后，宋金长期南北对峙，南宋在淮、楚地区屯驻重兵，军费居高不下。同时，宋金之间的经济交流非常活跃，大量宋钱通过榷场贸易及非法走私流向金国，或是流入日本等国，而南宋由于国土缩小，铜产量大幅下降，钱币铸造量日益减少。基于财政需要以及防止铜钱流出境外，除四川外，南宋在两淮、京西及湖北荆门地区也禁用铜钱，改用铁钱和纸币。这样，铁钱流通区域又有所扩大，而铜钱流通则只限于东南了。

2. 铸钱业

宋太祖即位当年（960）就开始铸造"宋通元宝"，但由于客观条件的限制，宋初铸钱数量不大。其后宋政府不断在各地增设钱监，铜钱铸造量也呈上升趋势。到神宗时期，北宋的铜钱监已有十七处，熙宁十年（1077）的铜钱铸造额为三百七十三万贯，元丰三年（1080）增至五百零六万贯，这是两宋时期岁铸铜钱的最高额。哲宗即位后，裁撤了许多钱监，铜钱岁铸额有所下降，元祐六年（1091）岁铸铜钱二百七十五万贯。直到徽宗朝，这种情况也没有大的变化，年铸钱量大致维持在这一水平。

北宋小平铜钱用料为每千钱用铜三斤十两，铅一斤八两，锡八两，成钱重五斤，唯建州监增铜五两，减铅五两。整个北宋时期，这个比例得到了较为严格的执行，因而北宋小平钱成色足，质量优良。但至仁宗时期，西北地区铸币出现了严重问题。当时北宋为了抵御西夏的进攻，在西北地区集结了大量军队，最多时有三十余万兵力。为解决军需供给，宋政府在西北的河东和陕西铸造流通了大铜钱和铁钱。大铜钱以一当十，而其实际重量只有小平钱的三倍，名实之间存在很大差距。铁钱又分大、小两种，一枚大铁钱相当于十枚小铜钱，官府铸造可获二十多倍的利润；小铁钱与小铜钱名义价格相等，铁贱铜贵，官府也有三倍之利。大铜钱、大小铁钱的名义价格与其实际价值严重不符，造成了西北地区货币的混乱局面。

由于铸钱有厚利可图，所以民间盗铸十分严重，虽死刑不能禁绝。结果质量低劣的钱币流行，大量优良的小平钱却被排挤，退出了流通领域，导致通货膨胀，给军民生活带来了极大困难。于是，宋政府对西北的货币制度进行了一些调整。嘉祐四年（1059）将大铜钱由以一当十降为以一当二，这样，它的实际价值与名义价格就基本相符，折二钱也由此定型，并于熙宁以后通行全国；大铁钱也降为以一当二，小铁钱则改为以三当一。经过调整，西北地区的货币制度趋于合理，货币体系维持了较长时期的稳定，这既有助于解决军需问题，也促进了西北商品经济的发展。

然而，徽宗时期推行的政策再一次打乱了西北地区的货币体系，造成了全国性的货币混乱。崇宁二年（1103），蔡京等人下令铸造以一当十的大铜钱，最初陕西只是负责铸造，而在其他铜钱流通地区使用，但不久陕西、河东也开始使用。直到政和元年（1111），以一当十的大铜钱才改为以一当三。与此同时，蔡京集团又铸造了夹锡钱，即在铸造铁钱时加入一定比例的铅、锡。最初只在西北流通，以一当小平钱二，后来又在全国流通，由于比价远远高于它的实际价值，所以很快就开始贬值，"其行未久，轻于铜钱三之一"[1]。夹锡钱在关中地区流通的时间最长，造成的危害也最严重，"物价日增，患甚于当十"[2]。北宋末年的货币政策给经济带来了严重的混乱，加深了百姓的苦难，社会矛盾也因而更加激化。

南宋时期，经过宋金战争的破坏，铸钱业一蹶不振。供给原料的冶铜业未能恢复，且钱监管理混乱，因此南宋的铸钱业远远不能与北宋相比。南宋初年，铜钱的岁铸额仅为八万贯，绍兴二十五年（1155）为十四万贯，绍兴二十七年（1157）规定以二十三万贯为定额，绍兴三十年（1160）的实际岁铸额仅有十万贯而已。孝宗朝进一步将定额降至十五万贯，此后南宋长期沿用这一定额，但实际产量却仍无法达到。

南宋铜钱的质量也不如北宋。在岁铸十五万贯的定额中，小平钱所占比例很低，仅为一万八千贯，折二钱为六万六千贯。铜钱用料，小平钱为每贯用铜两斤八两，含铜量大大低于北宋钱；折二钱每贯重四斤五两，其中铜只有两斤九两半，含铜比例甚至还低于小平钱。不仅官铸铜钱质量低劣，而

---

1 ［宋］周行己：《浮沚集》卷一《上皇帝书》。

2 ［元］脱脱等：《宋史》卷一八〇《食货志》。

且自南宋初年以来，民间还大量改铸北宋铜钱，夹以沙土，称为"沙毛钱"。劣质钱币的流行，使北宋以来质量较好的铜钱逐渐退出了流通领域。南宋铸币量本就很少，难以满足流通需要，在劣币驱逐良币规律的作用下，铜钱的供需矛盾进一步凸显出来。

3. 宋钱的外流

由于宋代采铜能力的提高，铜钱的铸造量有了较大的增加，至神宗元丰时达到顶峰，每年为五百多万贯，是盛唐时期的二十倍。铜钱外流的数目也远超过了唐代，流出的方向首先是北方的辽、金、西夏等少数民族统治地区。这些政权本身开始铸钱的时间晚，且铸造数量少，因而商品流通过程中主要使用宋钱。针对这种情况，宋初设立了所谓的"铜禁"。仁宗庆历元年（1041）规定，携带一贯以上铜钱出境，为首者就要处死。王安石变法期间，曾于熙宁七年（1074）一度解除了铜禁，北方沿边州军对铜钱出境只论贯收税。元祐更化后，恢复铜禁。南宋政府于禁令之外，还通过在两淮边境使用铁钱和纸币，在使用铜钱的江南地区和金国之间造成一个人为的隔离带，以阻止铜钱北流。尽管宋政府采取了种种措施，但终宋之世，铜钱私入北方的情况一直存在。

其次，随着对外贸易的发展，铜钱还不断流向海外。宋人从海外进口香药宝货等物品，除用丝、绢、瓷器等偿付外，还要输出金、银、铜钱。特别是在南宋，通过陆路的对外贸易几乎闭塞，因而海外贸易日益发达，且海舶的载重量远过于陆上的驼马，所以流出的铜钱为数尤多，当时主要是流向日本、越南和东南亚地区，甚至还有远至东非沿海国家的。虽然南宋政府一再申严铜钱入海之禁，还是无法完全遏制铜钱的外流。

（二）白银货币性的增强

铜铁钱面额低并且笨重，不便携带，加上铜铁钱分区流通，不利于商业的发展和各地物资交流。而隋唐时作为实物货币的绢帛本身不具备良好的材质，容易污损朽败，在宋代逐步退出了流通领域。在这种情况下，贵金属白银的货币化倾向日益增强，使用数量较前代大为增加，使用范围也显著扩大。

国家财政支出使用白银的数量一直在增长。具体而言，白银的用途主要有两大项：一是赏赐，二是军费。对文武官员的例行赏赐，如郊祀大礼、圣节（皇帝的生日）等，都要颁赐大量金、银、钱及丝、帛等。至于对官员军功、政绩及其他各种理由的临时赏赐，一次用白银也往往数百、数千两。军费用银更是数额浩大。北宋西北边境对辽、西夏用兵，大批驻军所需粮草仅靠本地赋税无法满足，必须依赖中央政府的财政支持，但如果从京师搬运铜钱到沿边，不仅费用大，运输也极困难，而用银则便于运输，因此宋政府常常拨给边地白银来籴买粮草。南宋军费中的白银主要用于支给兵券，也就是军士俸饷，兵券用银、钱、会子按比例发放，根据乾道八年（1172）枢密院所定诸军支给之例，白银所占比重为30%~40%。

财政收入方面，大凡商税、盐茶等专卖收入缴纳现钱者，政府允许部分输纳白银，所占比例为40%~50%。真宗景德年间（1004—1007），东西川商税、盐酒税的一半都可以银缴纳。仁宗景祐年间（1034—1038），商人买茶，每百贯茶价中，六十贯用现钱，其余四十贯允许折纳金银等。不仅如此，在四川、浙江、安徽等地，由于不通漕运水路，交通不便，运输粮食、布帛到京师很困难，正税田赋也可以用银折纳。南宋孝宗隆兴二年（1164）五月就曾诏令"温、台、处、徽不通水路，其二税物帛，许依折法，以银折输"[1]。

民间经济活动，如馈赠、贿赂、借贷等用银的现象也较为普遍。此外，购买宅院、田地以及珠玉珍奇之物等大额交易，也常常用白银来支付。不过，在宋代，物价还都是用钱来衡定，人们使用银时要先兑换成钱，然后才能使

---

1 ［元］脱脱等：《宋史》卷一七四《食货志》。

用。在人们日常生活中，用白银表示物价或者直接用白银购买日用商品的情况还很少见，这说明白银尚未充分获得价值尺度和流通手段这两种基本职能，因而它还不是真正意义上的货币。

宋代白银形制最普通的是铤形。大银铤重五十两，两端多呈弧状，束腰形，上面多有各样文字，记载着地名、用途、重量、经办官吏和工匠姓名等。小银铤则重量不等，有二十五两、十二两许、七两许、三两许等。宋代的"铤"也叫"锭"，大概因为两字读音相近，后来民间口语中常称"锭"，而很少用"铤"了。

（三）纸币的产生和发展

1. 北宋的交子

早在10世纪末，四川地区就产生了世界上最早的纸币——交子，它的出现和铁钱的使用有着直接关系。北宋四川的成都府路经济、贸易都相当发达，但是商品交换的媒介却是笨重而面额小的铁钱。按照政府的规定，重六十五斤的十贯小铁钱，其购买力才相当于重五斤的一贯小铜钱，如果要买一匹丝罗，铜钱只要两贯，铁钱却要二十贯，重达一百三十斤。购买力的低下使铁钱在贸易过程中显得十分不便，无法适应商业的发展，交子就在这一背景下应运而生。

北宋交子的形成和发展大致可分为三个时期。第一，自由发行时期。太宗时，政府在四川停铸铜钱，改用铁钱。为了克服流通的不便，一些富裕的商人自己发行了一种类似收据的楮券，两面都有发行商家的印记，有密码花押，朱墨间错。券上并没有"交子"的字样，式样也不统一。票面金额是临时填写的，领用者交来多少现钱，便给他开出同样数目的交子。整体说来，其本质与兑换票据没有什么差别，只是在民间经济交往中可以用它来代替铁钱流通。

第二，商人联合发行时期，这一时期的交子得到了政府的许可。至迟在大中祥符年间（1008—1016），可能还要早，因为当时发行交子的十六家富商已经衰落，出现了交子不能兑现的情况。发行交子的富商称为交子铺或交子户，他们取得交子发行权要付出一定代价，比如每年为官府负担盘量仓库、修理塘堰等出夫出料的费用。此时的交子用统一的纸张印造，票面上印有房屋、树木、人物的图案，仍保留了密码、花押、图章等，票面金额也仍是临时应领用人的请求填写，不限多少，只要交付现钱，便发给交子，随时可以兑现。不过，兑现时要收3%的手续费。除成都外，四川各地还设有交子铺分店，因而交子的流通更加广泛。每年丝蚕米麦将要收获之际，商人和普通百姓都急需流通和支付手段的货币，这时交子的发行量也最多。然而，发行交子的富商往往将收进的现钱挪作他用，一旦经营不善，资产亏损，交子就不能保证及时兑现，从而破坏了交子的信用，以致挤兑、争讼数起，最后只好由官府出面干预。由于私人经营的种种弊端，自仁宗天圣元年（1023）起，交子便收归官营了。

第三，官办时期。天圣元年十一月，宋政府设置益州交子务，第二年二月开始发行官交子，发行与流通都有相应的规范。与私人交子一样，官交子也是临时填写金额，但数目有规定的等级：起初自一贯到十贯；仁宗宝元二年（1039）改为五贯和十贯两种，并规定十贯交子占发行额的80%；神宗熙宁元年（1068）又改为五百文和一贯两种，分别占发行额的40%和60%。官交子分界发行，所谓"界"就是一期，界满后持旧交子换新交子。关于官交子的界分，史书记载不一，或说三年一界，或说两年一界。因为古人按农历计算，所以实际上每界交子的流通时间是三年不到而两年有余。每界交子发行限额为一百二十五万六千三百四十缗，这是最高额，并不是每界实际的发行数字。官交子的发行准备金是用四川通行的铁钱，大凡每造一界需三十六万缗，相当于发行限额的28%。

交子的流通原来仅限于四川地区。仁宗庆历年间（1041—1048），因西北边防吃紧，曾先后两次发行交子六十万贯，借支给秦州（今甘肃省天水市）充作军费，这样，交子的使用范围首次扩至四川以外的地区。神宗熙宁年间（1068—1077），为了解决西北用兵带来的财政困难，宋政府又在河东和陕西发行交子，但因为缺乏足够的准备金，最后都停罢了。

2. 徽宗时的钱引

交子改为官办以后，在仁宗、英宗、神宗三朝大体上是稳定的，一贯交子一直能保持足价或九百数十文的价格。从哲宗绍圣年间（1094—1098）开始，随着四川交子供应给陕西的数额日益增加，交子的发行量也不断扩大，增发数额少则数十万贯，多则至数百万贯，导致交子价格大跌。徽宗崇宁、大观年间（1102—1110），交子制度出现了重大变化。崇宁三年（1104），京西路也开始使用交子，四年改为钱引，通行范围更广，除闽、浙、湖广、东京开封府外，其余各路差不多都可以使用。此时四川仍然保持着交子旧法，至大观元年（1107），益州交子务才改为钱引务，但当年发行的纸币仍用旧印，大观三年（1109）始改印钱引新钞。河湟用兵费用至此基本全靠纸币解决，因而发行额陡增。崇宁四年（1105）钱引的发行额为二千六百五十五万六千三百四十贯，当年又增造了五百四十万贯；大观元年（1107）增造五百五十四万贯，超过天圣年间一界的二十倍，两界并用则超过四十倍。通货膨胀造成了纸币的严重贬值，后来政府发行纸币不再有准备金，一贯钱引只值几十甚至十几个钱。

3. 南宋的纸币

南宋时纸币已经成为一种普遍使用的通货，不仅流通范围遍及东南、两淮、荆湖及四川各地，且种类繁多，最初使用关子，后一度改为交子，但最通行的是会子。

宋朝南渡之初，已经有关子流通。高宗绍兴元年（1131），因婺州屯兵，交通不便，难于运输现钱，于是政府让商人出钱，在婺州换领关子，商人持关子可以到杭州榷货务领钱或茶、盐、香货钞引。所谓钞引，就是贩卖茶、盐、香货的许可证。因此，关子最初带有汇票的性质。由于政府常发行关子用于籴买米粟，民间也效仿官府使用关子，因而关子在流通领域中实际已与纸币无异。

绍兴年间（1131—1162），南宋也曾发行过交子，在杭州设置交子务，试图在东南各路流通，但因缺乏准备金，不久就停止了。

会子原来也起源于民间，称为"便钱会子"，仍带有汇票的性质。从绍兴三十年（1160）开始，会子收归官营。其流通范围最初限于两浙，后来遍及东南各路，并扩展到两淮、湖北、京西等地，纳税和交易多可使用，成为流通中最主要的货币。会子的面额最初为一贯，后来又增发了二百、三百和五百文三种面额。从绍兴三十年（1160）到乾道二年（1166），会子的实际流通额为九百八十万贯，数量还不算大。但在当时的战争状态下，加之南宋铜钱减少，会子带来通货膨胀已在所难免。孝宗乾道四年（1168）规定三年为一界，每界以一千万贯为限，已经是北宋交子界额的八倍以上。淳熙三年（1176）开始两界并行，光宗绍熙元年（1190）又曾三界并行，到宁宗庆元元年（1195）遂把每界的发行额增至三千万贯，开禧北伐之后，嘉定二年（1209）的会子流通额在一亿一千五百万到一亿一千六百万贯之间。会子的价格也随之一路下跌。淳熙十二年（1185），一贯会子在杭州值钱七百五十文，到庆元元年（1195）跌至六百二十文，嘉定三年（1210）只值三四百文，而且往往离都城杭州距离越远，会子的价格越低，在江西、福建的一些偏远地区，会子贬值更加严重。

除了会子，南宋还有许多地方性的纸币。如川引，即四川的交子，在北宋末年改为钱引后，到南宋仍继续使用；关外银会子，绍兴七年（1137）镇守川陕的大将吴玠创行于河池（今甘肃省徽县），以白银为本位，行于鱼关寨（今陕西省勉县西）及阶（今甘肃省陇南市武都区）、成（今甘肃省成县）、岷（今甘肃省岷县）、凤（今陕西省凤县）、兴（今陕西省略阳县）、文（今甘肃省文县）六州，面额有一钱和半钱两种，与川引有一定比价，银会四钱抵川引一贯；铁钱会子，孝宗隆兴元年（1163）创始，流通于兴元府（今陕西省汉中市）、金（今陕西省安康市）、洋（今陕西省洋县）等州，面额分一百、二百和三百文三种；湖会，创于隆兴元年（1163），分五百文和一贯两种，最初专用于湖北，后通行到京西、荆湖南北地区；淮交，乾道二年（1166）印行，面额为二百、三百、五百文和一贯四种，只通行于两淮地区。

理宗绍定四年（1231），蒙古军攻川陕，绍定五年（1232），两界会子共计三亿二千九百多万。端平元年（1234）蒙古灭金，南宋面临亡国危机，通货膨胀也日益恶化。及至贾似道独揽朝政，于景定五年（1264）发行所谓"金银现钱关子"，或称"铜钱关子""银关"，一贯抵旧会子三贯，废会子不用。然而新关子发行以后，物价飞涨，二百贯关子还不够买一双草鞋，南宋经济此时已经到了崩溃的边缘。

信用业与金融业

（一）便钱汇兑

随着商品经济的发展，地区间的资金转移调拨日益频繁，而金属货币又不便携带，于是唐朝中期出现了类似于现代汇兑性质的"飞钱"，宋代继承并发展了这种汇兑业务。太祖开宝三年（970），宋政府在东京开封府和西京河南府（今河南省洛阳市）分别设立便钱务，专门办理汇兑业务。从事长途贩运的商人先将现钱交给便钱务，换取书填现金数额的"引据"，然后凭引据到指定州县即可取出现钱使用。这种便钱汇兑方式受到商人的广泛欢迎，因而得以稳步发展。太宗至道三年（997），商人入便钱达一百七十万贯，至真宗天禧五年（1021）又增加一百一十三万贯，达到二百八十三万贯。除了官营便钱，民间还存在私营便钱，但官府为了垄断汇兑业务，对私营便钱采取了压制政策。真宗景德二年（1005），诏令商人只能到官营汇兑机构——榷货务——便钱，禁止私下便换，这对民间便钱的发展无疑产生了极为不利的影响。

至迟到景德三年（1006）二月以前，除地方之间的汇兑业务仍由便钱务经营外，京师与地方之间的官营汇兑改由榷货务经营。根据规定，州县地方政府必须上交京师内藏库的现钱，可以暂时先留存在地方，等待在京师榷货务入便的商人来当地兑取，兑取不尽的部分才运往京师内藏库。榷货务对入便商人有"加饶""优润""加抬""脚乘"等名目的钱币支付，各时期数额不定，在入便总额的1%~2%间浮动。仁宗以后，边防吃紧，沿边诸州军费开支浩瀚，因而现金汇兑方向发生转变，之前商人入钱于京师，再到其他各州领取现钱，此后变为入钱于沿边，而于京师领取现钱。

在代替便钱务继续负责现金汇兑业务的同时，榷货务还承担着兑付各种信用证券和向地方政府拨款的任务。太宗雍熙二年（985）以后，为了满足边防军费需要，开始实行入中法，商人将粮草等军需物资运到边地后，由当地官府开具交引，商人持引到京师，由榷货务兑付现钱。榷货务还多次拨款给地方购买军需粮草。仁宗天圣七年（1029）七月，朝廷曾出内藏库、榷货务缗钱各十万，以为陕西、河北购买军需之用。神宗熙宁四年（1071）五月，再次从榷货务中拨付封桩银十二万七千两、绢一万七千匹，供应陕西转运司。

榷货务还负责货币兑换和回笼业务。徽宗崇宁三年（1104）钱引取代交子后，京师交子务合并于榷货务买钞所，由买钞所负责管理钱引，京师和京畿地区用交子兑换钱引者须到买钞所办理。南宋时榷货务又承办不同地区纸币的兑换业务。孝宗乾道二年（1166）规定，于两淮州县印发面值分别为二百、三百、五百、一千文的交子三百万贯，由于这种交子仅限于两淮使用，而江南地区使用的是会子，所以南宋政府拨给镇江、建康府榷货务交子、会子各二十万，"淮人之过江、江南人之渡淮者，皆得兑换，循环使用"[1]，由榷货务负责会子和交子的兑换业务。

（二）有价证券买卖

除了汇兑业务，宋代以赊买赊卖为主的商业信用行为也越来越多，与之相关的各种有价证券也因此产生并发展起来。证券作为信用凭证，能够得到偿付，因而可以进行买卖、抵押，甚至进入流通领域。在宋代的各种证券中，流通最广、影响最大的是交引。

交引的产生与宋代的禁榷制度密切相关。政府向商人赊购军需粮草后，给商人开具交引，商人可凭交引领取禁榷商品茶、盐或现钱，交引实际上发挥了商业信用中介物的作用。为了鼓励商人入中粮草，宋政府采取优惠政策，即以高于市场的价格进行支付，这不仅促进了入中贸易的发展，也使交引买卖活动更加活跃。

最初，从事交引买卖的是都城开封的一些金银铺、彩帛铺、停榻（即贸易货栈）、质库（即当铺）等资本雄厚的商铺。由于向边地入中粮草有利可图，除了一些富商大贾，还有大量中小商人及本地居民，他们经济力量较弱，领到交引后，无力到千里之外的东南一带领取茶、盐等物进行贩卖，加上对这些禁榷品的市场行情又不太了解，只好将手中的交引卖掉，换取现钱。随着交引的大量发行并逐渐集中于金银铺等大商铺手中，经营交引买卖的交引铺逐渐形成。交引铺低价购买交引，压价幅度多在50%以上，甚至有高

---

[1] [元] 马端临：《文献通考》卷九《钱币考》。

达90%的，然后再转手倒卖给茶盐商人，或在政府为稳定引价收购交引时，转卖给政府。买卖之间利润丰厚，因此交引买卖十分兴盛，南宋都城临安的交引铺有一百多家，明州（今浙江省宁波市）有六所，税收达一万零九百余贯，在当地商税收入中所占比重最大。

（三）高利贷的活跃

在宋代，人们的生产、生活与货币的关系越来越密切，对货币的需求量增加，因而高利贷资本得以快速发展。

宋代商人往往将一部分资本投入借贷经营，南宋绍兴年间的商人裴老，既经营各种商业，又开设质库牟利。地主在收取地租的同时，也进行高利贷经营。北宋中期，韩琦指出，乡村上三等主户中许多都开设质库，放贷给佃户。放债取利之风在官僚和军队将领中也十分盛行。北宋开国功臣石守信之子石保吉，"好治生射利"[1]，有人借了他的债，因还不起利息，只得以女儿为质。军队将领则多在士兵中放债，北宋初，定州（今河北省定州市）禁军大多饥寒贫困，原因就在于将校放债营利，习以成风。南宋一些将领甚至假冒百姓名义，私放军债，危害军政。高利贷的厚利还吸引了出家的僧侣，许多寺院都经营高利贷，他们开设的质库通常被称为"长生库"，在南宋鄱阳等地，寺院放债现象非常普遍。

宋代还有大量专门的高利贷者，称为"库户"或"钱民"，他们以放债取利为生，其中不乏资本雄厚者，北宋青龙镇的陈晊，靠经营高利贷发家，积累起资本后勾结官府，连家中的奴仆也十分凶悍刁蛮。可以肯定，多数高利贷从业者不具备雄厚的实力，他们属于中小型放债者，著名诗人贺铸晚年退居吴下，就靠放贷谋生。

---

1 ［元］脱脱等：《宋史》卷二五〇《石保吉传》。

除了民间放债，宋朝政府也从事高利贷经营。王安石变法期间实行的青苗法和市易法，本质上就是政府贷款行为。青苗法是一种农业信用，每年夏秋两熟之前，普通民众青黄不接，由各州县地方政府，两次发放现钱或实物给农民，等到收获之后，分别随同夏秋两税还款，利率为40%。市易法则是在城市中对商贩的贷款，属于抵押信用，办法是商人以田宅或金帛为抵押，如无抵押就要有三个保人，向政府的市易务请求贷款，利率为20%，过期不输息，每月罚钱2%，称为保贷法。

宋代的高利贷资本，一方面由于其高昂的利息，对小生产者必然会有冲击和破坏作用；另一方面，也应该看到，宋代许多小农、小手工业者在一定程度上是通过借贷来实现其再生产的。北宋哲宗时，浙西一带春夏之际，几乎家家"举债出息以事田作"[1]。开封的花灯生产者也是靠借贷来购买生产资料进行生产的。因此，高利贷资本对社会再生产也有一定的积极意义。

结　语

随着商品经济的迅速发展，宋代货币流通量激增，货币种类越发多样。宋初，铜钱、铁钱仍是货币的主体，但地方的铜矿产量、政府的铸币能力、交通运输压力等诸多因素，影响着各地货币的投放和流通，加之宋廷严格限制铜钱、铁钱跨地区流通，因此，宋代货币的使用呈现出地域性的特点。两宋时期，四川的货币体系就显得极为特殊。四川铜价高昂，官府铸造铜钱的财政压力巨大，由此，四川地区逐渐取缔铜钱，把铁钱作为日常经济往来的基本货币。

1　[宋]苏轼：《苏东坡全集》卷五七《奏浙西灾伤第一状》。

由于单枚铜钱、铁钱的价值低下，商人在进行大宗货物交易，尤其是远距离贸易时，常常需要携带大量货币，这极大地增加了运输成本。此外，宋朝货币流通情况复杂，部分地区铜钱、铁钱并用，部分地区只使用其中一种钱币，导致跨区域的贸易结算相当困难，在很大程度上限制了地区间的商业往来。铜钱、铁钱等传统货币的弊端催生了新的交易媒介。在国家层面，财政支出、军费拨付等使用白银的情况逐渐增多，民间经济活动也常把白银作为支付工具。但在宋代，白银并非严格意义上的货币，人们在用白银结算时需先把白银兑换成铜钱或其他货币，然后才能使用。因此，借助白银交易仍存在诸多不便。为了获得更多商业利润，尽量避免运输笨重的金属货币，商人采取了以物易物、便钱汇兑、购买有价证券等多种形式进行商业往来。

其中，汇兑业务和有价证券等信用业的发展为纸币的出现奠定了基础。10世纪末，四川商人群体联合发行纸券"交子"，代替官方铸造的铁钱。纸币的本质是一种价值符号，私人发行的交子以个人的商业信用和经济实力为基础。一旦发行者经济状况不佳，纸币不能兑现，便只是一叠废纸。据史书记载，交子发行不久，"富民资稍衰，不能偿所负，争讼不息"[1]，引发了诸多社会问题。由此，宋廷曾一度禁止民间设立交子铺。然而，铜钱、铁钱的固有缺陷依然存在，使用轻便的纸币仍是大势所趋。仁宗天圣元年（1023），薛田与转运使张若谷认为"废交子不复用，则贸易非便，但请官为置务，禁民私造"[2]，主张恢复交子，由官府管控。在他们的提议下，宋廷设立益州交子务，纸币发行权收归官方。徽宗崇宁年间（1102—1106），"交子"改称"钱引"，逐渐推广到北方大部分地区。宋室南渡以后，纸币已经成为普遍

---

1 ［元］脱脱等：《宋史》卷一八一《食货下三》。
2 ［元］马端临：《文献通考》卷九《钱币考三》。

使用的硬通货。

两宋纸币的推行和信用业、金融业的创新式发展无疑是历史的巨大进步，这反映了宋代商品货币经济的高度繁荣，但也产生了一定的负面影响。以纸币为例，纸币的出现符合社会发展的需要，使人们的经济生活变得更加便捷。然而，纸币的发行必须遵循客观经济规律。南宋后期，内忧外患之下，朝廷滥发纸币，致使纸币大幅贬值，引起了严重的通货膨胀，南宋内部经济秩序濒临崩溃，社会矛盾进一步激化。

第七章

宋学：传统学术的新气象

两宋时期是中国传统儒学的复兴时期，实现了学术思想的又一次繁荣，以后的元、明、清三代学术都可看作宋代学术的继续发展。在对古代儒家经典的探索过程中，宋代文人形成了一种新思路、新方法和新学风，是为宋学。汉代儒生治经重章句训诂，从细微处入手，达到通经的目的，这种学风从汉代一直沿袭到唐代。至宋代，义理之学取代了汉代的章句之学，学人从宏观方面着眼，通过探求经的要旨、大义、义理之所在，进而理解经的含意，达到通经的目的，从而开创了学术探索的新局面。当代著名历史学家邓广铭先生总结说："宋学是作为汉学的对立物而出现的，它乃是汉学所引起的一种反动。"[1] 他精辟地指出了宋学与前代学术的不同。

宋学产生的时代背景

　　宋学的产生和演变，与其所处时代的社会经济、政治结构等因素密切相关，也受到其时自然科学与社会科学发展的深刻影响。唐宋之际，正值中国历史上的一次大变革时期，农业、手工业经济取得了长足的进步，带动了商

---

[1] 邓广铭：《略谈宋学》，载《宋史研究论文集》（1984年年会编刊），杭州：浙江人民出版社，1987年版，第3页。

品经济的繁荣，在土地所有制当中，经济因素逐渐增多，政治特权因素地位下降，私有个体经济的发展也有了较大的空间和自由。经济领域的发展带来社会的巨大变化，出现了新的土地占有制度和租佃契约关系，人身依附关系显著缓和；士族门阀的势力消失殆尽，庶族地主上升，统治集团内部各阶层的关系也有所调整。这些因素促进了社会的流动和竞争，给社会注入新的活力，促使社会心理和价值观发生变化。人们个体自由意识加强，思想上受到的束缚相对减轻，文化的发展有了新的突破口，为新思想、新学风的形成提供了良好的客观环境。

宋王朝建立后，为避免分裂割据、篡位夺权的局面再现，确立了"兴文教，抑武事"的基本国策，奠定了终宋三百年"右文"的政治取向。为重振唐末五代以来被严重破坏的纲常伦理，统治阶层进行了大量的工作，力求创造一种新学说，使之更加富于思辨色彩，形成完整的理论体系，以稳固新的统治秩序，这实际上也是宋学产生、发展的动因之一。强烈的经世取向促使儒学向通经致用转变，成为宋学的重要特色，也是其得以保持强大生命力的重要原因。在宋学的创始、发展阶段，宋儒坚持把学术探索应用于社会实践，努力实现"内圣外王之道"，涌现出诸多流派，使得宋代学术异彩纷呈，成为继先秦哲学以后的又一高峰。南宋以后，学术与实践之间日益脱节，宋学也就逐步衰落，沦为"道德性命"的空谈。

自然科学的发展对于社会科学的进步有着深刻的影响，这已是学界所公认的不刊之论。两宋时期，自然科学达到中国古代科技史上的一个高峰，在世界范围内也处于领先地位，这不能不对宋代学术的发展产生一定的影响。举例言之，"明于庶物"，也就是对自然世界进行观察研究，是二程哲学思想的重要方面，从"天地变化""名山大川何以能兴云致雨"到"钻木取火""阴霜不杀叶"的原理，二程都有所论述。从对这些自然现象的分析中，二程提出"一物须有一理"的命题，并得出"万物皆有理"的结论，于是"理"就游离出来，成了千差万别的万物的共性。以此为基础，再吸收佛教华严宗的"理事说"，他们提出"天下只有一个理"的命题，"理"就成为不以人的意志为转移、不受时空限制而永恒存在的精神本体，即"天理"。由此可知，二程构筑的"理本论"体系，正是从研究自然现象开始的，自然科学对于宋学的影响也通过这一事例得以显现。实际上，宋代许多著名哲学家如邵雍、张载、朱熹等，都有比较丰富的自然科学知识，这种现象反映了自然科学对人文科学发展的促进作用。

佛教自汉代传入中国，至魏晋南北朝大为兴盛，隐然与中国本土的道教、儒家思想鼎足而立，并在长期的互相争斗过程中呈现出渐趋融合之势，奠定了此后中国哲学思想领域以儒家为主体，出入佛老的格局。晚唐五代以降，儒家学者为重振儒家学说，挽回其逐渐落后于佛老的颓势，致力于援佛、道入儒的工作，其结果就是三教融合达到前所未有的地步，至宋终成为不可抗拒的历史潮流。儒、释、道三教的融合，是宋代学术的思想渊源，宋代理学的先驱之一程颐在《明道先生行状》中总结程颢的学术："先生为学，……泛滥于诸家，出入于老、释者几十年，返求诸《六经》而后得之。"[1] 清晰地指出程颢的学术是儒释道三家融合的产物。出入佛老、返诸六经，这实际上也是诸多宋代哲学家共同的求学之路。宋儒于传统儒家经世致用的原则坚守不变，又在义理和心性修养方面摄取了佛道两家的一些学说，弥补了自身在抽象思辨和逻辑推理方面的不足，参考释老两家的哲学命题和范畴，最终建立了自己的学术体系。

自汉武帝"罢黜百家"起，儒家学说便奠定了其独尊的地位，此后儒者解经，特重章句训诂，而于经之要旨则墨守师说，不能有所发明。这种故步自封的做法限制了学术发展的空间，从而使汉学逐渐丧失了生命力。自中唐

---

[1] ［宋］程颢、程颐：《二程文集》卷一二《明道先生行状》。

起，个别学者对经义本身提出疑问，渐开疑经之风，至宋仁宗时，终于形成一股疑古思潮，学者破陈除旧，不再迷信古代经典，而是以怀疑的观点对前人之说加以审视，从不同的角度出发，摆脱章句之学的束缚，注重经学义理，争立新说，范仲淹、欧阳修、宋初三先生等人成为这场风潮中的先行者。南宋陆游关注到庆历前后学风的改变，"唐及国初，学者不敢议孔安国、郑康成，况圣人乎？自庆历后，诸儒发明经旨，非前人所及"[1]。这种反对泥古、立意创新的新学风体现了宋学的风骨，成为新儒学兴起的标志。

宋学的基本范畴及特点

范畴是反映客观事物最一般规定性的概念，标志着认识的广度和深度，在先秦百家争鸣的思想大发展时期，就有天、道、阴阳、太极等范畴，但它们仍处于分立的状态，没能形成统一的体系。宋儒以儒学为根基，出入佛老，兼收魏晋玄学的思辨方法，建立起多层次的范畴体系。理、气、性和心代表着宋儒思想体系的不同层次，它们跨越不同学派，成为宋学的基本范畴。具体来说，宋学包括以理、气为世界本原的宇宙观范畴网络，以性为基础的社会历史观范畴网络和以心为核心的认识论范畴网络。由理、气到性，再到心，这构成层次上的逐层深入，再由心返诸性，直至气、理，达到"天人合一"，这一过程构建出完整的理论体系。每一层范畴网络又包含若干细分范畴，形成子系统，标识着不同学派的不同特色，勾勒出宋学多彩的面貌。

理、气是探究天地万物本原的范畴，以之为基础，形成了庞大的宇宙观

---

1 ［宋］王应麟：《困学纪闻》卷八《经说》。

范畴网络，其中包含了本体论诸范畴子系统、朴素辩证法诸范畴子系统，以及方法论范畴子系统。理、气构成了本体论系统的基础，程朱理学以理为最高范畴，而张载、王安石、叶适等以气为最高范畴，这表明了不同学派之间的差别。依据对理、气的不同理解，宋儒又进而对太极与阴阳、道与器、天与命等对应的哲学范畴进行了解释，构筑了各自的本体论体系。在辩证法范畴体系中，宋儒探讨了动与静、变与常、一与两、神与化等范畴，提出动静相因、矛盾的对立统一等课题，这表明了中国古代辩证法的发展与成熟。在方法论方面，宋儒提出并阐述了一与殊、体与用两组相对应的范畴，用以指导自己的认识和实践活动，表明人们的认识水平发展到了一个新的阶段。

人的问题在宋学中处于中心位置，以人性为基础，宋儒构筑了一个纷繁的社会历史观范畴网络，其中包含了人性论诸范畴体系、伦理观诸范畴体系与历史观诸范畴体系三个子系统。在人性论诸范畴体系中，宋儒探讨了天命之性与气质之性、性与情两组对应的概念，对人性问题做出了不同于以往的解说。诚与敬、仁与爱、中与庸、理与欲等概念构成了宋儒的伦理观范畴体系，"存天理，灭人欲"已成为最为今人所熟知的论题。在关于人性善恶的论说基础上，宋儒讨论了王道与霸道、变革与泥古、尊贤与重民等问题，形成了他们的历史观范畴体系。

要认识客观世界与人文历史，需要发挥"心"的作用，以"心"为核心，宋儒构筑了认识论范畴网络。这又可以细分为两个层次：首先是如何保持心中固有的美德与智慧，避免被外物引入歧途，与此相关的论题有心与物、人心与道心、心与性情等范畴；其次是如何"格物致知"，认识外部世界，包括知与学、知与思、知与行等论题。两个层次相互配合，最终达到主客观的和谐，实现对客观世界的认知。

一代人有一代人的学术，作为新的时代背景下兴起的新儒学，宋学展现出与前代学术迥然相异的新特点。承唐人之风，宋儒对儒家经典提出了大胆的怀疑，最早的代表人物当推欧阳修。他著《易童子问》三卷，对《系辞》等有关材料进行剖析，以问答的方式展示其对于经典的怀疑，认为《系辞》《文言》《说卦》三章"众说淆乱"，并非孔子所作，反映了他对古籍理解的突破性进展。对于儒经的注疏，欧阳修也展现出怀疑的态度，批评毛、郑二学虽然广博，但议论不合于经典原意之处亦为不少，他撰《毛诗本义》十六卷，专攻毛、郑之失，对《诗经》中的《小序》真伪提出独到的见解。清代四库馆臣评论说："自唐以来，说《诗》者莫敢议毛、郑，虽老师宿儒亦谨守《小序》。至宋而新义日增，旧说几废，推原所始，实发于修。"这一评论指出了欧阳修在宋学建立过程中的开创性影响。这种不拘成说、独抒胸臆的新学风是宋学的重要特点。

摆脱章句之说的束缚，从自己的理解出发，注重义理，这是宋儒解经的新途径，也是宋学的另一大特色。宋初三先生之一的胡瑗，在《宋元学案》中被列为宋代学术第一人，人们称赞他的文章"皆傅经义，必以理胜"[1]，其著《周易口义》以义理为宗，不务虚谈，"文义皆坦明"[2]，为小程所师法。此后，注重义理成为宋儒的普遍追求，如程颐主张以义理来求索圣人之经旨；张载指出义理是至大之事，不图义理就会犯下大错；王安石著《三经新义》，开创新的义理；等等。南宋以后，朱熹、陆九渊、叶适等人也曾对义理的重要性进行过发覆。凡此种种，说明宋儒已逐步摆脱汉唐以来天命论的束缚，把探求义理推进到哲学领域，建立起庞大的理论体系，在深度和广度上都超过了汉唐哲学。

不单纯注重在理论上有所建明，而是讲实际、重实用、务实效，这是宋学的第三个重要特点。宋学的建立者不是把儒经当作教条，而是力求从中演

---

1 ［宋］蔡襄：《蔡忠惠集》卷三三《太常博士致仕胡君墓志》。
2 ［元］马端临：《文献通考》卷一七五《经籍考二》。

绎出经世安邦的道理，"通经致用"，以实现儒家"内圣外王之道"。胡瑗在教育实践中注重经义与时务并重，以"体用之学"为教，培养学生经世致用的抱负。他设立专门性质的应用学科，如边防、水利之类，使学生有足够的专业知识以适应社会的需要，达到理论与专业知识的结合。李觏研究《周礼》，撰《周礼致太平论》，包括"内治""国用"等诸多重要方面，意在找到解决当前面临的社会问题的解决办法。著书立说之外，宋儒还积极投身于社会实践。面对宝元、康定以来的社会危局，以范仲淹、欧阳修等为首的宋儒怀抱相同的理想，积极奔走，共同推动了一场政治改革运动，这就是庆历新政。熙宁变法的最初设计者王安石也以谈论经术治道使神宗折服，而后才出任参知政事进行变法改革，成为宋儒实践"内圣外王之道"的一个典范。以经世致用之学置身于实践，致力于为社会做出积极的贡献，这是宋学区别于其他时代学术的显著特征。宋人张载"为天地立心，为生民立命，为往圣继绝学，为万世开太平"的胸怀集中反映了宋学的这一特点，千载以来为人们所传颂。

宋学的形成与发展

宋学的发展和演变可以分为三个阶段：宋初至仁宗庆历年间为宋学的形成阶段，代表人物有宋初三先生（胡瑗、孙复、石介）、李觏、欧阳修等，而以范仲淹为核心人物；仁宗晚年到神宗时期为发展阶段，形成荆公学派、苏蜀学派和以洛（二程）、关（张载）为代表的理学派鼎足而立的局面，而以荆公学派影响最大；南宋以后，宋学进入演变阶段，经过杨时，胡安国、胡宏父子的积极努力，特别是宋高宗对荆公学派的打击，至孝宗乾道、淳熙年间（1165—1189）二程理学派独擅胜场，而继之而起的是陆九渊的心学和朱熹的理学。以朱熹为代表的理学在南宋学术思想界居于统治地位，但仍有以吕祖谦、陈亮、陈傅良、叶适为代表的浙东事功学派与之相对应。

（一）宋学形成阶段

胡瑗、孙复和石介被称作"宋初三先生"，他们开宋代学术的先河，是宋学的先驱。胡瑗首倡"明体达用"之学，以君臣父子、仁义礼乐为体，以举措天下、润泽万民为用，强调道德修养的重要性，这些是理学的重要内容之一。鉴于道德在胡瑗学说中的重要地位，胡瑗的观点可以归结为一种道德本位的思想，他的"明体达用"之学，实际上也就是道德性命之学。孙复以治《春秋》名世，在《春秋尊王发微》中，他着重阐明尊王"微旨"，正名分大义，强调纲常伦理的重建，维系等级制度，以巩固中央集权统治。孙复这种治经思路得到后世诸儒的秉承，朱熹也称赞他正确理解了"圣人"的心意。胡瑗的"明体达用"之学与孙复的尊王"微旨"都含有理学政治伦理观的因素，成为其后理学派的性命道德之学的先导。比较而言，石介的思想较胡瑗、孙复更具有明显的理学色彩。他言必称"道统"，力图将君统与道统结合起来，宣称"自夫伏羲、神农、黄帝、尧、舜、禹、汤、文、武、周公、孔子以至于今，天下一君也，中国一教也，无他道也"[1]，试图说明"一教"（儒家学说）与"一君"相辅相成，君统与道统相统一。他认为"道"是天地万物的根本，贯穿于一切事物之中，天地和人间、自然和社会都受"道"的支配。他的这一观点与此后的理学以"理"（或"道"）为最高范畴的"理"本体论非常接近，我们可以从中看出理学思想体系的端倪。

在宋学创兴的过程中，范仲淹起到了不可磨灭的重要作用，是宋学建立阶段的核心人物。在范仲淹周围聚集了一批杰出的思想家，据《宋史》记载，

---

[1] ［宋］石介：《徂徕先生集》卷一三《上刘公部书》。

"仲淹门下多贤士，如胡瑗、孙复、石介、李觏之徒"[1]，对宋学的建立产生重要影响的几位学者都与其有着密切的关系，他们或多或少地得到过他的提携，关学创始人张载也是在范仲淹的引领下才最终走上学术道路，最终得以自立于学术之林的。朱熹推崇范仲淹"振作士大夫之功为多"，宋代士风"至范文正方厉廉耻，振作士气"。[2]《宋史·范仲淹传》称"一时士大夫矫厉尚风节，自仲淹倡之"，充分肯定了范仲淹作为宋学建立阶段的带头人的地位与作用。此外，范仲淹本人在学术思想上也取得了很高的成就，他泛通《六经》，尤以对《易》的研究见长，能够摆脱前人的注疏，从义理方面进行阐发，援引《易经》中"穷则变，变则通，通则久"的言论为社会变革寻求理论依据，体现并引领了宋学通经致用之风。

（二）宋学发展阶段

仁宗庆历年间以后，理学进入大发展时期，出现了王安石新学、苏轼蜀学、张载关学、周敦颐濂学和二程洛学等学派相互辩论的局面。他们兼谈性与天道，关注伦理纲常和道德修养，建立起比较完整的从自然观到道德修养论的理论体系。

王安石（1021—1086），字介甫，号半山，抚州临川（今江西省抚州市临川区）人。王安石曾被封为荆国公，其学派也因此得名"荆公新学"。王安石的宇宙观是唯物主义的，"道"是他的哲学思想的最高范畴。他认为宇宙的本原是"道"，"道"的本体是物质性的"元气"，也就是细微而看不见的颗粒"朴"，而不是"无"或精神性的东西。"道"分化为阴阳二气，进而生成金、木、水、火、土五种元素的"五行"，天地万物即是由"五行"

---

1 ［元］脱脱等：《宋史》卷三一四《范纯仁传》。
2 参见［宋］黎靖德编：《朱子语类》卷一二九《本朝三·自国初至熙宁人物》。

演变而来。从这种唯物主义观念出发，王安石提出了"天地与人，了不相关"的天道论，认为天是物质之自然，没有意志、情感，它的变化按照自身的规律进行，不以人的意志为转移，与社会人事无关。人不能被动地遵循天道，而要积极发挥主观能动性，去改造世界。

在认识论方面，王安石强调人的形体是一切精神活动的物质基础，人们天生就具有认识能力，客观世界是可知的，一切自然规律都可以被认识，人们后天的学习和锻炼也很重要。人性论方面，王安石的观点较为接近孔子"性相近，习相远"的命题，提出"性本情用"的人性论。所谓"性"，指人的自然性能，在人的形体形成时就天然存在，而"情"则是人的感情与欲望的表现，是"性"在某种条件下的外在反映。"性"无善恶之分，只有"性"产生"情"以后，善恶才能被分辨出来，也就是说人之善恶，取决于后天的习染与修养。

王安石的思想闪耀着辩证的光彩。他认为自然界和人类社会都处在运动变化中，这是其内部矛盾作用的结果。矛盾普遍存在，一切事物之间及事物内部都存在矛盾，事物就在普遍的矛盾中相互联系、发展。一切事物都有其对立面，失去一方，另一方也就不存在了。根据这种朴素辩证法的观点，王安石提出了他的政治观、历史观，他批判了历史退化论的观点，指出历史是不断前进、发展的，有着人类无法扭转的客观必然性，必须要不断变革旧制，以适应和推动历史的发展。

王安石的学术集中体现了宋学开拓创新的时代精神，他以儒为本，但不拘泥于儒学的旧传统，敢于突破旧框架，探求意蕴，自创新学以解释经典。在力求义理的同时，王安石务求通经致用，为倡导革新变法提供理论依据。梁启超评论新学说："荆公之学，内之在知命厉节，外之在经世致用，凡其所以立身、行己，与夫施于有政者，皆其学也。"[1] 他敏锐地把握住了新学"经

---

[1] 梁启超：《饮冰室合集》专集第七册，《王荆公》第二十章《荆公之学》。

世致用"的实质与变法革新的内在联系，指出新学的一大突出特色。

宋学之所以能够展现出极强的生命力，蓬勃发展，广泛吸收其他各家学说是一个重要原因，王安石的学术就体现了这一特点。他对儒家以外诸学说采取兼收并蓄的态度，指出要了解经的真谛，必须在学术上具有广阔的视野，因此对于诸子百家以至医书小说无所不读，农夫、女工无所不问，大量摄取诸家思想，博采众长，以提高自己的认识，充实自己的学说。"荆公新学"在当时产生了很大影响，在相当一段时期之内都在学术界处于主导地位，其学说一经提出，便得到时人的翕然响应，他们认为王安石的学说能够与孟子之说一较上下。王安石思想中的唯物主义与辩证法，对我国理论思维的发展做出了巨大贡献，其哲学思想是中国哲学发展史上的重要环节。

在政治领域，司马光与王安石针锋相对；在学术思想领域，二者也在很多方面截然两立。例如在天道观上，司马光继承孟子、董仲舒以来的天道观和天命论，认为天是"万物之父"，有自己的意志和人格，人们必须依据天命行事，否则就会遭到天的惩罚，从而与王安石人定胜天的思想相对立。基于天道观方面的根本分歧，二人在人性论、德才论、贫富观等一系列问题上分立，相互论辩。司马光在学术上的最大贡献是对"中和"及"格物致知"的阐发。所谓"中和"，也就是"中庸"，是司马光哲学思想的核心部分。他认为"中和"是天下的根本大道，天地万物都不能违背"中和"的法则，人世间的仁、智、礼、政、刑也都要遵从"中和"之道。他以"中和"为题，对自然现象乃至人的身心都进行论述，最后引申到治国平天下的主题上来，这是宋学对此问题的开创。"格物致知"是《大学》的基本思想，司马光对它作了新的解释，指出其中的关键在于"修身"，他所探讨的问题涉及天地万物、人事社会，又与正心诚意、修身齐家等道德问题联系在一起，反映其追求在于明道德之至善，对后来二程、朱熹的相关学说有先导之功。

在宋学发展过程中，苏氏蜀学派以其独有的特色占据着一席之地。蜀学派的创始人是苏洵，他治学较晚，二十七岁才开始发愤读书，遂通六经、百家之说。苏洵对于诗、书、礼诸经均有所论述，所撰《六经论》观点新颖，见解独到。他的治学路径类似于今天所说的以小见大的取径，善于从某一事物或某一问题的一个侧面或一个点出发，纵横古今、上下钩索，朱熹曾一针见血地指出："老苏父子自史中《战国策》得之，故皆自小处起议论。"[1] 蜀学在苏轼、苏辙的推动下得以继续发展。苏轼著有《东坡易传》，以完成其父未竟之志，另有《东坡书传》二十卷传世。苏轼自己对《东坡易传》《东坡书传》《论语说》这三部著作非常看重，认为它们完全能够体现自己的学术思想，"后有君子，当知我矣"。苏辙论著很多，尤以《老子解》为最优，其书以老子之学为中介，汇通儒、佛之说，以佛解老而又通于儒，统合三家，阐发富有新意的儒学。南宋朱熹对蜀学颇多否定，批评苏氏父子出自《战国策》纵横家之流，又深受释、老影响，主要的立足点就是认为苏氏学术驳杂不纯。虽然不乏门户偏见，但朱熹所指出的恰恰是蜀学派的学术特色，立足于儒而兼取其他诸家学说，儒、释、老庄"三教合一"，自成一格。除去苏氏父子外，蜀学派的代表人物还有黄庭坚、晁补之、秦观、张耒等。总体说来，蜀学派在文学方面取得的成就和影响是惊人的，代表了宋学诸学派中偏重于文学方向的支流。欧阳修曾赞许道，"眉山在西南数千里外，一日父子隐然名动京师，而苏氏文章遂擅天下"[2]。

"宋初三先生"胡瑗、孙复、石介被视为理学的先驱，他们开宋代学术之先河，为理学思想体系的形成提供了某些先驱性资料，也揭开了后来理学借助儒家经典创立自己的理论体系的序幕。但是，三人尚处在理学的开创时期，其思想还没有形成完整的体系，没有建立起完备的理论。理学真正的开

---

[1] ［宋］黎靖德编：《朱子语类》卷一三九《论文上》。

[2] ［宋］欧阳修：《欧阳修集》，《居士集》卷三五《故霸州文安县主簿苏君墓志铭》。

山祖师及理学思想体系的奠基人是周敦颐和张载。周敦颐（1017—1073），字茂叔，原名敦实，道州营道（今湖南省道县）人。晚年在庐山莲花峰下建濂溪学堂讲学，世称濂溪先生，其学被称为"濂学"。周敦颐遗留下来的著作虽然不多，仅有《太极图说》《通书》等数种，但他在这些著作中所提出的问题和哲学范畴，对宋明哲学的发展产生了重要的影响。他援佛、道入儒，使佛、道思想与儒家《易》《中庸》等经典著作相互渗透，建立起思辨的哲学逻辑结构，为理学家出入佛、道开辟了新路，为建立理学体系提供了楷模。在《太极图说》和《通书》中，周敦颐精练而完整地构造了一个纳自然、社会、人生为一体的宇宙生成模式和人类发展的全过程，并且从本体论的高度对人性和道德伦理进行了论述，使其学说富有哲学的理性思辨特点。周敦颐的学说为宋明理学的形成提供了理论基础，被后代理学家奉为经典。他所使用的哲学范畴，如无极、太极、阴阳、五行、动静、性、命、礼乐、诚、顺化、理、气等，都为后世理学家反复引用和发挥，其中，太极、理、气、性、命等，成为了宋明理学的基本范畴。周敦颐在宋代哲学史上是一个非常重要的角色，他提出了一系列新概念、新范畴，建立了初具规模的唯心主义理学体系，对尔后中国六七百年的哲学都产生了广泛而深刻的影响。

张载（1020—1077），字子厚，凤翔郿县（今陕西省眉县）人。长年在陕西凤翔府横渠镇讲学，人称横渠先生。张载是理学的主要奠基人之一，他所开创的学派由于地处关中而被称为"关学"，其学说别具风格，对理学思想体系的建立有重大影响。张载的学术思想从本体论、道德论到认识论，形成了完整的框架，理学的许多命题在他的学说中已经出现。张载的思想体系中既有唯物主义也有唯心主义：一方面，他把物质实体"气"作为宇宙的本体，建立了气本论的唯物主义宇宙观；另一方面，他又把"心"作为万物的本原，最终在"心"的基础上统一了他的哲学思想，走向了唯心主义，并由此建立了他的理学思想。他将人世间的伦理观念归因于"气"的属性——"天性"(理),并通过天、地、人三位一体的结构来沟通本体论、道德论和认识论,奠定了理学理论的基础。但他没有把"理"作为宇宙唯一的精神本体和主宰,也没有把"天理""天性"作为与"气"并存的精神本体,而是使"气"的属性——"天性"带有伦理性质,具备了理学思想中"理"的某些特征,通过这种方式,回答了"性与天道"这一理学的中心问题。张载提出了"天地之性""气质之性"的命题,将它们分别作为善的根源和恶的根源,"气质之性"阻碍了"天地之性",便有了善恶的分别。这一命题后被二程继承和发展,成为他们理学思想体系的重要组成部分。张载的理学思想与其唯物主义思想混杂一处,反映了理学开创时期的不成熟性,尽管如此,他仍是理学发展过程中一个不可缺少的环节,是儒学由宗教化向哲学化过渡,人格化向抽象化过渡的必经阶段。张载的学说注重学以致用,突出地展现了宋儒"以天下为己任"的担当精神,他的名言"为天地立心,为生民立命,为往圣继绝学,为万世开太平",为后世儒者所传唱,显示了他胸怀天下、忧国忧民的伟大抱负。

程颢(1032—1085),字伯淳,号明道,人称"明道先生";程颐(1033—1107),字正叔,人称"伊川先生"。二程均为洛阳(今河南省洛阳市)人,长期于洛阳居住讲学,其学派被称为"洛学"。理学体系形成于二程,他们开创的"洛学"奠定了理学的基础,是理学的典型形态。"洛学"的主要特色在于天理论,它认为"理"是宇宙万物的本原,是社会伦理道德规范和社会等级制度的总和,是万事万物所依据的准则。把"天理"作为宇宙本体和理学体系中的最高范畴,在宋明理学中具有开创性意义,以"理"为核心,二程兄弟构建了理一元论的唯心主义体系,从而完成了宋代理学体系。从天理论出发,二程系统地构建了人性论的理论,提出"性即理也"的命题,这就使人性论不仅仅限于伦理学的善恶问题,而是把它提高到本体论的高度。二程认为"理"是天地万物、人事社会的总的根源,性是理的体现,从道理上讲，它应该是善的，其所以为恶，是由于为外物所蔽，这就是"人欲"。据此，二程提出了他们"灭私欲""明天理"的道德说，将人性论转到道德修养论，主张"克己复礼"，以去除"人欲"，恢复"天理"。这种理论将人们的全部生活置于天理的支配之下，要求人们服从天理，安于义命，天理成为人们的精神镣铐，是一种十分消极的哲学。在二程的思想体系中，格物致知论是一个重要组成部分。所谓"物"，并不是指真实的客观存在，而是指"理"（即封建伦理道德规范）。所谓"格物"，其目的并非认识客观事物的法则，而是要在人的心里恢复"天理"，使人们认识到事事物物都是天理权威，从而使自己的思想和行动适应"天理"的要求。二程的这种认识论是与其本体论、人性论紧密联系在一起的，是一种唯心主义的认识论。值得注意的是，二程在某些方面仍然存在不同：如程颢提出"心即理，理是心"，强调"心"的作用，只要"尽心"，便能"知性""知天"，表现出反躬内心的心学思想倾向；而程颐突出一物之理即万物之理，"天下只是一个理"。二人之间的不同，为日后"理学""心学"两个学派的分立埋下了伏笔。

（三）宋学的演变阶段

两宋之交，社会历史发生了急剧的变化，连带学术也产生了深刻的转变。自元祐更化起，王安石新学开始受到打击，钦宗以后，新学的官学地位遭到取消，新学日益衰落下来。政治改革的失败、少数民族政权的威胁，使人们开始反省自身，力图通过加强内在的德行修养来解决时下所面临的种种问题。在这种背景下，宋学进入了内在的演变过程，学术研究与社会现实脱节，力求通经致用的义理之学蜕变为注重反躬内省的性理之学，宋学走向沉寂。熙宁、元丰年间兴起的以二程为代表的道学适应局势的变化和人们的需求，逐渐兴盛起来，在南宋分为朱熹理学和陆九渊心学两大派系。朱熹集理学之大成，在南宋中后期逐渐占据了主导地位，与之相对立的则有吕祖谦的金华学派，陈亮的永康学派，以薛季宣、陈傅良和叶适为代表的永嘉学派。金华、永康、永嘉三派又被统称为浙东事功学派。

朱熹（1130—1200），字元晦，一字仲晦，号晦庵，晚号晦翁，祖籍徽州婺源（今江西省婺源县），出生于福建南剑尤溪（今福建省尤溪县）。朱熹历仕高宗、孝宗、光宗、宁宗四朝，时间跨度近五十年，但实际从政时间不过十余年，他的主要精力都集中于著书、讲学之中。朱熹理学思想体系的核心是天理论，理或天理是朱熹理学思想的最高哲学范畴，它不仅是宇宙之本体、天地万物的根源，还是社会道德规范的源泉。一切封建道德的准则和礼仪，都是理或天理的体现。他通过理气先后、理气动静、理一分殊等逻辑环节，论证了理的绝对至上性和普遍必然性，从而建立了庞大的理一元论的唯心主义哲学体系。以天理论为基础，朱熹提出了他的人性论，其基本观念是"心统性情"说。他认为性与情是心的两个方面，性为心之体，情为心之用，而心是统摄性情的总体。此外，朱熹继承了张载和二程的人性思想，对天命之性和气质之性进行了分析，认为天命之性专指理而言，是纯粹至善的，而气质之性是理与气相杂构成的，所以有善与恶的两重性。在朱熹的哲学体系中，道德伦理思想占据着重要地位，其主要内容是"理欲""义利"之辨。朱熹将"天理"与"人欲"作为一对道德伦理范畴，与本体论、政治论联系起来，进一步阐发论证，成为道德伦理思想的核心环节。他进而提出"明天理，灭人欲"的总纲领，对二程"灭私欲""明天理"进行了发挥和修正。所谓"义"，即按天理的要求做应当做的事情，而"利"则是人的私欲，对待义利应该坚持"重义轻利"的道德观。在认识论方面，朱熹提出了自己的"格物穷理"说，他吸收了二程相关学说的部分内容又对其有所发展，使自己的学说具有较多的辩证法思想。

朱熹是理学的集大成者，他以儒家伦理学为核心，糅合释老，集周敦颐的"太极"阴阳、二程之"理"、张载之"气"为一体，融会贯通，建立起广博繁杂的包括自然、人生、社会等诸多方面在内的逻辑体系，不仅在更广阔的领域内丰富、发展了哲学内容，而且对这些范畴及它们之间的联系辨析精详，把古代哲学提高到了一个新的阶段。宋明理学发展至朱熹，才确立了独特的学术规模与体系，奠定了其确然不拔的基础，影响了尔后六七百年学术思想的走向。朱熹在中国理学发展史上的地位和影响，是首屈一指的。

张栻（1133—1180），字敬夫，又字乐斋，号南轩，汉州绵竹（今四川省绵竹市）人。张栻与朱熹、吕祖谦并称"东南三贤"，以他为代表的湖湘学派，在南宋理学中占有重要地位。在本体论方面，张栻一方面继承二程的理本论，认为理是宇宙万物的本体，另一方面又强调"心"是万事万物的主宰者。这就构成了他与程、朱观点的不同之处，程、朱论"心"的地位和作用，只限于性与情中，并最终受制于理，张栻则把"心"的主宰性放大为"贯万事、统万理"，以至主宰万物，从而呈现出"心学"的思想倾向。义利之辨向来是宋代理学家重视的问题，张栻把明义利之辨看作治学的首要途径，这是他对宋代理学思想的继承和发展。张栻认为，义、利之间的对立实质上是天理、人欲之间的对立，援天理于义，援人欲于利，这是张栻理学思想的一大特色。通过这种方法，他引申出其"存天理、去人欲"的道德论，论证了封建伦理纲常的天然合理性，达到了巩固等级秩序的目的。在人性论方面，张栻则继承和发挥了二程"天命之性"和"气质之性"的性二重论。张栻在南宋思想家中是比较有特色的一位，他以"理"为万物之本，又强调"心"的主宰作用，可以被看作是"理学"向"心学"转向的发端人物。

陆九渊（1139—1193），字子静，抚州金溪（今江西省金溪县）人，曾在贵溪象山居住讲学，自号象山居士，世称象山先生。他构建了与朱熹思想不同的主观唯心主义思想体系，是宋明理学中"心学"一派的开创者。在陆九渊的思想体系中，"心"是最高最具普遍意义的哲学范畴，他说"宇宙便是吾心，吾心即是宇宙"[1]，将宇宙和心等同起来，这一主张奠定了其主观唯心主义的思想基础。他提出了"心即理也"的著名命题，将"心"提升到本体地位。"心"取代"理"成为自然界、人类社会的最高原则和主宰。在认识论方面，他认为认识的对象不是客观事物，而是"本心"，只要反省内求，认识本心，万物之理便能不解自明，从而提出了一条"切己自反、反省内求"的认识路线。与此相应，在道德修养方面，陆九渊提出了"存心去欲"的道德说教主张，认为只要修养本心，格除物欲，便能达到本心的清明。陆九渊与朱熹二人的哲学思想，一为主观唯心主义，一为客观唯心主义，虽然在思想体系内存在诸多分歧，但在本质上属于理学范围内不同学派之间的争论，陆九渊心学作为南宋理学的主要一翼，与程朱理学共同构成中国哲学发展史上的一个新阶段。

吕祖谦（1137—1181），字伯恭，世称东莱先生，婺州（今浙江省金华市）人。吕祖谦所创立的学派被称为"婺学"，也叫"吕学"，后人为与同起婺州的陈亮永康学派相区别，又称之为"金华学派"。吕祖谦的哲学思想兼取二程、朱熹、陆九渊之长，又受陈亮、叶适事功学派的影响，具有调和折中主义的因素。余英时把吕学称为"宽容、开放和多元的一种儒家典型"[2]，就是指吕祖谦学术中不主一说、兼采众长的特点。在本体论方面：他一方面继承二程的哲学思想，将"理"或"天理"作为他哲学的最高范畴；另一方面又强调"心"的作用，企图调和理学和心学两派的分歧，以缩小或削除客观唯心主义和主观唯心主义之间的矛盾。因此，在他的哲学思想中，既有以"理"为本的客观唯心主义，也有以"心"为本的主观唯心主义，而在实际上他的思想更偏向"心学"，较明显地表现出主观唯心主义的倾向。与此同

1　［宋］陆九渊：《陆九渊集》卷二二《杂说》。
2　［美］田浩：《朱熹的思维世界》，南京：江苏人民出版社，2009年版，原版序第5页。

时，受叶适永嘉学派的影响，在吕祖谦的哲学思想中，又多少含有一些唯物论的因素，这表明吕祖谦之学不主一说、调和折中的色彩。在认识论方面，他一方面倡导朱熹以"穷理"为本的"格物致知"说；另一方面又拥护陆九渊提出的以"明心"为主的"直指本心"说，又汲取永嘉、永康学派某些唯物主义认识论的因素，强调对客观事物要"精察"，致使其认识论驳杂而矛盾。在人性论方面，吕祖谦继承了孟子的性善论，又吸取张载、二程"气质之性"的观点，以说明恶从何来，在本质上与张、程、朱大同小异。受陈亮事功学派的影响，吕祖谦的思想中多了一些经世致用的因素，他提倡治经史以致用，主张"学者须当为有用之学"，这是吕祖谦与那些空谈道德性命的理学家相区别之处。

陈亮（1143—1194），字同甫，号龙川，世称龙川先生，婺州永康（今浙江省永康市）人，"浙学"永康学派的代表人物。陈亮的学术思想并没有一个明确的师承，多自读书交游而得，他与吕祖谦、陈傅良、叶适等人过从甚密，学术上互相启发。陈亮早年攻读四书，留意于性命之说，后觉与理学格格不入，于是独树经世致用的事功之学，实现了其学术思想上的较大转向。陈亮的宇宙观与程朱理学不同，针对程朱理学的唯心主义观点，他提出了"盈宇宙者无非物，日用之间无非事""舍天地则无以为道"的重大命题，把天地宇宙的一切看成物，认为人类的一切活动都是事，事物是宇宙间唯一的客观存在，强调道贯通于事物之中，不能离开事物单独存在，批判了理学家所谓离开具体事物而存在的道。在陈亮的哲学思想中，务实二字是最突出的特征，他反对程朱理学空谈性命之说的流弊，力主务实，主张言论、学说、意见等不能脱离实际，要解决实际问题，不能空说一阵而束之高阁。他以"实事实功"的功利主义思想，与朱熹就义理与功利、王霸之分、动机与效果等论题展开了激烈的论战，这就是历史上著名的"王霸义利之辩"。陈亮的务实哲学给当时的思想界带来了生机，使实学在我国哲学发展的源流中占有一席之地，为实学的发展做出了重大贡献。作为理学批判者的先驱，陈亮对后世产生了深刻的影响。

叶适（1150—1223），字正则，温州永嘉（今浙江省温州市）人，人称水心先生。叶适是与陈亮齐名的一个重要思想家，以他为代表的永嘉学派，是与朱熹理学、陆九渊心学鼎足而立的重要学派。叶适提出了"物之所在，道则在焉"[1]的唯物主义自然观，指出"物"是天地间最根本的存在，肯定了物质的第一性。道寓于物中，不能离开物而存在，不懂得道就不能概括物，不了解物就不能获得道。道虽然广大，能总结一切理，贯通一切事，但最后还是要归之于"物"，这样才不至"散流"。以此为基础，叶适形成了自己的认识论，他批判了理学家"格物穷理"的认识论，认为认识的对象和目的应该是客观事物，认识来源于客观事物，离开客观事物就没有人的认识，不能以主观意识代替客观事物，认识是否达到极致，需要以客观事物来检验。与陈亮一样，叶适也注意事功，他认为义理与功利是相联系的、统一的，义理不能离开功利，义理只能在功利之中，如果没有功利，所谓道义就是一句无用的空话。叶适这种功利主义的道德观，对当时流行的理学禁欲主义道德观是一个有力的批判，在我国伦理学史上占有重要地位。

金华、永康、永嘉三派虽然在一些具体的认识上不尽相同，但在事功观点上基本一致，被统称为浙东事功学派。事功学派吸收了北宋新儒学的精髓，强调实际，务实效，与理学在天理观、义利观、历史观等问题上针锋相对，成为南宋独树一帜的学术流派。事功学派反对空言，多引史事作为立论的依据，从历史中寻求济世之道，因此其代表人物在史学领域都取得了极深的造诣。所谓事功学派，只是由于以上三派在重事功、务实学方面的一致追求而将之归为一派，实际上，各学派在一些具体问题方面多有不同主张，并

---

1 ［宋］叶适：《习学记言序目》卷四七。

没有一个完整统一的理论体系。

文治昌盛、武功不竞,这是后世学人对于宋朝历史特点的总结。应该承认,宋代的学术文化确实超越了前代,实现了儒学的再一次繁荣,达到先秦百家争鸣之后的又一次高峰,开此后元明清学术的先河,影响直至近代。由于理学所取得的巨大成就和对后世的深远影响,后世往往用理学来取代宋学,忽视了两宋时期诸多学派的异彩纷呈,这种只见树木、不见森林的看法实际上是对宋学的一种误解。宋学兴起之初,诸派相互辩难,以经世致用、实现儒家"内圣外王之道"为最高追求,促成了宋学的兴盛。南宋以后,在深刻的社会历史剧变洪流中,学人在外部的挫折下转向反躬自省,学术的发展逐渐与社会现实脱离了关系,文化的发展转向内在的沉淀。脱离了实际,宋学也就失去了其不断开拓创新的精神,转向保守僵化。南宋中晚期,理学占据了官学的主导地位,朱熹作为理学的集大成者,建立起高度精致、完整的理学体系。然而,理学在达到顶峰的同时,也预示着其未来发展空间的局促,开启了其走向衰落的大门。

结　语

宋学的产生有其特定的历史背景,唐末五代以来臣弑君、子弑父的现象屡见不鲜,儒家所倡导的"君君、臣臣、父父、子子"的伦理观念遭到极大破坏。为避免割据夺权的乱象重现,宋代统治者重视社会道德观念的重塑,宋儒也以重振儒家思想尤其是三纲五常为己任,开创了不同于汉唐儒学的宋学。

"宋初三先生"胡瑗、孙复、石介被视为宋学之先驱,他们开启了宋儒解经不重训诂、强调义理的先河。他们重视"性与天道"的研究,倡导"明体达用"和"尊王"之学,为宋学思想体系的形成指明了某些方向性路径,也揭开了后来宋学借助儒家经典创立自身理论体系的序幕。但是,他们的思想还没有形成完整的体系,也没有建立起系统的理论,故不能称为宋学真正的开创者。

北宋中期以后,王安石新学、苏轼蜀学、张载关学、周敦颐濂学和二程洛学等学派相互辩论,宋学进入大发展阶段。其中,周敦颐和张载将世界本原的观点引入宋学,从本体论的高度阐释人世间的道德伦理观念,实现了佛、道教义与儒学的融会贯通。在传统儒学向新儒学转变的道路上迈出了关键一步,为建立宋学体系提供了一种新模式。程颢、程颐兄弟运用"天理"这一概念,将本体论、认识论、人性论等有机联系在一起,更为系统地确立了宋学的基本范畴。至南宋,宋学的集大成者朱熹以二程思想为核心,吸收了北宋以来的各派儒家学说,进一步阐发和深化理学思想,最终构建起一套庞大而系统的客观唯心主义哲学体系。

两宋思想界极度活跃,宋学内部多元并包,理学仅是其中一个重要侧面。与程朱理学一样享有盛名的陆门心学和浙东事功学派也作为宋学的分支,蓬勃发展起来。陆门心学吸收禅宗的理论,提出了"心即理"的命题。在本体论和认识论上,陆门心学与朱门理学展开了长久的交锋,是宋学的重要一面。与理学、心学的唯心主义倾向不同,事功学派代表人物陈亮、叶适均认为道存在于事物本身,以此为基础,事功学派形成了独特的认识论,主张经世致用、义利并重,批判理学家虚谈性命的观念。尽管程朱理学、陆门心学和事功学派在诸多问题上见解不同,但从学术发展的角度来看,这些流派在思想内核上无疑是互为补充,共同促进了宋学,乃至古代伦理学的繁荣。

无论是程朱理学、陆门心学,还是事功学派,宋学各分支流派都有这样一个显著特点,即以儒家礼法、伦理思想为核心,同时吸纳佛、道思辨哲学,宇宙生成以及万物化生等理论及精神修养方法，形成了一套囊括天地宇宙和人性义理以及具有思辨性的理论体系。

毫无疑问，宋学的成熟极大地影响了中国思想文化的基本格局，它将中国古代哲学推向一个新的高峰。明清以后，宋明理学兼收并蓄、博采众长，仍保持着强大的生命力，被推崇为官方正统学说，占据官方学术的主导地位，深刻地影响着中国古代的历史进程。

第八章

词、文与诗：宋人的文学成就

在中国历史上,宋代以其文化的繁荣昌盛而著称于世,所谓的"盛唐隆宋",在很大程度上就是指唐宋时期文化方面所取得的成就。宋代处于中国历史上一个转折的时期,如果说唐朝是一个时代的结束的话,那么宋代则是一个新的时代的开端,其在中国历史上的影响是十分深远的。宋代文化既继承了前代文化的优秀遗产,又开启了后代文化的新的篇章,达到了中国封建社会的最高峰。诚如史学大师陈寅恪先生所言:"华夏民族之文化,历数千载之演进,造极于赵宋之世。"[1]

宋　　诗

宋代诗歌出于唐诗之后,完美的唐诗既是宋诗的典范,又给宋诗的创作带来了巨大的压力。因此,宋诗一方面借鉴模仿唐诗,另一方面又在不停地创新求变。清代吴之振在《宋诗钞·序》中说:"宋人之诗,变化于唐,而出其所自得,皮毛落尽,精神独存。"他揭示了宋诗与唐诗间的传承关系。大体说来,宋诗虽然不及唐诗盛大,但也能别开生面,另启门户,成就一代

---

[1] 陈寅恪:《邓广铭〈宋史职官志考正〉序》,《金明馆丛稿二编》,上海:上海古籍出版社,1980年版,第245页。

文学之特色，在中国文学史上占有相当高的地位。

宋初诗坛影响巨大的基本有三个派别，即"白体""晚唐体""西昆体"。"白体"是学习唐代诗人白居易的一种诗风，风格亲切平易，句意平庸，语言近乎口语，只学到了白居易的皮毛，没有达到白诗的深度。这一诗派的代表人物主要是五代入宋的一些官员，如李昉、徐铉、王禹偁等，其中成就较大的是王禹偁。王禹偁（954—1001），字元之，济州巨野（今山东省巨野县）人。王禹偁自幼喜爱白居易的诗，仕途上遭受挫折之后又转而借鉴杜甫诗的艺术境界，学习杜甫面对现实、探求哲理的意境，从而避免了对白居易诗的表面模仿，超越了浅俗平易的白体诗风，创作出《对雪》《感流亡》等佳作，开启了宋诗的先兆。王禹偁的诗简雅古淡，平易流畅，在宋初白体诗中独树一帜。

"晚唐体"指的是模仿中晚唐诗人贾岛、姚合的诗风，这种诗风注意诗句的锤炼，语言也较简雅。晚唐体诗人多为隐逸山林的处士和僧人，他们没有经历晚唐诗人那种衰亡的时代危机，没有时代兴亡感，因此多在一些小意境的画面中展现点滴的感情，苦心雕琢，往往有佳句而无佳篇，诗境狭窄。其代表人物有潘阆、魏野、林逋及被称为"九僧"的希昼、保暹、文兆、行肇、简长、惟凤、惠崇、宇昭、怀古等九位僧人，其中以林逋最为著名。林逋（967—1028），字君复，钱塘（今浙江省杭州市）人。林逋早年浪迹于江淮之间，后隐逸孤山二十年，终身不仕不娶，只以梅花、仙鹤为伴，有"梅妻鹤子"之誉。他的诗主要内容是吟咏湖山胜景和抒写隐居不仕、孤芳自赏的心情，如《秋日西湖闲泛》："水气并山影，苍茫已作秋。林深喜见寺，岸静惜移舟。疏苇先寒折，残虹带夕收。吾庐在何处？归兴起渔讴。"[1]这首诗无论在意境还是遣词造句上都达到了较高的水平。

---

1 ［宋］林逋:《秋日西湖闲泛》,《全宋诗》卷一七六。

在宋初诗坛，"西昆体"的名气最大，其诗人多是当时的名公大臣。真宗景德二年（1005），杨亿、刘筠、钱惟演等人奉命编修《册府元龟》，这期间众人相互酬唱，后来杨亿把相和的十七人的诗作编成《西昆酬唱集》，"西昆体"由此得名。西昆体基本上也是学晚唐诗，推崇李商隐，字句华丽，讲求典故，对仗工整，但内容过于狭隘，多涉及宫廷、恋情、咏物等主题。西昆体诗人多是当时名士，社会地位高，因此西昆体的影响也相对较大，形成了一个诗歌创作潮流。但西昆诗人只立足于模仿李商隐诗的艺术外貌，缺乏李诗蕴含的真挚情感和深沉感慨，徒得其华丽外表而缺少内在气韵，加之诗歌题材范围狭窄，时代气息淡薄，虽然风行一时，终不免在欧阳修倡导的古文革新运动中遭到贬斥。

宋诗真正奠定自己的方向，确立自己的风格，是在一代文坛领袖欧阳修及与他相前后的梅尧臣、苏舜钦等人登上文坛之后。在诗的风格上，欧、梅、苏三人变西昆体的雕琢典丽为贴近生活的自然平淡。但他们所追求的平淡，不是宋初"白体"的平淡浅显，而是"自绚丽中来，落其华芬"[1]的平淡，是平淡之中寓深刻，此后整个宋代诗人所追求的基本都是这样的美学境界。在题材取向上，他们更加重视反映现实生活，如欧阳修的《食糟民》《边户》，梅尧臣的《田家语》《汝坟贫女》，苏舜钦的《庆州败》等，揭露时弊，现实感非常强烈。三人还有一个共同点就是诗歌的散文化、议论化，把散文的创作方法融入诗中，如欧诗《再和明妃曲》、梅诗《颍水费公渡观饮牛人》、苏诗《和菱溪石歌》，都是走的议论化、散文化的路子。

欧、梅、苏三人虽然在改革诗风的大方向上是一致的，但具体的诗风却各不相同。三人当中，梅尧臣诗歌创作较早，他的诗闲肆平淡、意新语工，较好的作品有上面提到的《田家语》《汝坟贫女》和一些写景诗如《东溪》等。

---

[1] ［宋］葛立方：《韵语阳秋》卷一。

苏诗的特点是语言畅达、豪迈奔放，然而不免有粗糙生硬之处。其内容上较为突出的，是爱国杀敌的英雄主题，代表作是《中秋夜吴江亭上对月怀前宰张子野及寄君谟蔡大》。欧阳修的诗清丽灵动，《戏答元珍》是其中的代表作。欧阳修还撰写了中国文学批评史上第一本诗话体文学批评专著——《六一诗话》。他的《水谷夜行寄子美圣俞》以诗的形式对苏、梅二人的诗做出评价，开后代以诗论诗的风气。

欧、梅、苏之后，王安石、苏轼、黄庭坚等人把宋诗推上了全盛的发展时期。三人的创作都自成一体，当时称为"王荆公体""东坡体""山谷体"。

王安石作为11世纪的政治改革家，他的诗带有更多的现实色彩，议论尖锐，锋芒直露，同时也表达了诗人忧国忧民的感情和希望励精图治的政治理想，《河北民》《兼并》《白沟行》等作品都体现了这种风格。其《河北民》写道："河北民，生近二边长苦辛。家家养子学耕织，输与官家事夷狄。今年大旱千里赤，州县仍催给河役。老小相携来就南，南人丰年自无食。悲愁白日天地昏，路旁过者无颜色。汝生不及贞观中，斗粟数钱无兵戎。"该诗描写了宋王朝为向辽输纳银绢而对人民敲骨吸髓，导致百姓辗转流徙的景象。

王安石善于以政治家的眼光对古典古事提出新的看法，他的代表作《明妃曲》在当时引起了很大反响：

明妃初出汉宫时，泪湿春风鬓脚垂。低徊顾影无颜色，尚得君王不自持。归来却怪丹青手，入眼平生几曾有？意态由来画不成，当时枉杀毛延寿。一去心知更不归，可怜着尽汉宫衣。寄声欲问塞南事，只有年年鸿雁飞。家人万里传消息，好在毡城莫相忆。君不见，咫尺长门闭阿娇，人生失意无南北。[1]

---

[1] ［宋］王安石：《明妃曲二首》，《全宋诗》卷三七三。

诗中王安石一反此前传统的见解,把昭君的悲剧归咎于君王的昏庸,语言犀利,不留余地,有很强的震撼力。

王诗讲究句子的组织和词语的运用,是以工取胜,以才学取胜,以议论取胜。他讲究炼字炼句,意境新颖,如《泊船瓜洲》中"春风又绿江南岸,明月何时照我还"两句经常被人称引。其中"绿"字的使用更有画龙点睛之妙。又如《书湖阴先生壁》:"茅檐长扫静无苔,花木成畦手自栽。一水护田将绿绕,两山排闼送青来。"[1]"护田""排闼"皆出自《汉书》,用典而使人浑然不觉。这首诗对仗工整,写景层次井然,描绘了一幅清幽雅致、极富灵性的淡墨山水图。

王安石退出政治舞台后,心情日趋平静,诗风也随之含蓄深沉,他创作了大量写景抒情小诗。如《北山》:"北山输绿涨横陂,直堑回塘滟滟时。细数落花因坐久,缓寻芳草得归迟。"[2]既有唐人之风,深含禅意,又有自己瘦硬精严的特色,被称为"半山体"。王安石晚年的诗歌,精警新颖,雅丽精绝,深为后人所重。

宋代诗歌全盛时期的领军人物当属苏轼,他的诗歌代表了宋代诗歌的最高成就。苏诗数量众多,今存两千七百余首,内容广博深厚,宛然一部北宋社会生活的百科全书。而且苏诗风格多变,博大精深,技巧娴熟,开拓了宋诗的新意境,赋予宋诗以新的生命活力。

苏轼一生仕宦生涯十分坎坷,儒家积极用世和佛老消极避世两种相互矛盾的思想并存于他的人生观中。他的作品中数量最多而且成就最大的是抒发个人情感、歌咏自然景观的篇作。如《百步洪》先以生动新奇的比喻描述放舟的惊险:"长洪斗落生跳波,轻舟南下如投梭。水师绝叫凫雁起,乱石一

---

1 [宋]王安石:《书湖阴先生壁》,《全宋诗》卷三七四。
2 [宋]王安石:《北山》,《全宋诗》卷三七一。

线争磋磨。有如兔走鹰隼落,骏马下注千丈坡。断弦离柱箭脱手,飞电过隙珠翻荷。四山眩转风掠耳,但见流沫生千涡。"[1] 接下来融合佛老思想,从"险中得乐"转向议论人生哲理。其中"君看岸边苍石上,古来篙眼如蜂窠。但应此心无所住,造物虽驶如吾何!"[2] 借景发挥议论,参透了禅宗的机趣。又如他在《和子由渑池怀旧》中写道:"人生到处知何似?应似飞鸿踏雪泥。泥上偶然留指爪,鸿飞那复计东西。老僧已死成新塔,坏壁无由见旧题。往日崎岖还记否?路长人困蹇驴嘶。"[3] 诗人慨感人生如雪泥鸿爪,时事如白云苍狗,茫茫前途,不知所措。

苏轼的写景状物诗以清新自然见称,如《饮湖上初晴后雨》:"水光潋滟晴方好,山色空濛雨亦奇。欲把西湖比西子,淡妆浓抹总相宜。"[4] 该诗描写由晴到雨的变化,具体生动,绘景得神。他善于对人的生命进行思考,在平凡的景色和日常生活中发现深刻的哲理,在诗中能够以精妙的语言烘托出哲理的思考,把诗意升华到更高的境界。《题西林壁》写道:"横看成岭侧成峰,远近高低各不同。不识庐山真面目,只缘身在此山中。"[5] 诗人将哲理蕴含于具体的感受当中,以深长的意味赋予诗歌灵思妙理。

苏轼的诗歌成就是多方面的,在题材、体裁、主旨、修辞等方面都有巨大的创造性,在唐诗之外,为诗的发展开拓出一条新的道路,最终完成了北宋诗文革新运动,他也因此成为宋诗的代表人物。

黄庭坚是苏轼的学生,但他的创作却自有路数。他注重诗歌的艺术手段,讲究作诗的法则,注重诗歌的技巧,用心探究诗的格律、语言、用典、

---

1 [宋]苏轼:《百步洪二首》,《全宋诗》卷三四一。

2 同上。

3 [宋]苏轼:《和子由渑池怀旧》,《全宋诗》卷三四五。

4 [宋]苏轼:《饮湖上初晴后雨二首》,《东坡诗钞》。

5 [宋]苏轼:《题西林壁》,《全宋诗》卷三四八。

谋篇。即便是天分一般的学生，掌握了他的方法，也可以写出较好的作品，因此他的追随者很多。黄庭坚是江西人，后人便把这一流派称为江西诗派。江西诗派对后代的影响深远，直至晚清，宋诗派、同光体的诗人还在学习他们的技法。

黄庭坚作诗讲究用典，"无一字无来处"是他所追求的境界，然而这并不是对前人作品的简单拼凑，而是在前人创作的基础上对其诗句和典故的运用推陈出新。这种重在模仿的诗风是缺乏创造力的，金人王若虚评黄诗说"有奇而无妙"[1]，可谓一语中的。黄庭坚诗才甚高，仍然作出很多佳句，如《雨中登岳阳楼望君山》："投荒万死鬓毛斑，生入瞿塘滟滪关。未到江南先一笑，岳阳楼上对君山。"[2]可是后来江西诗派的诗人受此影响，没有取得较高的成就，也没有出现杰出的大家。

南宋建立之初，国破家亡的危急时刻刺激着南宋人们的心绪，与之相应，南宋的诗坛也表现出强烈的爱国之情和英雄主义，从而使宋代诗歌有了新的内容。被称为"中兴四大家"的陆游、杨万里、范成大、尤袤等人成为南宋的第一代诗人，其中又以陆游、杨万里、范成大的影响较大。

陆游（1125—1210），字务观，号放翁，越州山阴（今浙江省绍兴市）人。陆游一生勤奋创作，自谓"六十年间万首诗"[3]，其《剑南诗稿》共八十五卷，收诗九千四百余首，是宋代诗作较多的诗人。陆游诗歌的内容极为丰富，已到了"一草一木，一鱼一鸟，无不裁剪入诗"[4]的地步。他一生都希望能够收复旧地，抗金复国的主题贯穿他的创作历程。他的诗豪气充斥、悲壮雄放，把爱国的英雄气概表现得淋漓尽致，他高呼："平生万里心，执

1　［金］王若虚：《滹南诗话》卷二。
2　［宋］黄庭坚：《雨中登岳阳楼望君山二首》，《全宋诗》，卷一三八。
3　［宋］陆游：《剑南诗稿》卷四九。
4　［清］赵翼：《瓯北诗话》卷六。

戈王前驱。战死士所有，耻复守妻孥。"诗人表现出一种积极投入的精神。这种战斗精神在他晚年所作的《十一月四日风雨大作》中仍有表现："僵卧孤村不自哀，尚思为国戍轮台。夜阑卧听风吹雨，铁马冰河入梦来。"临死之际，他仍不忘收复故国，写下千古绝唱《示儿》："死去元知万事空，但悲不见九州同。王师北定中原日，家祭无忘告乃翁。"

陆游还写了很多绘景抒情的诗歌，如《游山西村》："莫笑农家腊酒浑，丰年留客足鸡豚。山重水复疑无路，柳暗花明又一村。箫鼓追随春社近，衣冠简朴古风存。从今若许闲乘月，拄杖无时夜叩门。"这首诗清新俊逸，饶有韵致，如同一幅乡村画卷展现于眼前。

陆游的诗歌成就很高，在思想性、艺术性两方面都达到了极高的境界。在社会普遍重文轻武的背景下，陆游以其慷慨激昂的诗歌，异军突起，格外引人注目。梁启超作《读陆放翁集》："诗界千年靡靡风，兵魂销尽国魂空。集中什九从军乐，亘古男儿一放翁！"他形象地描述了陆游诗歌的卓尔不群。

范成大（1126—1193），字致能，号石湖居士，苏州吴县（今江苏省苏州市）人。范成大的诗大致可分为两个阶段：前期身居官位，面对金人的威胁，诗多抒发爱国热情；致仕以后，悠游田园，诗多农家苦乐。

范成大的"使金纪行诗"具有很高的价值。孝宗乾道六年（1170），范成大奉命使金，途中写了七十二首七言绝句，描写北方的山川文物，抒发故国沦亡之悲，其中一首《州桥》写道："州桥南北是天街，父老年年等驾回。忍泪失声询使者，几时真有六军来？"它反映了中原人民的悲惨生活和他们的民族感情，谴责宋代统治者的昏庸误国，集中表现了作者的爱国情感。

范成大最具开创性的是田园诗，他一反前代往往把田园诗写成隐逸诗的做法，以写实的笔法，真实地描述农家的日常生活、风俗习惯、劳动场面，充满泥土和汗水的气息，全面反映农村生活，扩展了田园诗的范围，堪称古代田园诗的集大成者。他的代表作是六十首组诗《四时田园杂兴》，每十二首为一组,分别描写了春日、晚春、夏日、秋日、冬日的田园生活,既有美丽的自然风光,也有丰富的民俗人情。

杨万里(1127—1206),字廷秀,号诚斋,吉州吉水(今江西省吉水县)人。杨万里是个勤奋的诗人,一生作诗过万首,编过诗集九本,他作诗经历了从模仿到独创的过程,到五十岁左右才步入创作的高峰期。他的诗独具个性,用自己的感官感受自然,然后用生动的语言写成诗歌,幽默风趣,灵动活泼,人称"诚斋体"。最能体现他的诗风的是一些描绘自然、抒述人生的诗歌,诗人以口语化的诗句表达情感,于畅俗中显出深厚的功力。如《小池》:"泉眼无声惜细流,树阴照水爱晴柔。小荷才露尖尖角,早有蜻蜓立上头。"它真切地描写出自然景物相惜相爱、相互依偎的微妙情态,也表现了诗人静观自得的心境。再如《晓出净慈寺送林子方》:"毕竟西湖六月中,风光不与四时同。接天莲叶无穷碧,映日荷花别样红。"诗人幽默灵活的笔调和浅近通俗的语言,使日常平凡的景物充满了机智活泼和明快风趣的意味。

南宋后期是宋诗走向没落的时期,诗人吟咏的仍是"爱国"与"田园"两个主题,然而更多显出的是悲怆的情怀。南宋后期的诗人,无论是稍早的四灵诗派,还是晚于他们的江湖诗派,大多取法晚唐诗人,专工五律,眼界较低,诗境狭窄。

"四灵"指的是永嘉的四位好友——徐玑号灵渊、徐照字灵晖、翁卷字灵舒、赵师秀号灵秀,他们都活动在12世纪末13世纪初,因为他们的字号中都带有一个"灵"字,所以被称为"四灵"诗派。他们的生活面狭小,诗歌的内容也比较单薄,只有少数诗写民生疾苦或时事,多数作品的内容是题咏景物、唱酬赠答。所以《四库提要》指出:"四灵之诗,虽镂心钵肾,刻意雕琢,而取径太狭,不免破碎尖酸之病。"[1] "四灵"的才气、学识都不如

---

[1] [清]永瑢等:《四库全书总目》卷一六二《芳兰轩集提要》。

中兴四大家，他们的诗歌成就不高，但是由于受到当时著名学者叶适的称赞而名噪一时，连带整个诗坛诗风也为之一变，直接影响到稍晚的江湖诗派。

江湖诗派大多是布衣，也有一些下层官僚，他们并非一个严格的团体，也没有一个公认的领袖，甚至很多人互相并无来往，只是一个十分松散的作家群体。由于他们的身份、创作取向基本一致，当时临安的书商陈起把他们的诗刻在一起，题名为《江湖集》，江湖诗派的名称也由此而起，较为著名的有赵汝燧、刘克庄、戴复古等人。他们的眼界比"四灵"开阔，诗风更加灵活，同时也包含着王朝末期的悲凉。江湖诗人最擅长的艺术手法是借景抒情，其诗字句精丽，长于白描，如叶绍翁的《游园不值》："应怜屐齿印苍苔，小扣柴扉久不开。春色满园关不住，一枝红杏出墙来。"这首诗形象有趣地描写了充满生机的春色。

南宋王朝的灭亡是一段极为惨痛的历史，诗坛也充斥着悲怆颓败的气氛，不过南宋灭亡前后，一些政坛人物如文天祥等人写下了悲壮激昂的诗歌，如《扬子江》《南安军》等，给将亡的宋诗留下了最后一道辉煌！

文天祥（1236—1283），字履善，又字宋瑞，自号文山，吉州庐陵（今江西省吉安市）人。他早年的诗歌比较平庸，艰苦的战斗和苦难的命运使他的创作出现了升华，他用诗歌记录了自己的人生遭遇和心路历程。他的诗集名为《指南录》，取自他的诗句"臣心一片磁针石，不指南方不肯休"，表明他念念不忘宋室，力图恢复故土的不屈不挠的意志。著名的《过零丁洋》中"人生自古谁无死，留取丹心照汗青"表现出诗人的真实情感和人格力量的崇高，成为中国诗史中的优秀篇章。

宋元之际，大批遗民诗人发出了兴亡之际的感叹，他们或写沉痛的故国之思，或写悲愤的家园之情，或抒发自己坚贞不屈的意志，或表现失却故国的怅恨情思。如郑思肖的"宁可枝头抱香死，何曾吹落北风中"，林景熙的"何人一纸防秋疏，却与山窗障北风"等。时代的巨变，使得许多文人无法再沉浸在恬淡闲适的人生情趣中，也无暇在追踪古人的风格技术和雕琢字面中悠然吟唱。于是，以自然朴素的语言抒写自然涌发的"哀"与"愤"的情感，成为宋元之际遗民诗的基本特点。

宋　词

词全称为"曲子词"或"曲词"，简称词，原是配合音乐歌唱而创作的歌词，后来逐渐与音乐分离，成为一种独立的文体。早期的词多从五、七言诗脱胎而来，句子长短不齐，所以也叫作长短句或诗余。在歌唱中，又有多种词调，称为词牌，也就是当时的歌谱。词有小令和慢词（又称长调）之分，小令在二三十字至五六十字之间，慢词则可多达一二百字。词兴起于唐末，经过晚唐五代的发展，至宋达到全盛时期，呈献出空前繁荣、多姿多彩的面貌，在中国文学史上占有重要地位，与汉赋、唐诗、元曲并称为中国文学的瑰宝。宋词的发展可以分为北宋前期、北宋后期和南宋几个阶段。

北宋前期的词风大体沿袭晚唐五代婉约艳丽的风格，词人受前代"花间派"的影响，创作内容多为樽前花下，风格"香而弱"，形式多为小令。直到真宗、仁宗时期，才出现了晏殊、柳永、欧阳修等文学名家，词的风格逐渐向深俊拓展，词体进一步诗化，柳永的慢词更是体制上的一大开创。

柳永（987？—1053？），字耆卿，原名三变，崇安（今福建省武夷山市）人。他是一个怀才不遇、仕途坎坷的知识分子，年轻时到京城应试，经常出入教坊青楼，以擅长填词闻名。多次科考失败后，他在词中写道，"忍把浮名，换了浅斟低唱"，从此浪迹于汴京、苏州、杭州等地，全力作词。柳永经常流连于歌场酒肆，与民间艺人、歌伎、下层市民关系密切，对下层人民的生活非常了解，他把流连歌肆的日常感受用词表现出来，使他的作品呈现出一种世俗情感。同时，柳永又是一个文化修养很高的文人，在谋篇、修辞、造句等方面都有很高的艺术造诣，这使得他的词表现出俗中带雅的趣味。《望海潮》《鹤冲天》《木兰花慢》《透碧霄》《雨霖铃》等都是传诵千古的名篇。《雨霖铃》描写词人离开汴京时与恋人难舍难分之情。上片渲染秋日离别的悲凉氛围，"寒蝉凄切，对长亭晚，骤雨初歇。都门帐饮无绪，留恋处，兰舟催发。执手相看泪眼，竟无语凝噎。念去去，千里烟波，暮霭沉沉楚天阔"。下片设相别后的孤寂心情，"多情自古伤离别，更那堪冷落清秋节。今宵酒醒何处？杨柳岸晓风残月。此去经年，应是良辰好景虚设。便纵有，千种风情，更与何人说"。柳永将离别时的伤感、难堪与离别后的凄凉、孤苦交织在一起，不论是由景生情，还是化情为景，都能达到自然交融、无迹可寻的妙境，手法高妙。柳永的词雅俗共赏，在当时广受欢迎，每作新词，天下人争相歌咏，以至"凡有井水处，即能歌柳词"[1]。

长期的奔波漂泊生活，使柳永对旅途生活感触颇多，他也因此写下了大量羁旅行役词。这些词中往往将途中景色与厌倦流浪、思乡之情相连，如《八声甘州》。该词上片描写秋天的萧瑟景象，"对潇潇暮雨洒江天，一番洗清秋。渐霜风凄紧，关河冷落，残照当楼。是处红衰翠减，苒苒物华休。惟有长江水，无语东流"。下片触景生情，描写乡思的凝重，"不忍登高临远，望故乡渺邈，归思难收。叹年来踪迹，何事苦淹留？想佳人妆楼颙望，误几回天际识归舟。争知我，倚阑干处，正恁凝愁"。整首词情景交融，曲尽其妙，一代文豪苏轼也对这首词大加推崇，称其"不减唐人高处"[2]。

柳永对词的最大贡献是创作了大量适合歌唱的慢词，一改小令一统天下的局面，慢词也成为词作的主要体裁之一，增加了词的内涵，提高了词的表

---

1 ［宋］叶梦得：《避暑录话》卷下。

2 ［宋］赵令畤：《侯鲭录》卷七。

现力。他著有《乐章集》，在词的题材、体制、语言等各个方面都取得了重大的突破。在他之后，词的各种体制开始完备，令、引、近、慢、单调、双调、三叠、四叠都蔚然风起，宋词的八百八十多个词调中，有一百多调是柳永首创的。不过柳永及其以前的词人，大多在伤春、悲秋、欢饮、离别、相思的圈子里打转，意境狭窄，他们的作品柔美婉转，被称为"婉约派"，这一流派影响很大，以后的周邦彦、李清照都属于这一派别。

苏轼是北宋词坛独树一帜的大家。他的词既洗刷了晚唐五代词的绮艳遗风，也不同于柳永"风味"，而形成"自是一家"的风格。苏轼的创作过程同时也是词的诗化、散文化的过程，词的题材、主旨、表现手段都逐步向诗、散文看齐，词的境界扩大，取材范围更加宽广，表现手段也更加多样化，后人评价他的词"如诗，如文，如天地奇观"[1]。

苏轼的词包含各种风格，豪迈奔放、委婉清丽、洒脱狂狷都有所涉猎，然而被人广为称道的还是他的豪放词。这种词突破了传统词在取材上"花间""樽前"的壁垒，使词走向广阔的社会，山川景物、纪游咏物、感旧怀古都成为词的重要题材。他的代表作《念奴娇·赤壁怀古》："大江东去，浪淘尽，千古风流人物。故垒西边，人道是，三国周郎赤壁。乱石穿空，惊涛拍岸，卷起千堆雪。江山如画，一时多少豪杰。遥想公瑾当年，小乔初嫁了，雄姿英发。羽扇纶巾，谈笑间，樯橹灰飞烟灭。故国神游，多情应笑我，早生华发。人生如梦，一尊还酹江月。"读之使人如身临其境，荡气回肠。

他的爱国词《江城子·密州出猎》描写"密州出猎"的壮观场面，"老夫聊发少年狂。左牵黄，右擎苍，锦帽貂裘，千骑卷平冈。为报倾城随太守，亲射虎，看孙郎。酒酣胸胆尚开张，鬓微霜，又何妨。持节云中，何日遣冯唐？会挽雕弓如满月，西北望，射天狼"。上阕写太守出猎时的狂放姿态，

---

[1] ［宋］刘辰翁:《须溪集》卷六《辛稼轩词序》。

下阕抒发渴望立功疆场的报国豪情,与柳永那种"无语凝咽"的恋歌形成鲜明对比。

苏词还善于借景寓理,表现深沉复杂的人生感慨,形成清空旷达的风格。如怀人词《水调歌头》:"明月几时有?把酒问青天。不知天上宫阙,今夕是何年?我欲乘风归去,又恐琼楼玉宇,高处不胜寒。起舞弄清影,何似在人间。转朱阁,低绮户,照无眠。不应有恨,何事长向别时圆?人有悲欢离合,月有阴晴圆缺,此事古难全。但愿人长久,千里共婵娟。"上阕由幻想而落于留恋人间,表达词人对人生出处的思索过程;下阕转写人间悲欢离合,由伤别转为劝慰对方。全词风格清奇而健朗,跌宕生姿,以至时人胡仔在《苕溪渔隐丛话》中评论:"中秋词,自东坡《水调歌头》一出,余词尽废。"

北宋后期的代表词人有秦观、贺铸、周邦彦等。周邦彦(1056—1121),字美成,号清真居士,钱塘(今浙江省杭州市)人。周邦彦与柳永相似,是一个风流浪漫的词人,他的词大多是慢词,善于铺叙,语言丰富精致,内容不出艳情咏物和离愁别绪。周邦彦集北宋词之大成,他重视词的音韵声调与乐曲的配合,讲究格律,注重通过周密的布置使结构更富变化,言情体物更为精巧、缜密、典雅。他的名作《兰陵王·柳》:"柳阴直,烟里丝丝弄碧。隋堤上,曾见几番,拂水飘绵送行色。登临望故国,谁识京华倦客。长亭路,年去岁来,应折柔条过千尺。闲寻旧踪迹,又酒趁哀弦,灯照离席,梨花榆火催寒食。愁一箭风快,半篙波暖,回头迢递便数驿,望人在天北。凄恻,恨堆积。渐别浦萦回,津堠岑寂,斜阳冉冉春无极。念月榭携手,露桥闻笛,沉思前事,似梦里,泪暗滴。"咏柳、离别、征途依次展开,前后照应,曲折缜密,构思精巧,为一时绝唱。周邦彦集各家之长,他的词,章法更多变化,音律更加严格,语言更加典雅,代表了婉约词走向典雅工巧的趋势,后人赞他"千古词宗,自属美成"。

靖康之难给宋代社会带来了翻天覆地的变化,文学创作也随之受到很大影响。南宋处在尖锐的民族矛盾中，这时的词作也以强烈的爱国主义为特点，词人多在词中倾诉国破家亡的悲痛、收复故地的豪情和以身许国的英雄主义。这一时期出现了以陆游、辛弃疾为代表的词坛巨匠，后人评论中所言的词中的豪放派，也正是在南宋初年正式形成的。

辛弃疾（1140—1207），字幼安，号稼轩，历城（今山东省济南市）人。辛弃疾把词艺术推向辉煌的高峰，他确立并发展了苏轼所开创的"豪放"一派，与苏轼并称"苏辛"。辛弃疾是文武兼备的英雄，下笔自有一种英雄气概，他的词充分表现出他"金戈铁马，气吞万里如虎"（《永遇乐·京口北固亭怀古》）的英雄情怀，不论是豪勇还是悲壮，激励还是怨愤，都显示出南宋初仁人志士的爱国之情。他的代表作《破阵子·为陈同甫赋壮词以寄之》中写道："醉里挑灯看剑，梦回吹角连营。八百里分麾下炙，五十弦翻塞外声，沙场秋点兵。马作的卢飞快，弓如霹雳弦惊。了却君王天下事，赢得生前身后名，可怜白发生！"悲壮豪迈，感人至深。辛弃疾还有很多以评议时政、陈述恢复大业为中心内容的词，提高和强化了词的现实批判功能，对南宋后期词人以词为抗争社会的武器有着直接的影响。

辛弃疾全力填词，宋代以诗为词的倾向在辛词中得到了充分的体现，诗的所有主题、手法都在词中出现，这种创作手法增强了词的艺术表现力，此外，散文、骈文、民间口语也都被他引入词的创作中。辛弃疾以文为词，不仅赋予古代语言以新的生命力，而且空前地扩大和丰富了词的语汇。辛弃疾是一个伟大的词人，是豪放词最高成就的代表，他的创作风格影响深远，"南宋诸公，无不传其衣钵"[1]，形成了"豪放词派"。

李清照（1084—约1151），号易安居士，齐州章丘（今山东省济南市章丘区）人，中国古代最伟大的女词人。李清照的创作以靖康之难为界，形

1　[清]周济：《宋四家词选·目录序论》。

成截然不同的两个时期。靖康之难前，她与太学生赵明诚结婚，过着幸福的生活，词中充满愉悦的气氛，以《醉花阴》为例："薄雾浓云愁永昼，瑞脑消金兽。佳节又重阳，玉枕纱厨，半夜凉初透。东篱把酒黄昏后，有暗香盈袖。莫道不消魂，帘卷西风，人比黄花瘦。"靖康之难以后，国破家亡，丈夫死后她更是过着"飘流遂与流人伍"的生活，饱尝了人世间的种种辛酸，词中充满浓重的感伤情调。如《声声慢》开首连用"寻寻觅觅，冷冷清清，凄凄惨惨戚戚"七组叠字，描写她孤寂无依的情形和处境；下片触景生情，"满地黄花堆积，憔悴损，如今有谁堪摘？守着窗儿，独自怎生得黑？梧桐更兼细雨，到黄昏，点点滴滴。这次第，怎一个愁字了得"，充满凄婉的情调。

前代婉约词人多从男性角度来揣摩女性心理，总觉虚假，而李清照则从女性身份出发，塑造了前所未有的个性鲜明的女性形象，扩大了词的情感深度。她的词语言生动晓畅，善于运用白描和铺叙手法，构成浑然一体的境界，独具风貌，被后人称为"易安体"。

南宋后期，国力日衰，词作中也少了前辈的豪情，更多的是偏安王朝的哀婉凄清，这一时期比较有影响的词人是姜夔。姜夔（1155？—1209），字尧章，号白石道人，饶州鄱阳（今江西省鄱阳县）人。他在词的题材内容上没有多大的创新，仍沿袭周邦彦的创作道路，多写自己的身世和情场的失意，倒是在创作手法上，他进行了新的尝试。自从柳永变雅为俗以来，词坛一直是雅俗并存，到姜夔则彻底变俗为雅，他的词文字典雅，精于雕琢，下字运意，都力求淳雅，不用俗语俗字，格律森严，这正迎合了南宋后期贵族雅士们弃俗尚雅的审美情趣。在他之后，词的发展走向了雅致化。姜夔词被奉为雅词的典范，在辛弃疾外别立一宗，自成一派。姜夔词派在南宋末年影响很大，后代词人大多受其影响，成就较高的有史达祖、吴文英、周密、张炎等人，不过他们在创意上没有大的作为，只是在艺术手段上各有特点，最终没能成为大家。

南宋后期的词坛，随着王朝的没落而调苦音哀，唯有民族英雄文天祥的词，雄壮激昂，唱出了民族的尊严和民族的正气，也奏响了宋词的终曲。

宋代的散文

宋代散文是沿着唐代散文的道路发展的，但无论内容、形式还是语言、风格，都比唐代散文有新的开拓。唐代的古文运动，实际上经过北宋诗文革新才最后完成，建立起唐宋八大家的古文传统。宋代散文大家辈出，风格各异，总体来讲，是发展韩愈"文从字顺"的特点，长于议论，这与宋代许多散文家同时又是政治家、思想家和学者有关。

宋初散文承晚唐五代余风，卑弱浮艳有余，刚健明快不足，一味追求文字上的精巧华美，以满足人们的感观之娱。这种文风引起了有识之士的不满，首先鲜明提出改革主张的是柳开。柳开推崇古文，指出古文之价值不在于辞涩言苦，使人难以读懂，而是要文以载道，用散文服务于现实政治，不能只作无病呻吟。柳开是倡导"古文运动"的第一人，为宋代建立平易畅晓的文风开辟了道路，但他太过偏重理论方面的传道，而忽视了文章本身，他的文章仍然艰涩难懂，未能做出表率。

柳开古文革新的主张在当时得到了众多支持，王禹偁、穆修、石介与尹洙等相继肯定柳开的意见。其中成就较高，真正开拓了宋代古文的是王禹偁。王禹偁主张"远师六经，近师吏部（韩愈）"[1]，追求以通俗顺畅的语言说明道理。在文与道的关系上，王禹偁不像柳开那样偏激，主张一方面要传道，另一方面要有个人的感情，文道合一，这样文章就能摆脱晦涩的风格，明白

---

1 ［宋］王禹偁：《小畜集》卷一八《答张扶书》。

易懂。他的代表作《黄州新建小竹楼记》在北宋初年就成为脍炙人口的名篇。王禹偁的古文创作开宋代古文之先河，但与他同时代的文人限于才力，没能够与他产生共鸣，北宋初年文坛的风气也没有得到根本扭转。

这一文风直到欧阳修时才彻底改变，欧阳修也因此成为承继韩愈的古文运动的领军人物。欧阳修在古文理论上有了重大发展。在文与道的关系上，欧阳修的观点对文学创作更具有指导意义，他认为文与道应该并重，文章固然要传道，但不能因此抛废文章，他强调"言之无文，行之不远"的道理，为北宋诗文革新建立了正确的指导思想。

欧阳修的散文内容充实，语言简而有法，结构严谨有序。他创作了大量优秀的作品，如《丰乐亭记》《醉翁亭记》《有美堂记》《相州昼锦堂记》等，都是散文中的名篇。欧阳修的这些文章具有典范性的意义，"文一出，天下士皆向慕，为之唯恐不及，一时文章大变"[1]。在他的指引下，宋代散文与韩、柳接轨，找到了正确的发展方向，开拓了散文发展的新阶段。欧阳修身居要职，德高望重，在当时的影响力很大，他团结了一批有才华的文人在他周围，朋辈有梅尧臣、苏舜钦等，门下有苏轼、王安石、曾巩等，从而在社会上形成声势，彻底扭转了文风，将宋代散文发展到更高的层次。

王安石是著名的政治改革家，也是当时文坛的领袖人物。欧阳修曾写诗称赞王安石："翰林风月三千首，吏部文章二百年。老去自怜心尚在，后来谁与子争先？"把他与李白、韩愈并提，称许其后无来者，对他期望甚高。王安石的古文强调应用，他的文章早年师法孟子与韩愈，其后兼取韩非的峭厉、荀子的富赡和扬雄的简古，形成了自己雄健峭刻、"瘦硬通神"[2]的风格。他的文章大多为政治性、实用性很强的政论文，代表作有《本朝百年无事

---

1 ［宋］欧阳修：《欧阳文忠公集》附录卷四《神宗旧史本传》。
2 ［清］刘熙载：《艺概》卷一。

札子》《上仁宗皇帝言事书》《答司马谏议书》《读孟尝君传》等。《上仁宗皇帝言事书》洋洋万言，沉着顿挫，被梁启超推誉为"秦汉以后第一大文"。堪称典范的政论文代表作《答司马谏议书》，说理清楚，态度明确，行文简练，有力地驳斥了司马光对他主持下的新法的攻击。王安石能够在文章中将简洁的语言和透辟的析理完美地结合在一起，他的一些游记作品也展现出这一风格，如《游褒禅山记》，借游记来说理，把叙事与议论融为一体，使游记也透露出思辨的色彩。

苏洵的文章质朴，奇峭雄俊，长于炼字，精深有味，宋代散文家中，他的文章与韩愈最神似。其策论文章尤为卓著，具有先秦文笔风格。著名文章有《六国论》《管仲论》《辨奸论》《木假山记》等。以《六国论》为题，苏洵父子三人各写过一篇文章，苏轼和苏辙的文章基本上是就史论史，感叹古人的成败功过。苏洵的文章则借古论今，锋芒直指北宋朝廷，批评当时朝廷向辽朝和西夏输币纳绢以乞求苟安的政策，显示了其超人的境界。

苏轼是古文运动的集大成者，他强调文以载道的作用，认为文章应该言之有物，同时写作手法要流畅自然。他的散文纵横捭阖，行云流水，叙事、写景、抒情议论无不通脱自然，浑然一体，达到了极端自由又极其工整的境界，在他笔下，散文的艺术性、实用性达到了空前的高度。由于苏轼学问的广博程度以及对学问的理解都超出了同时代的其他人，所以他的文章常流露出一股纵横的豪气，时人称为"奇气"。他曾评价自己的散文："吾文如万斛泉源，不择地而出，在平地滔滔汩汩，虽一日千里无难。及其与山石曲折，随物赋形，而不可知也。所可知者，常行于所当行，常止于所不可不止，如是而已矣。其他虽吾亦不能知也。"[1]

苏轼一生创作了大量优秀的作品，他的古文大多数是史论、政论文，比

---

[1] ［宋］苏轼:《苏东坡全集》卷一〇〇《杂文十八首·论文》。

较著名的有《思治论》《续〈朋党论〉》《教战守策》等，说理透彻，旁征博引，逻辑清楚，气势极盛。他还创作了很多游记，文章行云流水，意境开阔，充满诗情画意，《石钟山记》《记承天寺夜游》就是其中的佳作。《记承天寺夜游》全文仅八十余字，却把夜游的时、地、人、景、事交代得清清楚楚，展现出一个诗画人生的审美境界。此外，他的前后《赤壁赋》则把文赋这一新的体裁推拓到了极致，既无汉赋的刻板凝重，又脱离了六朝赋的骈俪。《宋史·苏轼传》评价他的文章说："虽嬉笑怒骂之辞，皆可书而诵之，其体浑涵光芒，雄视百代，有文章以来，盖亦鲜矣。"史学家对苏轼的评赞是不为过誉的。

苏轼的古文产生了很大影响，使他成为继欧阳修之后的又一文坛领袖。他的门人很多，黄庭坚、张耒、晁补之、秦观并称"苏门四学士"，他们的散文都受到了苏轼的影响，同时又有自己的特色。南宋时，苏轼的文章几乎成为科举考试的范文，人们称"苏文熟，吃羊肉；苏文生，吃菜羹"[1]。陆游总结说："建炎以来，尚苏氏文章，学者翕然从之。"[2]

苏辙（1039—1112），字子由，号颍滨遗老。苏辙性格淡泊沉静，不求名利，为官清正，直言敢谏，因此屡遭贬谪。苏辙的文名虽不如其兄，但水平相去并不甚远。他所作的策论文目光锐利，论述精深，具有很强的预见性，如《进策》《六国论》等。而他的记叙体散文则具有很强的文学性，平正高雅，给人以从容稳定的印象，《武昌九曲亭记》《黄州快哉亭记》等都是传诵千古的名篇。

曾巩的古文深受欧阳修和王安石的影响：其记叙文文风秀丽俊雅，自然纯朴；议论文论述周密，布局严谨。曾巩长于说理，语言浅近，能够在记叙

---

[1] 丁传靖：《宋人轶事汇编》卷一二《老苏·二苏》。

[2] ［宋］陆游：《老学庵笔记》卷八。

中做出理性的分析，层层道来，纡徐而不烦，简奥而不晦，颇显老到纯熟的功力。曾巩强调"道"，所以他的抒情文较少，而议论文、记叙文较多，如《战国策目录序》《赠黎安二生序》《宜黄县县学记》《醒心亭记》等都是他的代表作。曾巩独特的文学成就使他自成一家，在宋代散文史上占据着一席之地，他的文章颇受朱熹等理学家的推重，地位被列在王安石之上，其影响也相当深远。

南宋的散文继承了北宋古文运动的传统，但其整体成就不如北宋，没有产生可以和前代学者并称的文学大家，尽管如此，南宋散文仍有着自己的时代特点。南宋时期民族矛盾激烈，维护民族尊严成为朝野内外的普遍思潮，这使得南宋散文不可避免地带有一种北宋散文所没有的悲壮色彩，表达亡国之痛和叙述故国之情成为一大主题。因此，南宋散文虽然在艺术成就上没有达到北宋散文的高度，但其战斗性却十分强烈，气势磅礴，怀有深深的爱国之情，展现出震撼人心的力量。如果说北宋散文体现的是优美的文笔和高妙的境界，那么南宋散文更多体现的则是无畏的战斗精神和浓厚的爱国之情。

从赵构登基开始，南宋散文就显现出它的战斗锋芒。建炎元年（1127），宗泽上《乞毋割地与金人疏》，反对割地求和，忠义之气尽显。名将岳飞的《五岳祠盟记》慷慨激昂，气壮山河，显示出强烈的战斗精神。绍兴八年（1138），胡铨上《戊午上高宗封事》，将批判的矛头直指权相秦桧，称"义不与桧等共戴天"，否则宁愿"赴东海而死"，也不能"处小朝廷求活"。他态度坚决，言辞尖锐，就连金人也"以千金求其书"，读后为之失色，感叹"南朝有人"。[1]

其后比较有特色的散文作品是辛弃疾和陈亮的文章。辛弃疾的代表作是《美芹十论》和《九议》，文章详尽地分析了宋金双方的形势，提出进取的

---

[1] 参见［宋］罗大经：《鹤林玉露》甲编卷六《斩桧书》。

对策，立意高远，气势雄伟，语言凝练，展示出辛弃疾的才学。陈亮的文章则力图激扬民族正气，振奋民族精神，他的《上孝宗皇帝第一书》《第二书》《第三书》，以及《戊申再上孝宗皇帝书》《中兴论》等论文，气魄雄浑，锋芒毕露，很有感染力。

除这类政论文以外，南宋还出现了一些抽象而深刻的说理散文。早期以张栻、吕祖谦的文章为代表。稍晚一点的各个哲学派别，如以朱熹为代表的理学、以陆九渊为代表的心学、以陈亮和叶适为代表的"浙学"等，更是互不妥协，写出了许多争辩说理的文章，推动了议论文的发展。

南宋散文的成就在一些游记和笔记小说中也有体现。游记方面，吕祖谦的《游赤松山记》、朱熹的《百丈山记》、陆游的《入蜀记》、范成大的《吴船录》都是比较优秀的作品。《入蜀记》和《吴船录》描绘长江沿途的美景，记叙风俗人情、历史古迹，文笔优美，引人入胜。笔记小说方面则有陆游的《老学庵笔记》、洪迈的《容斋随笔》等。南宋将亡时期的笔记小说，更是带有一种强烈的怀旧气息和悲怆的情怀，如吴自牧的《梦粱录》、周密的《武林旧事》等。

南宋后期，由于长期偏安一隅，散文中已经不复那种傲视群雄的气势，随着宋王朝的灭亡，古文创作也逐渐衰弱，走向终点。有些文学史家对南宋的散文抱有偏见，加以"质木无文"之讥，这是不公允的。实际上，南宋的散文由于处在特定的历史时期，很少有靡靡之音，绝大多数文章内容充实，具有强烈的民族意识，洋溢着爱国主义精神，值得后人尊重。

结　语

宋代文学的成就是多方面的。宋代诞生了众多文学家，大量作品流传于世，成为中国传统文化的瑰宝。

宋诗在唐诗的基础上别开生面。宋初，王禹偁、林逋等诗人模仿晚唐的诗风，其诗平易流畅，意蕴悠扬。影响最大的是以杨亿、刘筠、钱惟演等人为代表的"西昆体"。北宋中期，欧阳修、梅尧臣、苏舜钦追求在平淡中寓以深刻，为宋诗的发展奠定了方向。随后，王安石、苏轼、黄庭坚等人使宋诗达到全盛。南宋诗人中，陆游、杨万里、范成大的影响较大，他们以歌咏田园、抒发爱国情感为诗的主题。南宋晚期的"四灵诗派""江湖诗派"对诗句精雕细琢，但是意境狭窄。宋元之际，文天祥等爱国诗人抒写"哀"与"愤"的情感，诗风悲壮激昂。

词兴起于唐末，在宋代达到全盛。北宋中期诞生了晏殊、柳永、苏轼等杰出的词人。柳永知识丰富，才华横溢，他的词作情景交融，韵味绵长，被称为"婉约派"。柳永创作了大量适合歌唱的慢词，创造出大量新的词调，将宋词的体裁发展到新的阶段。苏轼是北宋"豪放派"词人的先驱。苏轼的词作取材广泛，既抒发了浓厚的家国情怀，也表达了复杂的人生感慨。北宋后期词坛的代表人物秦观、贺铸、周邦彦等讲究音律、善于构思，词作典雅精巧。南宋的词作以爱国主义为代表，出现了陆游、辛弃疾等词坛巨匠。辛弃疾的词透露着浓郁的英雄气概。李清照的词作以靖康之难为界划分为两个截然不同的阶段，前期洋溢着日常生活的愉悦，后期则蕴含着国破家亡、颠沛流离的辛酸。总之，在中国文学史上，"宋词"与"唐诗"相提并论，代表着中国文学的巅峰。

宋代的散文沿着唐代开创的古文运动继续发展。北宋中期，欧阳修、苏洵、苏轼、苏辙、王安石、曾巩等一大批散文名家登上文坛，彻底扭转了宋代的文风。这些文学家提倡"文以载道"，用文字准确、充分地表达出作者的思想和情感。他们致力于扭转晦涩难懂的文风，认为文字应平易近人、浅显易懂。其中欧阳修最先提出"文质兼美"的主张，对确立北宋的文风具有重要意义。另外，宋代的文学家既擅长写景状物，又擅长议论说理，很多作品寓哲理于叙事之中。南宋的散文名篇大多满怀爱国主义的慷慨激烈之情，气势磅礴。到南宋晚期由于国势不振，文学作品也透露出怀旧气息和悲怆的情怀。

相比于唐代，宋代文学的突出特点是平民化。很多文人有意记叙、描摹普通民众的日常生活，生活日用的方方面面都可以成为诗词散文的素材。很多文学作品符合平民的趣味，雅俗共赏，在百姓中流传甚广。另一方面，宋代的文学创作受到了社会思想的影响。随着宋学的兴起和演变，"道"的观念深刻影响了文学作品的创作。宋代儒释道融合程度进一步加深，王安石、苏轼等著名文学家涉猎佛老，他们的不少作品具有禅意。

第九章

发明与创造：宋朝的科技革命

两宋时期是中国古代科技史上的黄金时期，中国古代四大发明中的三项都完成于此时，为推动世界文明发展和世界历史进程做出了巨大贡献。宋代科技取得的成就是多方面的，英国著名中国科技史专家李约瑟说："每当人们在中国的文献中查找一种具体的科技史料时，往往会发现它的焦点在宋代，不管在应用科学方面或纯粹科学方面都是如此。"[1] 可以说宋代在几乎所有中国传统科学技术领域都留下了新的纪录。这一时期涌现出了为数众多的卓越的科技人才，既有博闻广识的科学家沈括，也有专擅一门的天文学家苏颂、数学家秦九韶、建筑学家李诫、农学家陈旉等。众多杰出学者不断钻研所形成的合力最终推动中国古代科学技术迅速发展，使其在当时的世界上处于顶尖位置。

三大发明及相关科技的运用和发展

（一）火药与火器

　　四大发明集中代表了中国古代科技所取得的成就，而其中的三项都完成

---

[1]［英］李约瑟著，何兆武等译：《中国科学技术史》第 1 卷，北京、上海：科学出版社、上海古籍出版社，3 页。

于宋代，即火药配方的改进、完善，指南针以及活字印刷术的发明与应用。至少在唐代中期，史书中已经有了关于火药的记载，到了宋代，火药配方得到了进一步改进，各种原料配比有了比较固定的比例。由于手工业生产技术的进步和战争的需要，火药开始应用于军事，火药和火器制造部门成为军事手工业的重要部门。古代火攻，起初多用油脂草艾之类，宋代火攻武器有了巨大发展，970年起陆续出现了火箭、火球、火蒺藜等火攻武器。宋仁宗时，曾公亮等人编写的《武经总要》记载了毒药烟球、蒺藜火球和火炮三种武器的火药配方，其中硝的含量较以前有所增加，并加入了少量辅助性配料，这样能够取得更好的燃爆效果。但是，北宋时期的火药以纸等包裹，含硝量、含炭量还都比较低，呈膏状，且没有引信，大体上只是一种纵火性、燃烧性武器。南宋以后，宋人增加了火药中的硝、炭含量，火药就从膏状变成了固态，同时他们使用了引信和铁质火药罐，火药从燃烧型武器转变为爆炸型武器。

北宋时期使用的火器主要有弓火药箭、弩火药箭等。士兵们在一般箭头的后部环绕着箭杆捆绑上一个球形火药包，然后用弓弩来进行发射。北宋末年，宋人在抗金战争中发明了"霹雳炮""震天雷"等杀伤力较大的火炮，这是对前代"机发火包"的一种改进，它们实际上是一种铁质火药包，依靠投石机发射，与后来依靠爆炸力发射的管形火炮不同。南宋时，火器技术又有了进一步发展，出现了喷气式火箭和管形火器，其中对管形火器的探索在我国火器发展史上具有十分重大的意义。传统观点认为管形火器诞生于宋代，然而据李约瑟等的《关于中国文化领域内火药与火器史的新看法》[1]介绍，克莱顿·布雷特在巴黎的吉美博物馆发现了一幅年代约为五代后汉乾祐三年（950）的敦煌佛教画，画上绘着一支长竹竿火枪，不但可以使用火药，

---

[1]《科学译丛》1982年第2期。

而且装有金属弹丸和碎瓷片。学者据此认为这是我国最早的管形火器，但这种说法还缺乏进一步的证据支持。文献中关于管形火器的记载始于12世纪，宋高宗绍兴二年（1132），陈规在驻守德安（今湖北省安陆市）时，制造了二十余条"长竹竿火枪"，这种火枪由两名士兵共用一条，一人持枪，另一人引燃枪中火药，喷火焚烧敌军攻城器械。理宗开庆元年（1259），寿春府（今安徽省寿县）制造"突火枪"，"以巨竹为筒，内安子窠，如烧放，焰绝然后子窠发出，如炮声，远闻百五十余步"[1]。据此记载，这一时期的管形火器是以巨竹为筒，在很大程度上更类似于今天的炮，而不是枪，"子窠"则相当于近代的子弹、炮弹，由筒内的火药燃烧后产生的气体推力射出。长竹竿火枪和突火枪的出现是兵器发展史上的一个重大突破，宣告了管形射击火器的正式诞生，为火器的进一步发展奠定了基础，是近代枪炮的鼻祖。由于竹制火器射程较近，且不耐用，因此在13世纪末到14世纪初，我国就发明了金属制造的火铳和火炮。1970年，黑龙江阿城出土了铜铳，据测定，它的年代在1288年以前。

（二）指南针

我国是世界上最早发现磁铁指极性的国家，早在战国时期，就利用磁石指南的性质，制造司南来确定方向。但司南是由天然磁石加工而成，容易失去磁性，且体形较大，"磁杓"直接放在地盘上，转动不灵敏，难以精确地指示方向。从司南进化到指南针，经过了一个漫长的过程。

指南针究竟何时问世，尚无确切说法，目前所知最早的关于指南针的明确记载始见于北宋中期，《武经总要》《梦溪笔谈》《本草衍义》等文献对此有相关记述。《武经总要》中记载了指南针的制作方法：将薄铁片剪裁成长

---

[1] ［元］脱脱等：《宋史》卷一九七《兵志一一》。

二寸、宽五分，首尾如鱼形的形状，用炭火烧红，以尾"正对子位"放入水盆中，水超过尾部数分时停止，"以密器收之"。[1] 这是一种利用地磁场的作用使铁片磁化的方法，将铁片烧红，以尾"正对子位"，可以使铁片内部较活跃的磁畴沿地球磁场的方向排列，达到使铁片磁化的目的。放入水盆也就是常说的"淬火"，可以使磁畴的排列固定下来，获得永久磁性。人工磁化方法的发明，在磁学和地磁学的发展史上是一件大事，但这样获得的磁性仍较弱，实用价值并不很大。《梦溪笔谈》中还记载了一种利用天然磁石加工钢针，从而使钢针获得磁性的指南针加工方法，其原理是利用天然磁石的磁场作用，使钢针内部磁畴的排列规则化，从而让钢针显示出磁性。书中记述了三种磁针装置方法，即漂浮法、支承法和缕悬法，当时使用较多的是漂浮法和缕悬法。沈括还谈到了磁偏角的作用，指出指南针并不是正对南方，而是稍稍偏东。[2] 由此可知，至迟到11世纪，指南针在我国的发展已经非常成熟，有多种制作方法，这是经过人们反复试验总结出来的科学方法。南宋以后，陈元靓在《事林广记》中又介绍了一种流行于其时的新的指南龟的装置方法，将一块天然磁石装在一个木龟腹内，在木龟腹下挖一个光滑的小孔，放在顶端尖滑的竹钉上，因为支点处摩擦阻力很小，木龟便可自由转动以指示方向。

指南针发明出来后，很快被应用于航海事业，朱彧《萍洲可谈》记载："舟师识地理，夜则观星，昼则观日，阴晦观指南针。"[3] 这段材料描绘了北宋晚期的航海活动，是世界航海史上关于使用指南针的最早记载。南宋以后，指南针逐渐取代天文导航，成为主要的导航方法。赵汝适在《诸蕃志》中谈

---

1 参见［宋］曾公亮、丁度：《武经总要》前集卷一五。
2 参见［宋］沈括：《梦溪笔谈》卷二四。
3 ［宋］朱彧：《萍洲可谈》卷二。

道:"舟舶来往,惟以指南针为则。"吴自牧《梦粱录》也说"风雨冥晦,惟凭针盘而行",反映了指南针在航海中作用的提高。指南针的发展和应用,使人们获得了全天候航行的能力,促进了两宋航海贸易的空前发达,也是我国人民对世界文明的一大贡献。

（三）雕版印刷的发展和活字印刷的发明

雕版印刷术大约出现在唐代,但在当时还未得到普及。到了宋代,雕版印刷业进入鼎盛时期,尤以汴京、四川、福建、浙江地区最为发达,四川的成都、眉山是当时著名的雕版中心。两宋时期刻书之多、内容之广、规模之大、印刷之精,都是前所未有的。宋代刻印之书,分为官府刻印、书坊刻印、私人刻印三种类型,内容涉及儒释道经典、各种文集、民间日用书籍等各个领域,其中尤以儒经、正史、医书、佛经最为常见。太祖开宝四年（971）于成都开始版印《大藏经》,全经共计一千零七十六部,五千零四十八卷,历时十二年才雕刻完工,雕版多达十三万块,是历史上第一部刻印的佛教大典。南宋以后,雕版良工多聚集于杭州,甚至涌现出一些女性著名刻工,如李十娘、谢氏、徐氏等,浙本书也以文体方整、刀法圆润而著称。绍兴二年（1132）,在湖州刊刻佛经五千四百卷,一年之内即告完工,这表明了该地刻工之多与技术的娴熟。两宋时雕版印刷的技术水平已达到很高的程度,"书籍刊行大备,要自宋开始,校雠镌镂,讲求日精"[1]。从保存下来的宋版书籍看,它们大多刻工精良,刀法纯熟,纸墨装潢精美,字体追求书法艺术性,而且人们对于刻书的工作十分认真,每一本书在出版前都会经过认真的校勘,因此,宋刻本备受后代藏书家所珍视。

两宋时期,已经应用铜版进行印刷。上海博物馆现在藏有会子（宋代一

---

1 ［清］于敏中等编:《钦定天禄琳琅书目》卷四。

种纸币）铜版，版式为长方形，上部左边为料号，右边为金额，当中是赏格文"敕伪造会子犯人处斩。赏钱壹仟贯"等五十八字，赏格文下标明发币单位"行在会子库"五字，再下为花纹图案。中国国家博物馆藏有一块"济南刘家功夫针铺"铜版：其最上部刻"济南刘家功夫针铺"八字；其下正中刻一幅玉兔捣药图，左写"兔儿为记"，右写"认门前白"；再下为"收买上等钢条"等二十八字。据有关专家认定，这块铜版用于印刷当时的商品广告。

两宋刻书业的繁荣，不仅使雕版印刷进入鼎盛时期，而且推动了我国古代印刷术的发展。仁宗庆历年间，工人毕昇发明了活字印刷术，实现了印刷术的重大突破。与雕版印刷相比，活字印刷成本低、工时短，更加经济方便。毕昇活字印刷术的基本原理与现代铅字排印法一致，事先准备好一块铁板，板上加铁框，内放一层混合的松香、蜡、纸灰等；接下来用胶泥制成活字，一粒胶泥制一字，经过火烧变硬，放入铁框；框里排满字后即放在火上加热，松香、蜡、纸灰遇热熔化，冷却后一版泥字就粘在一起；一版印完，将铁板放在火上加热，即可取下泥活字，以备再用。为便于排版，印刷时常备两块铁板，一版印刷，另一版排字准备，互相交替使用。一些常用字，如"之""也"等，往往各制作二十几个，以便重复使用。毕昇发明的活字印刷术是世界上最早的活字印刷术，它减少了反复雕版的过程，一套活字可以印刷多种书籍，既省时又省力，经济方便，是印刷史上一项极重要的发明，是中国古代劳动人民对世界文化的伟大贡献。

近代以来，国内外都有学者怀疑毕昇胶泥活字印刷的可行性，如罗振玉认为泥不能印刷，胡适以为毕昇用的可能是锡类材料，美国人斯温格尔认为毕昇的活字是由金属制作，所谓胶泥刻字，乃是做铸字的模型。其实，自活字印刷术发明后，很多学者曾进行过模仿。如南宋周必大提到，他曾用毕昇的活字印刷法以胶泥、铜版互换，印刷自己所著的《玉堂杂记》。清人翟金生曾对胶泥活字进行了三十多年的研究和试验，制作泥活字十万多个，"坚贞同骨角",并在七十岁时印刷了自己的文集,取名《泥版试印初编》,现藏于国家图书馆。

天 文 学

宋代天文学的成就是多方面的。在天文观测和记录方面,恒星位置测量是一项基础性工作,但既耗费时间,又要有相应的浑仪才能完成,因此一个朝代很少多次测量,即便是盛唐时代也只进行过一次。宋代则不然,仅在大中祥符三年(1010)至崇宁五年(1106)之间,就进行了五次大规模的天文观测。在这其中,精确度最高的要数崇宁年间姚舜辅等人所进行的第五次观测,所测得的二十八宿距度误差绝对值平均只有0.15度,在当时的条件下是一个十分了不起的成就,根据这次观测的数据编成的历法《纪元历》也成为一部优秀的历法。

对于新星、超新星、日食、月食等天文现象的观察,宋人也留下了丰富的天象资料。有关仁宗至和元年(1054)的天关客星超新星爆发,宋人留下了详细的记录,这一年农历五月,客星出现在东方天空天关星附近,大约数寸,"昼见如太白,芒角四出,色赤白"[1],过了一年左右,光芒才稍稍收敛,两年以后才最终变暗。现在的金牛座蟹状星云就是这次爆发的遗迹,其里面是呈蓝色光辉的弥漫星云,外面交织着一些红色的纤维。这次记录为现代天文学研究提供了宝贵资料,有助于有关蟹状星云及与之相关的中子星等天体演化理论问题的探索,至今仍为世界天文学家所注意。

南宋绍熙元年(1190),黄裳根据神宗元丰年间的第四次观测结果绘成

---

[1] [清]徐松辑:《宋会要辑稿》瑞异一《客星》。

星图，并于淳祐七年（1247）由王致远刻于石上，这就是举世闻名的"宋淳祐天文图"，也称苏州石刻天文图。该图高二点一六米，宽一点零六米，上部星图外圈直径零点九一五米，刻星一千四百三十余颗，以北极为中心，绘有三个同心圆，分别代表北极常显圈、南极恒隐圈和赤道，并有二十八条辐射线表示二十八宿距度，另有黄道和银河。下部是碑文，有说明文字四十一行，每行刻字五十一个，对宋代相关的天文知识进行了简明的记述。苏州石刻天文图是世界现存年代最早、存星最多的石刻天文图，体现了古代中国最先进的天文学成就和天文学体系特征，现保存在苏州石刻博物馆。

宋代是我国古代天文仪器制造的高峰，传统的天文仪器如漏壶、圭表、浑仪、浑象等，都取得了新的发展，在技术上实现了巨大的改进和突破。浑仪是中国古代较具代表性的天文仪器，英国科学史专家李约瑟博士尤为推崇宋代浑仪，认为它们代表了极高的技术水平。从太宗至道元年（995）到哲宗元祐七年（1092）的近百年时间内，宋代先后制造了五台巨型浑仪，每台用铜都达到了二万斤左右，体现了当时浑仪的制造水平。

这一时期最杰出、最重要的天文仪器当数哲宗元祐三年（1088）由苏颂、韩公廉等人制成的水运仪象台，它集浑仪、浑象和报时装置于一身，是宋代大型综合性天文仪器的代表。仪器高约十二米，宽约七米，相当于今天一座三层楼的规模，共分三层：底层是木阁，安放有动力装置和报时钟；中层密室内旋转着浑象，运行速度和天体运动一致，球面上星座位置能和浑仪观察到的天象吻合；最上层是屋顶可以启闭的观测室，安放有铜浑仪，专门用来观察。这是11世纪世界上水平最高的天文仪器，其中有齿轮系统和擒纵器，它以水为动力，能用多种形式反映及观测天体的运行，是近世天文馆假象的雏形。除能演示、观测天象外，它还能计时、报时，是世界上最早的天文钟，其齿轮转运和机械原理，可以说是欧洲中世纪天文钟的先驱。

两宋时期历法的修订十分频繁，自宋太祖建隆四年（963）王处讷主持修订《应天历》开始，到南宋度宗咸淳六年（1270）陈鼎负责修订《成天历》止，共修订历法十七次。徽宗崇宁五年（1106）颁用了姚舜辅制的《纪元历》，该历所用的回归年长、朔望月长的数据精密，太阳在黄道上的位置因采用新方法而定得更准，一直沿用到南宋初期。宁宗庆元五年（1199），开始行用杨忠辅修订的《统天历》，以365.2425日为一回归年，与现行公历采用数据一致，但比现行公历要早三百八十多年。《统天历》还在实际上废除了计算烦琐而无实用价值的上元纪年，并提出回归年的长短存在着长期变化，反映出宋代历法的进步。

数　　学

北宋数学家的代表是沈括、贾宪。沈括的巨著《梦溪笔谈》中记载了隙积术（假设有一些形状及大小均相同的离散物体堆积为一个规则台体，进而计算这些物体的个数）、会圆术（计算弓形的弦、矢和弧长之间的近似关系）两种影响深远的重要数学结果，这两种算法虽然在前代《九章算术》中都有所涉及，但真正得到完满的解决却始自沈括。隙积术属于高阶等差级数求和的问题。它是垛积术研究的开端，在后代产生了极大的影响，19世纪李善兰恒等式和尖锥术等一系列优秀成果都是在此基础上产生的。会圆术是假定已知弓形的圆径和矢高，求弧长的问题，沈括推导出求弧长的近似公式。元代王恂、郭守敬等人编制《授时历》时，就用此公式计算黄道积度和时差。贾宪著有《算法斆古集》二卷和《黄帝九章算经细草》九卷，但都已失传，其算法只有部分在南宋杨辉的《详解九章算法》中得以保存。贾宪在高次方程数值解法上有卓越贡献，他发展了"增乘开方法"，比欧洲早八百年，创立了开方做法本源，解决了一般的开高次方问题，推动了高次方程数值解法在中国的发展。

南宋时杰出的数学家有秦九韶、杨辉，他们代表了当时数学发展的水平。秦九韶多才多艺，对天文、音律、算术、营造等事无不精究，理宗淳祐七年（1247），他完成了中国数学史上的巨著《数书九章》，全书共十八卷，分大衍、天时、田域、测望、赋役、钱谷、营建、军旅、市易九类，每类用九个例题来阐明各种算法，每题都完整记述了答（答案）、术（解题方法、依据）和草（演算过程）。书中系统地总结和发展了高次方程数值解法和"大衍求一术"（一次联立同余式解法），达到了当时数学的最高水平。杨辉，字谦光，钱塘人。他著有《详解九章算法》十二卷、《日用算法》二卷、《杨辉算法》七卷，这些著作多是对古代数学著作的搜集和整理，收录了许多现已失传的各种数学著作中的算题和算法，为中国传统数学保存了极为珍贵的资料。杨辉还十分重视数学的普及和教学工作，他的著作深入浅出、图文并茂，很适合教学。

两宋时期中国传统数学的发展达到了很高的水平，涌现出贾宪、沈括、秦九韶、杨辉等数学家，他们的研究成果代表了当时数学的最高成就，在世界数学发展史中也占有重要地位。

医　学

中国古代医药学在宋代进入一个全面发展的阶段。宋政府设立翰林医官院，改进医官制度；设立太医局和"医学"，发展医学教育；设立校正医书局，整理、刊印医药著作；等等。这些都对医药学的发展产生推动作用。北宋建国后，整理编纂了许多医药学著作，对前人的经验进行总结。太宗淳化三年（992），校订印刷了《补注神农本草》《神农本草》《脉经》《黄帝内经》《素问》《伤寒论》《金匮要略》《千金方》《千金翼方》《广济方》等医学名著，在古代医书的整理方面取得了突出的成就。宋政府还编辑了《太平圣惠方》《太平惠民和剂局方》《圣济总录》等，刻印发行。《太平圣惠方》共一百卷，集成方一万六千八百三十四个；《圣济总录》共两百卷，收集了诊病、处方、审脉、用药、针灸等各种医方，是医学上的一部百科全书。开宝至绍兴年间，宋政府编辑了《开宝本草》《嘉祐本草》《政和本草》《绍兴本草》四部重要的国家药典，对药物学进行了集中的整理，使医家有法可依，也促进了中国本草学的进步。

民间也有许多医家著书立说，如四川成都医生唐慎微在北宋中后期编修成《证类本草》三十二卷，收录药物一千五百五十八种，绘药图二百九十四幅。唐慎微在书中将药物分为十三类，分别叙述其药性、别名、辨析、主治、产地、采集、炮炙加工等内容，并在其后附加单方三千余条，将药物与医方结合起来，以方证药，使本草学面貌一新。《证类本草》引用了大量前代文献资料，不仅全面继承了前代本草的优点，而且有所创新，从而将宋代本草整理研究推向了新的高峰。该书后来屡次被官府修订再版，在明代李时珍的《本草纲目》问世前的几百年中，一直是中国本草学的范本。

宋代中医分科较前代更加细密，唐代只有医科、针灸科、按摩科、咒禁科四种，而宋代则分大方脉科、小方脉科、风科、眼科、产科、口齿咽喉科、疮肿兼折疡科、针灸科、金镞书禁科等九科。其中尤以妇产科和儿科最为发达，针灸术也有新的进展。南宋理宗嘉熙元年（1237），陈自明撰《妇人大全良方》，对宋及以前的妇产科成就及自家经验进行了全面总结，是现存最早的系统的妇产科专著，长期为后世医家遵用。全书分为妇科三门、产科五门，详细论述了妇产科的生理、病理、症状及诊疗方法。由于陈自明对妇产科的钻研，中医妇产科此后逐渐成为一门独立的学科，为以后妇产科的发展奠定了良好的基础。宋代出现了很多著名的儿科医生和专著，在理论和临床实践方面都取得了突出成就。钱乙撰《小儿药证直诀》，对儿童各种常见疾病的病理特点和辨析治疗进行了论述，该书是现存第一部内容丰富的儿科专著，堪称中医儿科的奠基之作。书中记载的治疗小儿心热的"导赤散"，治疗脾胃虚弱、消化不良的"异功散"，治疗肾虚的"六味地黄丸"等许多方剂，至今仍在临床使用。

在针灸科方面，王惟一取得的成就最高。天圣四年（1026），王惟一通过对古代诸家针灸理论的深入研究，并结合临床经验，编撰针灸图三卷，绘制了人体正面、侧面图，标明了人体各个穴位的精确位置。此后，为了能够更加直观地对其针灸学加以说明，王惟一又设计、监制了两具人体模型，称为"铜人"，并据此把其著作定名为《铜人腧穴针灸图经》。两具铜人均仿成年男子而制，内置脏腑，外刻经络穴位，每穴均与体内相通，内灌水或水银，刺入穴位，则液体流出，稍差则针不能入，以供医生学习和实践之用。这种先进的教具大大方便了针灸教学，对针灸学的发展起到了重大的促进作用。

法医学是为侦查、审判案件提供依据，利用医学及相关自然科学方法，研究法律案件中与医学有关的实际问题的应用学科。宋朝政府在案件的审理过程中非常重视证据，制定了极完备的检验规定，对检验的各个程序都有细致的说明，因此，两宋时期出现了很多优秀的刑侦书籍，如《折狱龟鉴》《棠阴比事》等，而南宋时宋慈所著的《洗冤集录》的出现，则标志着宋代法医学的重大发展。

《洗冤集录》共五卷，卷一为条令、总说，卷二专述验尸，卷三至卷五记载各种伤、死情况。其内容包括检验尸体、检查现场、各种死伤的鉴别、死亡原因的鉴定及自杀或谋杀的判别等，涉及解剖、生理、病理、药理、毒理内科、外科、妇科、儿科、检验学等广泛的医学知识。书中对自杀与他杀的区别倍加注意，如对于自缢与勒死的区分：自缢的特点是索沟"不周颈"，也就是说绳索留下的印痕在颈后不相交，同时可见被害人口唇变黑，面色赤紫，脚尖下垂，两腿、小腹有尸斑等；而勒死者索沟相交或平过颈部，并可见头发散乱、抓痕等生前挣扎的迹象。书中指出窒息而死者颅骨及牙齿呈赤色，这是一项重要发现。现代医学认为牙齿赤色是由牙髓出血所致，称为窒息性玫瑰齿。又如对溺死与推尸入水的区分，指出溺死者手脚指甲缝隙中有泥沙，口鼻内有泥水沫，腹内有水，而推尸入水则没有这些迹象。

《洗冤集录》在对骨骼损伤的检验方面也取得了突出的成就。本书详细叙述了两种污骨的清洗检验方法——蒸骨法与煮骨法，并提出将伤骨对着阳光察看，如果伤处颜色红活，说明骨质有渗血，是生前所伤，否则即使有损伤也是死后所致。书中还记载了红油雨伞遮光验骨法：在阳光充足处，用红油雨伞遮住光线，将伤痕不显的尸骨置于伞下观察，如果骨上有被打处，则可见到细微的红色阴影。这是因为阳光透射红油雨伞可以产生红外线，在红外线下检验骨伤，较容易发现伤痕，这是一种非常科学的方法，也是宋代的一大发明。

《洗冤集录》集前代法医学成果之大成，是中国乃至世界上第一部系统、全面的法医学著作，比欧洲法医学奠基人意大利的F.菲得里的《医生的报告》(1602)早了三百五十多年。该书在国外也受到了广泛重视，被译成朝鲜文、日文、英文、法文、德文、荷兰文、俄文等多种文字出版，在世界法医学史上占据着重要地位。

建　　筑

两宋时期的建筑技术有了很大发展，许多建筑一直保存到了今天，客观上反映出当时建筑技术的高超。桥梁建造技术取得了新的突破，北宋时期在汴梁建造了虹桥，它不用桥柱，而用木梁相接成拱，桥宽八米，跨径近二十五米，拱矢约五米，矢跨比为一比五，是我国古代木桥构造的杰作，张择端的《清明上河图》上就有一座这类桥梁的逼真画图。仁宗时，工匠们历时近七年时间，在泉州修建了洛阳桥。该桥又名万安桥，桥长三百六十丈，宽一丈五尺，计有桥孔四十七个。洛阳桥在建筑技术上做出了许多创新和突破：首创筏形基础，即在江底沿桥位纵轴线抛掷数万立方大石块，筑成一条石堤，将桥面对应江底提高数米，然后在石堤上筑桥墩，开现代桥梁工程中筏形基础之先声；应用发展尖劈形石桥墩，即把桥墩一端砌成尖劈状，以减轻水流对桥墩的冲击力；利用海潮涨落架设石梁，免去繁重的体力劳动；利用牡蛎的繁殖来连接桥基和桥墩，以加固桥墩，解决了桥基、桥墩连接不稳固的难题。泉州洛阳桥在中国乃至世界桥梁建筑史上都是一座里程碑式的建筑，至今仍为中外所赞叹。洛阳桥建成以后，引起争相效仿，南宋初年，泉州建成安平桥，跨越于安海洪海湾之上，长近五里。在1905年郑州黄河大桥建成之前，这座桥一直是中国历史上的最长桥梁。

宋代砖塔建筑水平达到了新的高度，塔身多采用八角形，少数为六角形、正方形，大多数是楼阁式的砖塔，采用外壁、楼层、塔梯连为一体的双层套筒式结构，更加稳固。宋代楼阁式砖塔按其构造和造型可以分为三种类型：第一种是外形与楼阁式木塔一致，塔身由砖砌成，外檐采用木结构，外形与楼阁式木塔一致，如苏州报恩寺塔和杭州六和塔；第二种全部采用砖造，外形以模仿楼阁式木塔为主，如泉州开元寺双塔；第三种塔身用砖或石砌造，外形也模仿楼阁式木塔，但在构造和外观装饰上做了一定的简化，如河北定州开元寺塔和河南开封祐国寺塔。祐国寺塔建造于仁宗皇祐元年（1049），是中国现存最早的琉璃砖塔，因使用深褐色琉璃砖，俗称"铁塔"，它历经九百多年自然灾害的侵袭和侵华日军的炮击仍然保存下来，显示了宋代造塔技术的水平。

这一时期还出现了一些建筑专著，其中成就最高的是李诫编成的《营造法式》。《营造法式》是一本建筑设计规范手册，于哲宗元符三年（1100）编成，三年后刊印颁行。全书共三十六卷，三百五十七篇，前两卷是"看详"和"目录"，"看详"部分包括建筑设计和施工中的各项规定，一些几何图形和施工中取正定平及施工定额的计算方法。正文内容可分为四个方面：一是"总释"，对北宋以前各种文献中有关建筑工程技术的史料加以汇编整理；二是"各作制度"，按不同工种分门别类，说明各种建筑和建筑的各个部分的技术规范及操作规程；三是"诸作功限"和"诸作料例"，详细规定了各种构件、各种工种的劳运定额和材料限量；四是"诸作图样"，结合各作制度绘制图样一百九十三幅，包括测量工具、图录、详图以及各种雕饰和彩画的图案等，为设计和施工提供形象资料。《营造法式》是中国古代最完善的一部建筑技术专著，系统地总结了宋以前的建筑技术和管理制度，是当时整个建筑行业科技水平和艺术水平的反映，表明我国古代建筑技术逐步走向标准化，使中国建筑自宋至明清具有了基本的模式，对当时和后世建筑技术的进步都做出了很大贡献。

两宋时期的文化和审美与前代相比发生了很大的转变，建筑艺术与前代也有所不同，崇尚绚丽柔和成为中国古代社会后期建筑的主要特点。在建筑的总体布局上，宋朝的建筑大多采用沿中轴线排列成若干院落的方法，这种方法加强了建筑群的纵深感，使人感到层层空间的变化。在南方山林环境中，还存在一种以周边矮小建筑簇拥中央主体建筑，突出中心构图的布局方式，高低错落，布置灵活自由。

佛寺、祠庙等建筑多在中轴线左右建楼屋与廊子相接，在主殿左右建挟屋，主殿空间加大，左右各间逐渐减小，以空出中心，主次分明。为加大殿内空间，北宋以后多采用减少或移动前后内柱的办法，或加大进深和增加内柱高度，使殿内空间显得更加宽阔、高大庄严。在外檐装修上，宋人采用了棂格花纹装饰的木门窗，这不仅改善了殿内的采光和通风，而且更加美观，使内外空间显得开朗明洁。装饰上更注意与结构构造的统一，普遍采用卷刹的方法，使构件避免出现单调而呆板的直线。屋顶举架随进深而定，进深越大，屋顶坡度越陡。屋顶铺琉璃瓦或与青瓦配合的琉璃瓦剪边，它们与殿身的青绿彩画在色彩上达到协调柔和的效果。

冶金技术

两宋时期，我国冶金技术取得了较大发展，全国各地分布着为数众多的金场、银场及冶铁作坊，许多金属产量都有大幅增长。美国学者郝若贝估计，在冶铁业最为兴盛的宋神宗在位期间，元丰元年（1078）的铁产量在七万五千吨至十五万吨之间，是1640年英格兰和威尔士产量的二倍半到五倍，而18世纪初整个欧洲的总产量才为十四万五千吨至十八万吨。[1]

宋代炼炉大多倚山而建，从而减少筑炉工时，增强了炉子的牢固性，利于生产操作。人们利用上方平台上料，在下方平台送风、放渣、出铁，这是宋代的创举。宋代炼炉体积不大，炉腔多呈梨形，适应物料下降膨胀、气流上升收缩的变化规律，反映了当时人们对炼铁工序的认知水平。宋代还出现了可以移动的"行炉"，由方形化铁炉与梯形木风箱相连，下有木架可以抬动。

在我国古代早期的冶金过程中，人们会使用一种叫作"橐"的皮囊作为鼓风器，到了宋代，出现了往复式风箱，它大大提高了鼓风效率。这种风箱以通过开闭木箱盖板来鼓风，盖板上有活门，木箱与风管连接处也有一个活

---

[1] 参见［美］郝若贝《北宋中国煤铁工业的革命》，《亚洲研究杂志》，1962年第2期。

门，一为进风口，一为出风口，盖板扇动，两门交替开闭。两具木风扇同时交替使用，这样就可以连续鼓风。这种风箱体积很大，可以显著提高风量、风压，使冶铁过程得以强化。

灌钢技术的推广和改进，是宋代钢铁冶炼业工艺技术和生产效率提高的又一重要标志。东汉时期，已经有了百炼钢技术，到了宋代，这种工艺达到相当高的水平。百炼钢的原料是一种含碳量稍高、夹杂较少的炒炼产品，百炼的基本操作是"锻之百余火"，在不断去除夹杂的同时，起到均匀成分、致密组织甚至细化晶粒的作用，从而有效地发挥材料的机械性能。

百炼钢技术在宋代已很少应用，代之而起的是灌钢工艺。沈括《梦溪笔谈》记载："世间锻铁所谓钢铁者，以柔铁屈盘之，乃以生铁陷其间，封泥炼之，锻令相入，谓之团钢，亦谓之灌钢。""锻铁"指可以锻打的铁碳合金，柔铁是柔性较大、刚性较低的产品。"封泥"的目的，一为减少加热过程中的氧化脱碳，二为减弱火焰强度，使金属块各部均匀受热。所谓"灌钢"，便是在生产过程中将生铁汁灌入熟铁块中而得名。在熔液炼钢法发明前，这种半流体炼钢法最快捷简便，较之百炼钢极大地提高了效率。

从北宋末年开始，胆铜产量大大提高，南宋时期甚至达到全国铜产量的85%。胆铜法又称胆水浸铜术（胆水即天然硫酸铜），它把铁片浸在胆水中，利用元素活性的不同置换出铜来。宋代胆铜生产大概有三种不同操作：一是烹炼法，二是浸泡法，三是淋铜法。

宋代金属加工技术取得了长足的进步，锻打、模压、焊接和复合材料技术、热处理技术、外镀技术都有不同程度的发展。青堂羌族人民锻造的"瘊子甲"，采用冷锻技术，在加强硬度的同时，使器表晶莹光滑，与现代技术原理完全相符。在宋代官设文思院中，它设有专门的金属器皿制作工场，包括镀金作、银泥作、旋作等。宋人在旋作中已装备有简易的车床，它们被专门用来从事金属的切削和加工。20世纪70年代，河北定州出土了一批宋代金属器皿,其中一些铜盆、银盆的表面十分光洁。从加工纹迹看,它们的同心度很强,纹理细密,子母扣接触也非常严密,据此推测,北宋时期金属加工机床的使用已经比较普遍。

造船技术

宋代造船业的发展将我国古代的造船技术推向了高峰,不但船舶数量众多、船型丰富,而且规模较大,专业化程度较高,设备也比较完善,使我国航海事业在世界上处于领先地位。宋代造船厂遍布全国,以华中及华中以南各省为多,浙江温州、明州是较大的造船中心。

宋代全国每年的造船数量很多,宋太宗末年,各地岁造运船三千二百三十七艘。南宋初期,虽然战事吃紧、领土缩小,但在建炎二年(1128),江湖四路仍造船二千七百六十七艘。宋代以前,船舶载重量都在万石以下,宋代出现了载重万石以上的大船,张舜民《画墁集》记载了一艘大船可载米一万二千石。元丰元年(1078),明州制造的两艘"神舟",一名"凌虚安济致远",一名"灵飞顺济",都是万斛之船。宋代海船规模也很大,据《梦粱录》载:"大者五千料[1],可载五六百人,中等二千料至一千料,亦可载二三百人。"又据陆游《入蜀记》记载,武昌水军一次演习,出动了二三十丈长的大舰七百多艘,可见当时造船数量之多和规模之大。

宋船的基本形态有短粗和细长两种,客货船求稳,相对短粗一些,战船求速,故较细长。宋代水军配备的战舰有海鳅、双车、十棹、水哨马、水飞马、大飞旗捷、防沙平底等,且不断有新的船型出现。如孝宗乾道五年

---

[1] 料,与石相当。

(1169),明州定海水军统制官冯湛打造多浆木船一艘,"湖船底、战船盖、海船头尾,用浆四十二,江海淮河无往不可,往来极轻便"[1],它是结合了湖船、海船船型的新型江海两用船。官方船只也类型多样,有暖船、浅底屋子船、双桅多浆船及破冰船、浚河船等。民间船只类型更多,或以用途得名,或以形状得名,不下千百种。

水密舱技术是宋代海船制造业处于领先地位的重要标志。据文献记载,船底和两舷用两层或三层木板,船舱间隔都采用水密融舱,各舱严密分隔,虽一舱两舱破损,只限于破损船舱进水,而不致全船沉没,从而为安全航行提供了重要保障。1974年,福建泉州湾出土一艘宋代沉船,尖底、船身扁阔、头尖尾方,龙骨由两段接成,自龙骨至舷侧有船板十四行,其中一至十行由两层船板叠合而成,十一至十三行则以三层船板叠合,并以搭接和平接两种方法混合使用,与文献记载吻合。

宋代船舵技术有了多方面的发展,出现了许多不同的功能。平衡舵,即把一部分舵面分布在舵柱的前方,以缩短舵压力中心与舵轴的距离,降低转舵力矩使操纵更加轻便灵活。升降舵,通过滑轮系控制,船在浅水行驶时,可将之提起,通过深水时,可降到船底之下,免受船尾水流涡漩的影响。副舵及三副舵,可以减少航行中的横漂。开孔舵,在舵叶上打了许多孔洞,使舵的扭矩大为降低,减少水流阻力。

1979年,宁波市出土了一艘宋代海船,排水量在五十吨左右,在两侧船舷的第七和第八接缝处,各有一根截面为半圆形的纵向长木,它们紧贴在船壳板目,并用铁钉钉合。此处正是船的舭部。有学者认为,这两根长木就是舭龙骨,其存在是为了减缓船舶的左右摇摆,提高航行时的平稳性,比西方相似装置的出现早了六七百年。

---

[1] [清]徐松辑:《宋会要辑稿》食货五〇。

宋代造船工艺过程从设计到施工都较为严密科学，大多先做模型，然后再按比例放大施工。有些船场还事先绘制图纸，从而提高了效率，降低了成本，保证了产品质量，而西方直到16世纪才出现简单船图。

结　语

宋代是中国古代科技发展的高峰期。宋人在天文、地理、数学、医学、冶金等众多的科学门类都进行了发明和创造，为中国古代科学技术做出了卓越的贡献。

"四大发明"中，火药、指南针、印刷术三项都完成于宋代。宋人改进了火药的配方，提高了火药的燃爆效果。火攻的武器大大丰富，出现了火箭、火球、火蒺藜等武器，特别是南宋出现的管形火器堪称近代枪炮的鼻祖。目前所知最早关于指南针的明确记载见于北宋中期。宋人系统总结了制作指南针的方法。指南针被发明之后，很快在航海业得到了应用，成为远洋航行时必不可少的导航工具。宋代雕版印刷业十分兴盛，雕版印刷得到广泛的使用。宋版书籍大多校勘精审、刻印精良，为后人称道。仁宗庆历年间，毕昇发明了活字印刷术，这是印刷术的重要突破。

宋代天文学硕果累累。宋代进行了五次大规模的天文观测。第四次天文观测的结果被绘制成天文图，刻于石碑之上，流传至今，是世界现存年代最早、存星最多的天文图。天文仪器在宋代取得了新的发展。北宋中期制造的水运仪象台集多种功能于一体，反映了宋人高超的认识水平和制造技术。宋人还留下了丰富的天文记录，其中对"天关客星"的超新星爆发的记载尤为珍贵。

数学方面，沈括完成了《九章算术》中没有彻底解决的隙积术、会圆术两种算法。贾宪发展了"增乘开方法",提供了一种有效的开高次方的解法。秦九韶完成了《数书九章》,系统地介绍了解决实际问题时所运用的数学计算方法,总结和发展了高次方程数值解法和一次联立同余式解法。杨辉搜集和整理了算题和算法。他们的成就达到了当时的前沿水准,在世界数学发展史上具有重要地位。

医学方面,宋代官府和个人总结了前人的医学经验和医学成果,整理出大量前代的医药学著作,编著了实用的医方和药典。宋代中医的分科从唐代的四科增加到九科,更加精细、合理,在妇产科和儿科方面取得了颇具高度的成就。王惟一铸造了针灸铜人,大大方便了针灸教学与练习。在宋朝重视法律证据的风气的影响之下,一批法医学著作问世。其中宋慈的《洗冤集录》系统地总结了检验、判断死伤原因的方法,是世界上第一部系统全面的法医学著作,受到了全世界的广泛重视。

宋代建筑水平高超。福建的洛阳桥、安平桥,河北定州的开元寺塔,河南开封的祐国寺塔(铁塔)是宋代高超的建筑技术的代表。李诫的《营造法式》系统地总结了宋以前的建筑技术和管理制度,在中国建筑史上具有很高的地位。

冶金技术方面,复式风箱、灌钢法取代了旧的技术,大规模应用胆铜法制铜,生产效率显著提高。宋人将机械应用到金属加工领域,使金属产品更加精细。

宋代的造船业十分发达。工匠制造出多种多样的适合于不同环境、具备不同功能的船只。宋人还开创了水密舱技术,发明了平衡舵、升降舵等船舵,安装舭龙骨,大大增强了船只在航行过程中的安全稳定性。

第十章

古史与当代史：繁荣的宋代史学

宋代史学是多姿多彩的宋文化的重要内容。陈寅恪先生立足于对整个中国史学发展过程的考虑，得出"中国史学莫盛于宋"[1]的结论，对宋代史学的繁荣做出了极高的评价。两宋史学的繁荣表现在诸多方面，如纪传体史书《新唐书》《东都事略》《通志》的产生，编年体巨著《资治通鉴》及继之而起的《续资治通鉴长编》《建炎以来系年要录》的出现，新的史书体裁——纲目体——的创造，以及历史文献学的显著发展，等等，它们从不同角度诠释了宋代史学取得的辉煌成就。两宋史苑名家辈出，体裁创新，领域开拓，成为中国古代史学的一个高峰，影响深远。

宋代的修史机构

唐代以前，私家修史较为普遍，即便是一些人奉诏修史，实际上也与私人修史没有多大差别。唐朝建立以后，出于集权统一的政治需要，封建政权加强了对史书修撰的控制。贞观三年（629），唐太宗李世民设史馆于禁中，选任史官，由宰相监修，确立了官修史书的制度。宋承唐制又有所发展，逐步建立起完善的修史制度和修史机构。

---

[1] 陈寅恪：《金明馆丛稿二编》，上海：上海古籍出版社，1980年版，第240页。

宋初沿袭五代旧制，以史馆为修史机构，自宋太宗置国史院后，修史机构逐渐增多，有起居院、日历所、国史院、实录院等，各个机构分工较细、复杂重叠，各自负有不同的职责。

（一）起居院

起居院是起居注编修之处。宋初虽设起居院，但并不负责修撰起居注，太宗淳化五年（994），徙起居院于禁中，起居院才正式开始修注工作。北宋前期，虽然门下省、中书省有起居郎、起居舍人之设，但只是寄禄官，并不负责修撰起居注，而是另外派遣其他官吏领其事，称为"修起居注"或"同修起居注"。元丰官制改革之后，起居郎、起居舍人才开始实任其职。起居郎、起居舍人官职虽低，但由于接近皇帝，得以预闻朝廷大政，因此选任时例以制科进士高第与馆职有才望者兼用。正因如此，记注官例来被视为荣耀的职务，是馆职升迁的台阶，"选三馆之士当升擢者，乃命修起居注"[1]。

宋代所修起居注除记录皇帝言行外，还包括朝廷命令、制度更改、奖惩群臣、封拜除授、四时气候、州县废置、户口增减，以及祭祀、燕享、临幸、引见之事，日月、星辰、风云、气候之兆，郡县祥瑞之符，闾阎孝悌之行等内容。宋代所修起居注至今大部分早已散佚，现存有周必大《起居注稿》一卷，记载了有关高宗禅位、孝宗向高宗问安等事；另有宋末周密所辑《德寿宫起居注》（一称《乾淳起居注》）十二条，记载孝宗乾道、淳熙年间宫廷请安宴游诸事。

宋代针对起居注修撰的规定十分严格，各省、台、寺、监及各地机构都要及时向起居院供报文字，以供起居院引用，否则要受到相应处罚。修注官

1　［宋］欧阳修：《欧阳文忠公集》奏议集卷一二《论史馆日历状》。

如果出现差误，也要受到降级的处分，真宗大中祥符七年（1014），同修起居注张复、崔遵度等人就因修注差误被免除了修注官之职，并受到了降官处分。这些规定客观上保证了起居注的准确性和真实性，起居注也因此而成为修史必须参考的资料。起居注作为当代史，主要记述帝王的言行，帝王本人是不应查看的。但宋初修起居注要先经皇帝审阅，然后交付史馆，这样导致很多重要的内容因为担心会引起帝王的反感而不敢写进去，"事关大体者，皆没而不书"[1]，影响了起居注的客观性。

（二）日历所

日历所的职责是将起居注、时政记等史料按时间顺序会集编撰成日历。宋初日历所属门下省编修院，又称"史院"，负责编修日历、实录、国史。元丰四年（1081），废编修院归史馆，隶属秘书省国史案。元祐五年（1090），改属门下省国史院。绍圣二年（1095）复归秘书省。日历所由著作郎、著作佐郎主管，北宋前期为寄禄官，不修日历，元丰官制改革后始实领其职。

编修日历以宰相提举，根据时政记、起居注及诸司报状等按日月编撰，集为一书。编修日历所需的时政记始于唐代，由宰相修撰。五代以后，中书省、枢密院都有时政记。宋代修撰时政记自太宗以后基本没有中断，不过最初并不书时政记之名，只题"送史馆事件"，正式题为时政记是在真宗景德元年（1004）以后。

宋代编修日历史料丰富，又力求详备，因此卷帙浩繁，如孝宗淳熙十六年（1189）修成的《至尊寿皇圣帝日历》，多达两千卷。但至今多已散佚，现存仅有王明清所辑《熙丰日历》八条。

---

1 ［宋］欧阳修：《欧阳文忠公集》奏议集卷一二《论史馆日历状》。

（三）实录院、国史院

实录院和国史院都是国家修撰正史的机构，实录是官修当代编年体史书，国史是官修纪传体史书，但参与修书的人员往往是相同的。宋初的修史机构是史馆，仁宗天圣年间，又在门下省置编修院，由宰相或执政负责编修国史和实录。元丰官制改革后，每修前朝国史、实录，则分设国史院、实录院，以宰相提举，以别曹帖职学士专门修史。南宋初年，国史院、实录院"皆寓史馆"[1]。绍兴九年（1139），因为要修《徽宗实录》，下诏以实录院为名，又因为未修正史，所以诏罢史馆归实录院。绍兴二十八年（1158），《徽宗实录》修成，又下诏修《三朝正史》，复置国史院。此后，修实录则置实录院，修国史则置国史院，直到宁宗时才又并设国史院、实录院。

实录院以日历、时政记、起居注、诸司关报等有关材料为依据，还要征集大量的私家撰述及元老旧臣的回忆录等，整理加工编成编年体的某朝或几朝实录，包含的资料、内容都十分丰富。宋代历朝都有实录的修撰，共计二十部，大多都已散佚，仅存钱若水、杨亿监修的《宋太宗皇帝实录》残本二十卷，另有《名臣碑传琬琰集》中实际附传二十七篇。

宋代所修国史，属于后一朝修前一朝的正史，是由国史院根据实录等史料加工成的纪传体史书。从太宗雍熙四年（987）开始修太祖朝正史，到南宋理宗宝祐五年（1257）修成高、孝、光、宁四朝国史，两宋共修十三部正史，但皆已散佚，现只有少数传记、志序及片段文字保存在类书及文集中。国史由当代人编修，具有一定程度的可信性，但其间难免受政治形势、意识形态诸因素的影响，再加上皇帝御览的陋规，因此出现"国史凡几修，是非凡几易"[2]的情况。

---

1 ［清］徐松辑：《宋会要辑稿》职官一八之六〇。
2 ［宋］周密：《齐东野语》自序。

（四）会要所

会要所，与日历所、实录院、国史院一样，都是秘书省下设置的修史机构，行政上属同一套组织，只是因为编修官及所修书不同，而各有不同的机构名称。会要也由宰相或执政提举监修，初由崇文院三馆官员修撰，北宋末始于秘书省设会要所，南宋因之。会要具有档案汇编的性质，记录一代典章制度及文献掌故，是当代处理政务的依据，所以对资料的搜集整理非常重视，除日历、实录、国史之外，还要调集各种诏令等政府文书档案，比修国史所掌握的资料更为丰富。会要所最后把搜集到的各种资料分类编集成书，以供参考，由于会要中许多内容涉及朝廷机密，因此严禁传抄雕印。宋朝先后编撰会要十余种，然多已散佚，现存《宋会要辑稿》仍是清代人徐松从《永乐大典》中辑出的一部残书，但仍然具有很高的史料价值。

（五）玉牒所

"玉牒"之名始于秦汉，是皇帝封禅所用之物。古人以玉为通神之宝，因此以玉为材，刻以祈祷文字，称为"玉牒"。玉牒作为皇室宗牒，其制始于唐朝。宋代玉牒所设局置官始于太宗至道初年，当时命官修撰《皇属籍》，由于未能修成，于是在真宗年间续修，最终于咸平四年（1001）奏上。大中祥符六年（1013）诏以《皇宋玉牒》为名，其修书之所设在秘阁。元丰改官制后，玉牒隶属宗正寺。南宋绍兴十二年（1142），始复玉牒所，于宗正寺置局，以宰臣一人提举。绍兴二十九年（1159）诏玉牒所并入宗正寺，仍以宰臣提举，以本寺少卿驻丞同领编修事。玉牒所虽属修史机构，但因其内容专记宗室，所以规模要比实录院、国史院、日历所、会要所小得多。宋代所修玉牒有四种（一说五种），即皇帝玉牒、仙源积庆图、宗藩庆系录、宗支属籍，其中"皇帝玉牒"专门记载一代的大事，类似正史中的帝纪。宋代玉牒今存者有刘克庄所修宁宗朝《玉牒初草》二卷，收入《后村先生大全集》及《藕香零拾》中。

"古代史"

宋代承五代而来，统治者对史书的修撰非常关注，其中的原因主要有以下几点。首先，史书的修撰意在考究前代王朝兴盛、衰亡的原因，为现实政治提供借鉴，再造统一盛世。宋太祖在乱军中还不惜千金求购经史书籍，为的是从中求得致治的道理。宋真宗组织人员整理史实，为他们提供优越的条件和丰厚的待遇，令其分门别类整理历代君臣事迹。他们整理的成果以《册府元龟》名之，取龟镜之意，目的就是"著历代事实，为将来典法"[1]，以史为鉴，为自己的统治提供帮助。仁宗说："朕听政之暇，于旧史无所不观，思考历代治乱事迹，以为鉴戒。"[2] 于是命人进一步将《册府元龟》删节缩编，刊印发行。统治者以史为鉴来求得致治之道的意图，是宋代史学繁荣的原因之一。

其次，面对唐末五代以来道德沦丧、礼崩乐坏的局面，宋代统治者希望通过史书的修撰，重建伦理规范，以稳定统治秩序。宋太祖诏修五代史时提到，"将使楷模于百代，必须正褒贬于一时"[3]，就是要将儒家的伦理观念寓于修史的过程，通过褒贬人物来确立世人学习的楷模，贯彻有利于统治的道德风尚。仁宗时期，欧阳修在编纂《新五代史》的过程中，严格遵行纲常伦理的原则，效仿《春秋》笔法，叙事、褒贬用字皆有特定含意，从中体现自己

---

1 ［宋］李焘：《续资治通鉴长编》卷六二，真宗景德三年四月丙子。

2 ［宋］王应麟：《玉海》卷五四《景德册府元龟》，四库全书本。

3 《宋大诏令集》卷一五〇《修五代史诏》。

的观点。

出于种种政治目的，宋代统治者对前代史书的修撰投入了极大的热情，这也促进了宋代"古代史"的繁荣。

（一）新、旧《五代史》

宋代直承五代而来，因而对修五代史非常重视。开宝六年（973）四月，宋太祖命宰相薛居正监修五代史。开宝七年（974）闰十月，书成，进奏于皇帝。该书原名《五代史》，因成书早于欧阳修的《五代史记》，被称作《旧五代史》。

《旧五代史》共一百五十卷，仿照《三国志》的体例，五代各自成编，分为《梁书》《唐书》《晋书》《汉书》《周书》，各自分别设立纪和传。对十国的政权，设立《世袭列传》《僭伪列传》；对契丹、吐蕃、回鹘、高丽等北方民族政权，设立《外国列传》。《旧五代史》最后分列天文、历法、礼、乐、食货、刑法、职官等志，记述五代的社会状况及有关制度，为后人了解五代时期的史实提供了良好的参考。

《旧五代史》的修撰工作历时不到两年，大部分的内容直接抄录五代的国史。其表现之一，是《旧五代史》的本纪部分的篇幅十分巨大。因此，《旧五代史》的长处在于保存了比较丰富的原始资料。

然而，由于成书仓促，《旧五代史》一些地方难免失于草率。仁宗时，欧阳修不满薛史"繁猥失实"，以私人之力重修五代史，定名为《五代史记》。后人为区别二史，将薛居正《五代史》称为《旧五代史》，而将欧阳修《五代史记》称为《新五代史》。《新五代史》共七十四卷，其中本纪十二卷，列传四十五卷，考三卷，十国世家十卷，十国世家年谱一卷，四夷附录三卷，是唐宋以后二十四史中唯一被列入正史的私撰纪传体史学著作。

欧阳修《新五代史》是不满于《旧五代史》而作，因此，较之旧史有诸多不同。在《新五代史》中，欧阳修严格贯彻纲常伦理的原则，把纲常名教放在核心地位，要求臣子无条件忠君，"食人之禄者，必死人之事"[1]是欧史的中心思想。他在《十国世家年谱》中说，"《春秋》因乱世而立治法，本纪以治法而正乱君"[2]，因此在编修五代史的过程中，"褒贬义例，仰师《春秋》"[3]，效仿《春秋》笔法，叙事、褒贬用字皆有特定的含意，从中体现自己的观点。如在关于战争的叙述中：两相攻战称"攻"，以大加小称"伐"，加有罪称"讨"，天子亲往称"征"；背此而附彼称"叛"，自下谋上称"反"；以身归称"降"，以地归称"附"。在关于立后的叙述中：得其正者，称"以某妃某夫人为皇后"；立不以正，称"以某氏为皇后"。欧阳修以纲常伦理的道德标准褒贬人物，对"死节""死事"做了严格的区分，书中列传分列《死节传》《死事传》《一行传》《义儿传》等十类，是欧阳修的独创。《新五代史》在人物的称谓上也更为严格，如对朱温，开始并不称帝而直呼其名，赐名后称全忠，封王后称王，僭位后始称帝，力求做到"义不失实"。由于欧阳修的目的在于"以治法而正乱君"，认为五代乱世的制度不足为后世法，所以不立职官、食货、选举、兵、刑诸志，只有《司天考》《职方考》二目，《司天考》只著录自然灾害，不附会人事，《职方考》合志、表为一，反映五代十国疆域交错的情况。

  清代学者赵翼对欧史评价颇高，称"欧史不惟文笔洁净，直追《史记》，而以《春秋》书法寓褒贬于纪传中，则虽《史记》亦不及也"[4]。欧阳修《新五代史》虽然文笔简洁，寓褒贬于其中，对史实却不甚经意，宋人吴缜撰《五代史记纂误》五卷，在其中找出二百多条错误，章学诚评论说，"欧公文笔

---

1 ［宋］欧阳修:《新五代史》卷三二《刘仁赡传》。
2 ［宋］欧阳修:《新五代史》卷七一《十国世家年谱》。
3 ［宋］陈师锡:《〈五代史记〉序》。
4 ［清］赵翼:《廿二史札记》卷二一《欧史书法谨严》。

足以自雄，而史识史学均非所长"[1]，所以司马光后来主编《资治通鉴》多采薛史。从史料角度来看，新、旧二史是可以互相补充的，不可偏废。然而，由于《新五代史》更符合封建统治者的需要，南宋以后，欧史独享盛名。《旧五代史》逐渐湮没，至明代散佚，现在的《旧五代史》是清代四库馆臣从《永乐大典》中辑出，并以《册府元龟》等宋人著作征引补充，已有残缺。

（二）《新唐书》

《新唐书》原名《唐书》，是欧阳修、宋祁主编的记录唐代历史的纪传体史书。五代后晋开运二年（945），刘昫、张昭远等修成《唐书》二百卷（即《旧唐书》）。不过，唐末五代的动乱导致大量文献材料散佚，修《旧唐书》时可参考的资料尚不充足。《旧唐书》成书仓促，文字冗长，失于剪裁，甚至书中不少文字发生重复，受到批评。到了北宋，宋仁宗认为《旧唐书》"纪次无法，详略适中，文采不明，事实零落"，对其感到不满，故而组织了一批学者重修《唐史》。这一部《唐书》史称《新唐书》。

《新唐书》共二百二十五卷，由欧阳修和宋祁总负责，欧阳修负责本纪，宋祁负责列传，《志》《表》由范镇、王畴、宋敏求、吕夏卿、刘羲叟等人修纂，历经十七年，于嘉祐五年（1060）完成。《新唐书》"其事则增于前，其文则省于旧"（《进新修唐书表》），行文简练，不过《新唐书》也将《旧唐书》收录的诏令、诗文等原文进行删削或改写。《新唐书》补充了唐后期的不少史事，实际上对唐前期的历史记载也补充了很多有用的材料。在体例方面，《新唐书》第一次设置《兵志》和《仪卫志》；设置宰相、方镇、宗室世系和宰相世系四表，恢复了纪传体史书中《表》这种体裁。

宋以后很长一段时间，《新唐书》比《旧唐书》得到人们更多的关注。

---

[1]　[清] 章学诚：《章氏遗书》外篇卷一《信摭》。

不过，新、旧《唐书》各有所长，都具有重要的价值。

（三）《资治通鉴》

《资治通鉴》是一部编年体史学著作。司马光认为，自《史记》至《五代史》凡一千五百卷，纷繁芜杂，读之不便，因此遂有"删取其要，为编年一书"[1]的打算。修史工作从英宗治平三年（1066）开始，至神宗元丰七年（1084）完成，全书二百九十四卷，记述了上起东周时代周威烈王二十三年（前403），下迄五代后周世宗显德六年（959），共一千三百六十二年的历史。该书由司马光和几位助手共同完成，司马光编写汉以前部分，刘攽负责汉代部分的编写工作，范祖禹担任唐史部分的编写工作，刘恕负责魏晋南北朝、隋及五代部分的编写工作。刘恕死后，由范祖禹完成五代部分。最后，司马光作为主编，统一加工润色，笔削定稿。

为了编撰《资治通鉴》，司马光及其助手搜集整理了丰富而翔实的历史资料。司马光自己说："遍阅旧史，旁采小说，简牍盈积，浩如烟海。"[2]宋人高似孙《史略》称《资治通鉴》引援史料二百二十余家，《文献通考》卷一九三称："其用杂史诸书凡二百二十二家。"《四库提要》卷四七称："《通鉴》采用之书，正史之外，杂史至三二二家。"近人陈光崇先生《通鉴引用书目的再考核》一文，经过反复核对得出的结论是三百五十九种。可以说，凡当时他能够看到的图书资料都在其参阅采用之列。诚然，周秦汉唐的史书已有《史记》《汉书》等名著珠玉在前，这也不意味着司马光的作品要拾人牙慧、人云亦云。

首先，《资治通鉴》中保留了许多目前已经失传的史书中所记载的内容，

---

1 ［宋］司马光:《司马文正公传家集》卷一七《进〈资治通鉴〉表》。
2 同上。

尤其在唐史部分，由于时间相距不长，因而具有其他史书不可替代的史料价值。同时，司马光还注意利用野史、笔记、小说等前人尚未加以重视的典籍。其次，在鉴别、选择和驾驭史料方面，司马光展现出了非凡的史学才华。在明确了"资治"的著述动机之后，司马光很快建立起了一套筛选史料的标准，删繁就简，力求简明扼要。但《资治通鉴》记录的时代很长，所参阅的史料仍可以说是浩如烟海。再加之需要集体编修，编纂前期势必要找到一个可以统筹推进的工作方法。于是，司马光创造性地使用了"三段法"，即把编写工作分三个阶段依次进行：第一阶段作丛目，第二阶段编修长编，第三阶段删定成书。

作丛目就是要将编者认为值得收录的历史事实从史料中摘出，做成条目，然后进一步收集相关史实的详细材料，按照时间顺序系于相关条目之下。修长编就是做成草稿。这一阶段司马光的要求是"宁失于繁，毋失于略"[1]，为下一步删削成书留出余地。最后，司马光独自承担了删定工作。与前两个步骤相比，最终统筹、润色和删定成书的工作是难度最大的，要求史学家具备去芜存菁、去伪存真的才华与眼光和不容有失的细心与严谨。司马光为了编纂《资治通鉴》，"研精极虑，穷竭所有，日力不足，继之以夜"[2]。在与友人的书信中他坦陈，有关唐代的草稿一共有六七百卷，之后恐怕还需要删改三年，最终定稿不过只能留下数十卷而已。

另外，司马光没有忽视那些被删除的史料的价值。先秦之前的史料缺乏，一件史事往往只有一种记载，基本谈不上参校。自魏晋以降，史书逐渐丰富，到司马光修《资治通鉴》的时代，各类史籍已是汗牛充栋。同一个历史事件往往有几种不同的说法，其记述甚至相互抵触。这样的问题司马光以

---

1 ［宋］司马光：《答范梦得》。
2 ［宋］司马光：《司马文正公传家集》卷一七《进〈资治通鉴〉表》。

前的史家也遇到过，但一般都是由作者自行裁断，结论是否正确，取舍是否恰当，基于什么缘由，都未加以说明。这并不是在说之前诸史家通通学问粗疏，而实在是受到当时各种条件的限制使然。

唐代之前，只要是圣贤经传，就很少有人会怀疑。史学家受其影响，遇到相互矛盾的说法，一般也只遵从官方或者学术权威的说法，而不深究是否可信。司马光处在怀疑经书的风气逐渐开放的宋代，非常重视这个问题。凡史料有异同者，须经过反复考订，选择较为信实的说法修入《资治通鉴》。同时，将不同记载以及取舍的理由和根据，逐条加以说明。这些考订成果汇集起来，即为《通鉴考异》。《考异》共三十卷，最初独立成书。胡三省为《资治通鉴》作注释时，将《考异》散入《资治通鉴》正文之下，成为后人研究《资治通鉴》必不可少的资料。司马光创立的考异方法，开辟了史书编纂的新途径，对我国的史书编纂学做出了重大贡献。

由于《资治通鉴》卷帙浩繁，时人已感到普通人不易阅读，司马光便感叹："修《通鉴》成，惟王胜之（王曙之子王益柔）借一读，他人读未尽一纸，已欠伸思睡。"[1] 他为了克服这个缺点，又附编《资治通鉴目录》三十卷，仿《史记》年表体例，纪年于上，而列《资治通鉴》卷数于下，作为全书的纲领。

司马光修史的目的在于"鉴前世之兴衰，考当今之得失，嘉善矜恶，取是舍非，足以懋稽古之盛德，跻无前之至治"[2]，是把中国古代历代统治的得失、国家的兴衰、生民的休戚作为首要考虑的对象，为治理国家总结历史经验。这也决定了《资治通鉴》把历代统治的盛衰得失作为中心，以政治、军事、民族关系为主，而对于历代典章制度、学术文化和众多的历史人物，并

---

1 ［清］黄宗羲:《宋元学案》卷八五《通鉴注释自序》。
2 ［宋］司马光:《司马文正公传家集》卷一七《进〈资治通鉴〉表》。

没有作为重点记述。元初史家马端临点评《资治通鉴》道："然公之书，详于理（治）乱兴衰，而略于典章经制。非公之智有所不逮也，编简浩如烟埃，著述自有体要，其势不能以两得也。"[1]指出了《资治通鉴》的主旨以及体裁上的特点。后世有学者批判《资治通鉴》对于文人的关注不够，明末清初大儒顾炎武对此进行了反驳，"此书本以资治，何暇录及文人"[2]。王夫之认为，《资治通鉴》包含了"君道"、"臣谊"、"国是"、"民情"、为官之本、治学之途、体人之道等诸多方面内容，这反映了后代人对《资治通鉴》的内容、价值的理解。

《资治通鉴》在文字表述上达到了很高的艺术水平，是中国史书中的上乘之作，如其中关于赤壁之战的部分，成为脍炙人口的一段文字。文章用近六分之五的文字写战前的决策过程：首先是鲁肃向孙权陈述联刘抗曹的必要性；其次是诸葛亮会见孙权，先以词相激，试探其意向所在，继而开陈双方实力对比，以坚定孙权抵抗曹军的决心；再写孙权集团内部主和派与主战派的不同态度，着重突出周瑜对孙、曹双方政治、军事力量的分析；最后写孙权下定决心与曹军一战，"拔刀斫前奏案曰：ّ诸将吏敢复有言当迎操者，与此案同！'"。在决策过程中，通过诸葛亮与周瑜的分析，他们已经言定胜负之数，因此在其后叙述战役本身时，就显得水到渠成，不必着墨过多。此外，在有关历史场面、人物的刻画中，也都不乏精彩之笔。

《通鉴》（即《资治通鉴》）成书以后，在史书编纂方面产生了重大影响，模仿《通鉴》、改编《通鉴》在以后各代蔚然成风，对《通鉴》的研究，也成为一种专门学问。如朱熹及其门人赵师渊编著《资治通鉴纲目》五十九卷，以纲目为体，创造了一种新的史书体裁，在历史编纂学中占据了一席之地。南

---

[1] ［元］马端临：《文献通考》自序。

[2] ［清］顾炎武：《日知录》卷二六，"通鉴不录文人"条。

宋袁枢喜读《通鉴》而苦其浩博，于是"区别其事而贯通之"[1]，著《通鉴纪事本末》四十二卷，这就开创了另一种新的史书体裁。"区别其事"，也就是从以纪年为中心变为以纪事为中心。"贯通之"：一方面指贯通所纪之事，以尽其本末；另一方面也指贯通全书内容，使略具首尾。袁枢《通鉴纪事本末》在真正的历史撰述实践中将纪事本末体确立为一种独立的体裁，使中国史学在编年体、纪传体、典制体之外又多了一种重要体裁，它能够清楚完整地阐述一个重大历史事件的始末原委，从而达到"文省于纪传，事豁于编年"[2]的效果。

宋朝以后历朝历代的统治者都非常重视《通鉴》。金人虽然攻灭了北宋，但是一直没有停止学习北宋的先进文化。金世宗曾对宰臣说："近览《资治通鉴》，编次累代废兴，甚有鉴戒，司马光用心如此，古之良史无以加也。"[3] 金哀宗把《通鉴》作为经筵讲学的内容之一。经筵是为皇帝讲授经史的特殊教育制度，也就是说，金哀宗要定期延请专家学者为他讲授《通鉴》。可见女真人对《通鉴》的重视，也证明了真正伟大的作品是跨越族别和政权的，是具有旺盛的生命力的。之后元、明、清各代，《通鉴》一直都是经筵教育的重要内容。

不仅皇帝和皇子要读《通鉴》，历代文人学者都极力推荐别人阅读《通鉴》，《通鉴》是宋代以后培养政治人才的重要读本。顾炎武将《通鉴》称为"后世不可无之书"。清代历史学家王鸣盛赞誉《通鉴》是"天地间必不可少的书，众学者不可不读的书"。近代著名学者梁启超也曾评价道："司马温公的《通鉴》，亦天地之大文。其结构的宏伟，取材的丰赡，使这些后来想著通史的人，不能不以其为蓝本。"

---

1 ［元］脱脱等：《宋史》卷三八九《袁枢传》。

2 ［清］章学诚：《文史通义·书教下》。

3 ［元］脱脱等：《金史》卷七《世宗（中）》。

《通鉴》在中国以外的其他国家和地区亦有广泛而深远的影响。宋哲宗元符二年（1099）时，高丽人就慕名而来，专门向宋朝索取《资治通鉴》和《册府元龟》两部书。但由于《通鉴》具有"资于治道"的特殊性，因此官府不允许其传播出境。有学者考证，直到高丽末年，《资治通鉴》才传入朝鲜半岛。高丽王朝的官方史书《三国史记》中有九处引用了《通鉴》。朝鲜王朝时代，在朝鲜国王经筵、世子教育、科举考试中，《通鉴》都是重要的史书。如果有人家藏有《通鉴》，哪怕是残缺不全的版本，只要献给朝廷，都能得到一笔可观的赏赐。朝鲜世宗熟知《通鉴》故事，在日常政事中经常引用，甚至亲自给世祖讲授《通鉴》。有学者推测，《资治通鉴》大概12世纪中叶传入日本，受到了天皇和幕府的高度重视。其后，日本出现了大量模仿《通鉴》而作的史书。直到近代，力主变法维新的明治天皇仍然将《通鉴》置于案头，时常阅读。

总之，《通鉴》称得上是一部空前绝后的编年体巨著，司马光也以其突出的成就而在中国史学中得以与司马迁并称，名列"两司马"之一。

（四）《通志》

《通志》是郑樵私人所撰史书。郑樵（1104—1162），字渔仲，他不应科举，在夹漈山（今福建省莆田市涵江区新县镇巩溪村）中筑屋隐居，读书著述，是一位平民学者。《通志》是一部纪传体通史，共二百卷，其中本纪十八卷，世家三卷，载记八卷，列传一百一十五卷，年谱四卷，略五十二卷。全书记事上起三皇，下迄隋末，"略"的部分下及于唐。大体仿照《史记》体例，将"书"改称"略"，"表"改称"谱"，别创"载记"专记割据时期诸国史事。《通志》中的本纪、世家、列传、载记多因旧史，"即其旧文，从而损益"，其精华在于专讲典章制度的二十略。"略"即正史中的书、志，《通志·二十略》自卷二十五至卷七十六，共五十二卷，包罗广博，涉及社会、制度、学术、文化等众多领域，把中国传统史书的内容和研究领域扩展到前所未有的程度。二十略名称及卷数如下：

名称	氏族	六书	七音	天文	地理	都邑	礼	谥	器服	乐
卷数	6	5	2	1	1	4	1	2	2
名称	职官	选举	刑法	食货	艺文	校雠	图谱	金石	灾祥	昆虫草木
卷数	7	2	1	2	8	1	1	1	1	2

在这二十略中，礼、职官、选举、刑法、食货五略名称与内容都本于前史，基本出自唐人杜佑的《通典》，其他十五略则多出于郑樵本人多年研究的独创。《氏族略》记述了氏族的由来，姓代表血统，氏为政权，推出三十二类以区分姓氏，拓宽了姓氏研究的范围。《六书略》《七音略》是关于文字、音韵的学问，将文字、音韵直接纳入文化史研究领域，开启了文字、音韵学研究的新途径。《校雠略》《图谱略》《金石略》提出了历史文献学研究的几个新领域。《艺文略》将历史文献分为经、礼、乐、小学、史、诸子、天文、五行、艺术、医方、类书、文等十二大类，包含了不少创见。《昆虫草木略》则强调实地考察与书本知识相结合，以求事物真相，在天文、地理、灾祥之外，扩大了对自然史认识和研究的范围。

从史学思想来看，《通志》表现出以下特点。首先，会通思想。这既包含对客观历史的看法，也包括对编纂史书的意见。会通思想把历史看成有联系和变化的过程，不但有古今的纵向联系，而且有同一时代的横向联系，这就是"上通"与"旁通"的结合。因此，撰写史书时应该"会天下之书""会天下之理"，全面搜集、考察前人的记载。《通志》的内容纵贯古今，横包万象，叙其源流演变，条理分明，庞而不杂，集中体现出"会通"的思想。其次，对史家任意褒贬的史法的批判。郑樵认为《春秋》是一部纪实的书籍，后儒所谓《春秋》寓褒贬于文字之间的说法是杜撰演绎出来的，并没有事实依据。他对宋代流行的字字褒贬的"春秋笔法"进行了批判，认为这是私心的反映,只能扭曲历史的真相。他要求恢复历史的真相,主张客观地记录史实,秉笔直书,让史实自己来说话。此外,郑樵反对空言著述,对当时理学家"操穷理尽性之说,以虚无为宗,实学置而不问"[1]的学风提出批评,提倡实学,主张留意典章制度之实,而不应争口舌之短长。

郑樵对前代史学家进行了广泛的史学批评,他推崇孔子,却对《论语》颇有微词,认为它空言著述,对后代的学风产生了不良的影响。他对司马迁给出了很高的评价,认为《史记》是六经之后最重要的著作,"使百代而下,史官不能易其法,学者不能舍其书"。但指出该书仍有两点未尽如人意:其一是限于客观条件,司马迁所见到的书不够多,因此"博不足";其二是司马迁写作风格不统一,间有俚语,"雅不足"。郑樵对班固的批评最多,他指责班固《汉书》割断了历史的联系,"致周秦不相因,古今成间隔",使人们无法了解古今制度的沿革演变。他批评班固没有自己的见解,只能人云亦云,举例说《汉书》中武帝以前的材料取自《史记》,自昭帝至平帝的记载源于贾逵、刘歆,最后由班昭结篇。

郑樵对其他学者也都从不同角度出发,指出其不足之处。如刘向、刘歆不重视图谱;范晔、陈寿沿袭班固,缺乏创造性;刘知幾不应该尊班抑马;欧阳修《新唐书》的《表》中引用可信度不高的私人谱牒;司马光《通鉴》中纪年办法过于烦琐;等等。郑樵对自己严峻评议前人学术的用心进行了解释,指出自己并非"好攻古人",而是希望以此打破学术僵化的局面,"开学者见识之门"[2],拓宽人们的学术视野。

郑樵广泛的史学批评招致不少非难和指责,陈振孙、马端临说他讥诋前人、高自称许,钱大昕、王鸣盛、戴震说他大言欺人、贼经害道。而章学诚

---

1 [宋]郑樵:《通志》卷七五《昆虫草木略·序》。
2 [宋]郑樵:《通志》卷四九《乐略第一》。

却对郑樵的史学批评做出正面的评判，他充分肯定郑樵史学批语的价值，指出郑樵能够别识心裁，承通史家风，而自为经纬，最终成一家之言。他反驳历代学者的责难是少见多怪，不能理解郑樵的绝识旷论，仅仅根据一些细枝末端的疏漏而纷纷攻击，不足以抹杀郑樵的突出成就。

梁启超总结了中国自古以来史学批评的发展与成就，将郑樵和刘知幾、章学诚三人并列。

> 批评史书者，质言之，则所评即为历史研究法之一部分，而史学所赖以建设也。自有史学以来二千年间，得三人焉：在唐刘知幾，其学说在《史通》；在宋则郑樵，其学说在《通志·总序》《艺文略》《校雠略》《图谱略》；在清则章学诚，其学说在《文史通义》。[1]

事实上，三人的史学批评仍有区别，刘知幾着重于史书体例、体裁的批评讨论，而郑樵与章学诚则着重于史学思想。用章学诚的话来说，就是刘知幾重"史法"，而郑樵与章学诚重"史意"，他们之间的思想旨趣并不一致。

"当代史"

重视当代史的编纂，是中国古代史家的传统，两宋史家也不例外。从宋代官方的修史情况来看，北宋神宗以前，前代史的修撰尚占据一定的比重，神宗以后，当代史的修撰就成为修史工作的重中之重，这从一个侧面反映出当代史在两宋时期的发达。

1　梁启超：《中国历史研究法·中国历史研究法补编》，北京：中华书局，24 页。

北宋时，司马光在修《资治通鉴》之余，撰《稽古录》一书，其中记录了北宋开国以来至宋英宗治平四年（1067）间的大事。此后，北宋灭亡、南宋偏安及宋金和战这些重大的社会历史变迁，激发了人们对于历史和现实的思考，一些有识之士纷纷致力于本朝史事的研究，从而推动了宋代当代史的繁荣。

（一）《续资治通鉴长编》

李焘（1115—1184），字仁甫，一字子真，号巽岩，眉州（今四川省眉山市）人。李焘仕宦生涯中很长时间都在从事修史工作。他曾撰神、哲、徽、钦《四朝史稿》五十卷；与洪迈同撰《四朝国史》三百五十卷，其中诸志二百卷多出李焘之手；与吕祖谦重修《徽宗实录》二百卷、《考异》二十五卷、《目录》二十五卷。虽然修史颇多，但他最重要的史学著作还要数《续资治通鉴长编》。

李焘用了四十年的时间才编成《长编》（即《续资治通鉴长编》）这一编年体史书，他采用司马光修《通鉴》时所用的长编体裁，遵循"宁失于繁，无失于略"的原则，秉承"使众说咸会于一"的修书宗旨，专记北宋一百六十八年史事。李焘以一己之力完成这一鸿篇巨制，用力甚勤，"精力几尽此书"[1]，在成书的第二年便病逝，享年七十岁。《宋史·李焘传》引张栻之语称赞李焘："如霜松雪柏，无嗜好，无姬侍，不殖产，平生生死文字间。"[2]这是对其一生做出的恰当的评价。

李焘在编纂《长编》的过程中，充分占有资料，以实录、国史为主要依据，参以时政记、日历、会要、宝训、御集等各种官方文书，并尽量利用野

---

1 ［元］马端临：《文献通考》卷一九三《经籍考（二十）》。
2 ［元］脱脱等：《宋史》卷三八八《李焘传》。

史、奏议、文集、笔记、家谱、行状、志铭等私人著述，以便考证异同，定其疑谬。叙事翔实是《长编》的突出特点，李焘用正文表述自己的见解，用注文列出不同记载并加以考订，这样不仅能保存大量的宋代史料，而且在考订异同中的见解也比较客观。如关于王安石变法的记载，李焘本人喜欢王安石的学术，在政治上反对变法，但在《长编》中除采用司马光、文彦博等反对派的记录外，也保存了王安石《熙宁奏对日录》等变法派的说法，使后人能够全面地了解这一段历史。这体现了李焘的史识，也是李焘在史学上的极大贡献。

李焘《长编》成书后，赢得了广泛的赞誉。宋孝宗称许其书"无愧司马迁"[1]，周必大称赞《长编》在考证异同方面"罕见其比"，叶适将其推许为继《春秋》之后第一史书。朱熹在教导弟子时说："若欲看本朝事，当看《长编》。若精力不及，其次则当看《国纪》。《国纪》只有《长编》十分之二耳。"[2] 清代学者朱彝尊写道："宋儒史学，以文简（李焘）为第一，盖自司马君实、欧阳永叔书成，犹有非之者，独文简免于讥驳。"[3] 他认为李焘的史学成就超过了司马光、欧阳修，名列宋代第一。

《长编》原书达九百八十卷，元明以来已无足本流传，现行本系四库馆臣从《永乐大典》中辑出，共五百二十卷，尚缺英宗治平四年（1067）四月至神宗熙宁三年（1070）三月、哲宗元祐八年（1093）七月至绍圣四年（1097）三月、元符三年（1100）二月至十二月及徽、钦两朝史事。南宋末年，杨仲良据《长编》编成《续资治通鉴长编纪事本末》一百五十卷，亦有残缺，其中徽宗朝二十八卷、钦宗朝六卷，正可补长编之缺。

---

1 ［元］脱脱等：《宋史》卷三八八《李焘传》。
2 ［宋］黎靖德编：《朱子语类》卷一一一《读书法下》。
3 ［清］朱彝尊：《曝书亭集》卷四五《书李氏〈续通鉴长编〉后》。

（二）《三朝北盟会编》

《三朝北盟会编》是记录宋与辽、金政权交涉、和战的一部史书。该书记载了自徽宗政和七年（1117）七月宋金海上之盟，至绍兴三十二年（1162）完颜亮被杀，徽宗、钦宗、高宗三朝共四十六年间有关宋金和战的历史。全书共二百五十卷，分为三帙：上帙二十五卷，记录宋徽宗政和、宣和年间的事件；中帙七十五卷，记录宋钦宗靖康年间的事件；下帙一百五十卷，记录宋高宗建炎、绍兴年间的事件。还有一些材料无法确定年月，编为"诸录杂记"五卷，放在全书最后。

《三朝北盟会编》的作者是徐梦莘（1126—1207）。徐梦莘，字商老，临江（今江西省樟树市）人。他幼年经历靖康之难，对北宋的灭亡一直难以释怀，希望能够记录其始末，"使忠臣义士、乱臣贼子善恶之迹，万世之下不得而淹没"[1]，以免日后是非莫辨，于是网罗旧闻，荟萃异同，撰成《三朝北盟会编》。

《三朝北盟会编》按时间顺序编排材料，在每事之前又加入类似于标题的提纲，后附有关资料，实际上是在按年编排的同时又以事分类，兼备编年体与纪事本末体的特征。

《三朝北盟会编》广泛收集了当时官方和私人有关宋金关系的言论和记述。徐梦莘在《序》中说明："取诸家所说及诏敕、制诰、书疏、奏议、记传、行实、碑志、文集、杂著，事涉北盟者，悉取铨次。"[2] 据《四库提要》的统计，所引书一百零二种，杂考私书八十四种，金国诸录十种，共一百九十六种，而文集之类尚不在其列。《三朝北盟会编》所征引的大多数著作的原本今天已经失传。此外，徐梦莘还阐明了编集资料的原则：对各种资料都照引原文，

---

1 ［宋］徐梦莘：《三朝北盟会编·序》。

2 同上。

保持其本来面目，不加删改，不加褒贬，同异共存，是非对错留待后人评说。由于徐梦莘编书过程中收录了大量史料，而且编入史料的过程中皆照录原文，从而保存了原始资料的本来面目，使后人能够在原始资料的基础上从事研究，因此具有很高的史料价值。

（三）《建炎以来系年要录》

李心传（1167—1244），字微之，一字伯微，号秀岩，隆州井研（今四川省井研县）人。李心传有史才，通晓史事，著作宏富，与李焘齐名。他感慨宋室南渡后诸家记载往往传闻失实，使明君良臣之事郁而未彰，礼乐典章之因革坠而不述，因此立志编纂此书，以记录、保存南宋以来的信史。

《建炎以来系年要录》共二百卷，是一部编年体史书，专记宋高宗一朝三十六年史事。该书取材以高宗朝日历、会要为主，参考大量私家著作，"可信者取之，可削者辨之，可疑者阙之"[1]，材料丰富，叙事翔实。《四库提要》称其书"宏博而有典要"，"文虽繁而不病其冗，论虽歧而不病其杂。在宋人诸野史中，最足以资考证"[2]。

在征引大量史料的同时，李心传能够对史实秉笔直书，如书中对张浚攻李纲、枉杀曲端等事的叙述皆实事求是，"虽朱子行状亦不据以为信"，为宋代官修史书所不能及。

《建炎以来系年要录》曾在理宗年间于扬州刊行，但由于卷帙过大流传不便，元代修《宋史》时未能访到。明初，文渊阁一部藏书被收入《永乐大典》，此后原书散佚。清代修《四库全书》时从《永乐大典》中辑出，重定卷次，仍分为二百卷。与原书相比，辑本已经发生了一些变化，如原书中涉

---

1 ［宋］许奕：《进呈高宗皇帝系年要录奏状》。
2 参见《四库全书总目》卷四七《建炎以来系年要录提要》。

及金朝的人名、地名、官名等，已由四库馆臣据《金史·国语解》进行窜改，注文中除李心传原注外，又增入了四库馆臣所加按语，此外，修《永乐大典》时附入的文字也未加改动，仍然保留在辑本中。

上述之外，还有许多优秀的宋人私修当代史著作，如王称的《东都事略》、彭百川的《太平治迹统类》、江少虞的《皇朝事实类苑》、李攸的《宋朝事实》等，都是现在研究宋代历史的常用史料。

地 方 志

方志是以地命名、以地域为范围、分类记述该区域内一定时期事物的记录。宋代方志学取得了突出的成就，是中国方志学发展的重要阶段。宋以前方志多详于地理，不出地理书的范围，从宋代开始，方志在内容上更为丰富，增加了人物、艺文等方面的内容，设纪、图、表、志、传的完整体例，成为后世方志编纂学的典范。

宋初乐史撰《太平寰宇记》，除承袭《元和郡县图志》一书中的内容外，又增加了人物、姓氏诸门，详细记录历代人物的生平、活动，实现了方志编纂体例的重大转变。《四库全书总目》认为乐史开后代方志必列人物、艺文之端绪，地方志的体例自此而大变。

宋朝对编修地方志非常重视，设有专门机构主管全国地方志的工作，并沿袭唐代州郡三年一造图经的制度，规定"凡土地所产，风俗所尚，具古今兴废之因，州为之籍，遇闰岁造图以进"[1]。宋朝大规模编修地方志，兴盛期在北宋，这一时期的地方志多是全国性的总志，如《开宝诸道图经》《太

---

1 ［元］脱脱等：《宋史》卷一六三《职官志三》。

平寰宇记》《元丰九域志》《景德重修十道图》《熙宁十八路图》《皇祐方域图志》等。

南宋以后，区域性方志的修撰成为风气，州县方志的修撰十分普遍。区域性方志的修撰多由地方官主持，他们选拔名人学者来编修方志。由于区域缩小，编修人员对当地情况比较熟悉，因此在内容上要比全国总志更为详细。

宋代所修方志大概可分三类：一是官修全国性总志，如《太平寰宇记》《舆地纪胜》《方舆胜览》等；二是官修或私修的区域性方志，如宋敏求的《长安志》、范成大的《吴郡志》、罗愿的《新安志》等；三是私修的山志、水志、古迹志等，如梁克家的《淳熙三山志》等。宋代所修地方志，根据张国淦《中国古方志考》的明确统计，有六百余种，大部分都已散佚，现存仅三十余种。

宋代方志搜集资料极为丰富，大都旁征博引、考订详密，成为百科全书式的地方史料。历代正史、政书中，多集中论述一朝的兴衰及全国的总体情况，不能兼备各地区的情况。方志恰恰能够弥补正史的不足，它以地区为中心，记录本地的历史沿革，其中历史事件与人物交织，更能够全面地反映该地的历史面貌。

历史文献学发展

（一）金石学

宋代学者在史学领域中开辟出了一个专门的学科——金石学。"金"主要指商周时期的青铜器，在古代铜器铭文中往往称为"吉金"。"石"主要指秦汉以后的石刻，古代石刻有时又被称为"乐石""嘉石""贞石"。刻于铜器者称为金文，刻于石碑者称为石刻。

对金石的研究在我国早已出现，西汉司马迁在《史记·秦始皇本纪》中录石刻六篇，将石刻资料修入史书。梁元帝萧绎集《碑英》一百卷，《四库提要》称之"为金石文字之祖"，可惜没有流传下来。汉唐以来对金石文字的注意以及对古礼、古文字的研究成果，为金石学的建立奠定了基础。然而对金石进行系统的搜集、整理、鉴别、考订而用于历史研究，则是宋代的事情。

宋代涌现出一批具有开创性意义的金石著作，保存了大批古器图形和金石刻辞，并进行了初步的研究，建立了金石研究的一套方法，标志着金石学的确立。欧阳修长期搜集金石刻辞，前后积至千卷，为防止脱漏，于是编成《集古录》一书。此后，经过不断考订，又撰写跋尾四百余篇，分为十卷，成为流传下来最早的金石学专著。该书可以与史书、文集等文献资料相考证，具有很高的学术价值，如他在《魏贾逵碑》跋尾中指出，《三国志》中所记贾逵被郭瑗所杀一事与碑文不符，颇为怀疑《三国志》的记载并不属实，并指出裴松之所注贾逵的享年亦与碑文相异，显示出该书在正误补缺方面的价值。

赵明诚《金石录》同样是宋代金石学确立时期的代表作。赵明诚是徽宗朝宰相赵挺之之子，他长期访求古器石刻，得金石铭刻二千种，于是模仿《集古录》的体例，撰《金石录》三十卷。该书前十卷按时间顺序排列目录，后二十卷为跋尾，共五百零二首。赵明诚很重视金石铭文的史料价值，其跋尾对于铭刻与正史不符之处进行了详细的考订，并对金石铭文在历史研究中的作用进行了理论上的说明，反映了宋代金石学的发展。南宋高宗绍兴年间，其妻李清照将该书进奉给朝廷，并在其后附上自己撰写的跋文，以浓郁的感情叙述了他们夫妇搜集金石文物的经过，为该书又增添了一抹亮色。清代学者李慈铭评论李清照的跋文："叙致错综，笔墨疏秀，萧然出町畦之外。

予向爱诵之，谓宋以后闺阁之文此为观止。"[1]

南宋郑樵撰写《通志·二十略》，金石是其中之一。他的文章可以看作是对当时人们对金石认识的一次总结：一方面，他强调金石之物"寒暑不变，以兹稽古，庶不失真"，指出了金石文物在考史方面的价值；另一方面，他阐述了金石之物在教育风化方面的作用，后代人通过金石文物，直接接触到古人的制作，等于直接受到古人的熏陶，感受到古人的风仪，就会得到感化。

郑樵《金石略》对金石学作为一门专门学问做出了理论上的说明。从《集古录》《金石录》到《金石略》，金石学成为历史文献学的一个重要方面，确立起其作为新兴专门学科的地位。

搜集金石、研究金石在宋代学者中已成为一种风尚，也留下了众多金石类著作，这些著作大体可以分为三种：一是对金石铭文、图像进行考订的专著，如吕大临的《考古图》、王黼的《宣和博古图》等；二是对金文石刻进行辑录考释的金石目录，如欧阳修的《集古录跋尾》、赵明诚的《金石录》、洪适的《隶释》《隶续》等；三是对金石文字进行摹写、考释的专著，如薛尚功的《历代钟鼎彝器款识法帖》、王厚之的《钟鼎款识》等。

（二）考异、纠谬和刊误

考异是指考订诸书对同一事件的不同记载，求得事实的真相。司马光在编纂《资治通鉴》时，为了能够写出一部信史，专门撰写《资治通鉴考异》三十卷，对事件的时间、地点、过程及人物的行为等进行广泛的考察，以说明对诸家学说去取的依据。在撰写史书的过程中，专门写出大部头的《考异》，这在历史上还是头一次。《考异》博引诸书，或去或取，或诸书并存，不但使《资治通鉴》记事更加可信，而且在不同程度上保存了一些佚书的面

---

[1] ［清］李慈铭：《越缦堂读书记》九《艺术》，咸在辛酉四年十三日条。

貌。后人在考异方面的成就，多受司马光的影响。

纠谬是针对他人所撰史书指出其记载失实之处，代表作有吴缜的《新唐书纠谬》和《五代史记纂误》。《新唐书纠谬》共二十卷，按所举之谬误分类排比，分为二十门，如"以无为有""似实而虚""自相违舛""官爵姓名谬误""年月时世差互"之类。如卷二说"郑絪作相时事皆不实"，举出五条证据后，又列表编年附之于后，使读者一目了然。如是之类，对《新唐书》的讹误订正颇有助益。

刊误即修订、改正史书中不实之处。宋人对前史的刊误集中于《汉书》和《后汉书》。宋仁宗读《后汉书》时，发现书中将"垦田"的"垦"字错写成"恳"，于是命官刊正。刘敞在英宗时上《东汉刊误》四卷，举《后汉书》所记之误，于其下以按语的形式进行订正。如卷一"帝纪第一"开头引《光武帝纪》，"出自景帝生长沙定王发"，其下书"按：文言'出自景帝生长沙定王发'，文意不足，盖以'生'字当作'子'字"。其他刊误著作还有余靖的《汉书刊误》，刘敞、刘攽、刘奉世的《三刘汉书标注》，吴仁杰的《两汉刊误补遗》等。

考异、纠谬、刊误都属于对史书、史实的考证，而提及考史，不能忽略王应麟的《困学纪闻》。该书共二十卷，其中卷一一至卷一六专为考史。前五卷杂考历代史事，上起先秦，下迄南宋淳祐四年（1244）；最后一卷为专题，包括《汉河渠考》《历代田制考》《历代漕运考》《两汉崇儒考》等内容。宋末元初牟应龙称赞该书考订史事"辞约而明，理融而达"。

结　语

宋代史学高度繁荣，是宋代文化发达的一个侧面。宋代诞生了众多杰出的历史学家和著作，史学研究领域不断拓展，在历史上产生了深远的影响。

修史制度在宋代得到进一步完善。朝廷设置了起居院、日历所、国史院、实录院等多个机构负责修撰本朝的历史，留下了种类多样、内容丰富翔实的历史记录。宋代有一套完整的记录历史的程序。首先史官编修起居注、时政记，然后将其按时间顺序编撰为日历，最后根据日历加工成国史。据记载，宋代的日历卷帙浩繁，一位皇帝在位期间的日历少则数百卷，多则上千卷。不过，宋代的皇帝有权审阅实录、国史等资料，史官的独立性大大降低，政治形势、意识形态等多种因素对史书的客观性造成一定影响。

宋代编纂了很多记述宋以前的历史的书籍。宋代统治者希望通过追索前朝的历史，探究兴亡治乱之道，指导当下的统治。宋代的君臣还希望发扬史书的褒贬功能，通过史书重建伦理规范，稳定统治秩序。因此，宋代十分重视编纂历史著作。通史方面，北宋前期，朝廷编修了《太平御览》《太平广记》《册府元龟》《文苑英华》等四部大型的类书，其中包含很多历史方面的内容。北宋中期诞生了编年体通史的鸿篇巨制——《资治通鉴》。南宋郑樵的《通志》扩展了史志记载的内容和研究领域。此外，宋人十分关注唐和五代的历史。宋初，朝廷根据五代的实录等资料编修了《旧五代史》。北宋中叶，一些文人对既有的《唐书》《五代史》感到不满意，重修唐史和五代史，其成果就是欧阳修独立完成的《五代史记》（后被称为《新五代史》）和欧阳修、宋祁共同主编的《唐书》（后被称为《新唐书》）。

宋人对修撰当代史投入了巨大的热情，其中最杰出的成果包括李焘的《续资治通鉴长编》、徐梦莘的《三朝北盟会编》和李心传的《建炎以来系年要录》。这些史家具备很多共同之处：首先，他们都用毕生的精力搜集资料、撰写史书，付出了巨大的心血；其次，他们所参考的资料十分丰富。李焘撰写《续资治通鉴长编》时遵循"宁失于繁，无失于略"的原则，不仅参考了北宋各朝的实录、国史等官方对历史的记载，还参考了大量私家的文集、奏议、行状等著述。徐梦莘参考的资料接近二百种之多。最后，他们注重对不同的记载进行考订，在无法做出比较准确的判断时，在书中将种种叙述和观点全部保存下来。

历史著作的体裁得到发展和创新。袁枢将《资治通鉴》的内容划分为若干主题，在每一主题之下完整地叙述事件的来龙去脉，确立了纪事本末体。朱熹和赵师渊编著的《资治通鉴纲目》，开创了纲目体史书。

宋代政府非常重视编修地方志。北宋朝廷编修了《太平寰宇记》《元丰九域志》等记载全国情况的总志。南宋时期，政府和私人都修撰了大量区域性的方志，留下了宋敏求的《长安志》、范成大的《吴郡志》、梁克家的《淳熙三山志》等作品，为后人提供了很多细节性的内容。

金石、考证等史学的辅助学科从宋代开始兴盛。宋代学者在史学领域中开辟出一个专门的学科——金石学。欧阳修、赵明诚等学者致力于对金石进行系统的搜集、整理、鉴别、考订，《集古录》《金石录》是宋代金石学的代表作。考史之学也在宋代进一步发展成熟，其代表作有司马光的《资治通鉴考异》、吴缜的《新唐书纠谬》和《五代史记纂误》、王应麟的《困学纪闻》等。

第十一章

宋人的遗产：价值连城的艺术品

与唐代相比，宋代文化展现出截然不同的风貌。唐代文化兼收并蓄，以接受外来文化为主，表现出异彩的特色；而宋代文化经过沉淀和自我充实，转向深沉、内敛，民族本位文化高度突出，本土文化高度纯化。表现在艺术的领域，与唐代艺术的博大雄浑、奔放热情、金碧辉煌相比，宋代艺术表现出更纯粹的中国风格，显得淡泊秀丽、精致典雅、宁静隽永，笼罩着文质彬彬的谦谦之风。因此，流传到海外的宋代艺术作品，素来被视为最能代表纯粹的中国文化特色而备受珍视。

绘　画

宋代崇尚文治，政府对于绘画艺术的介入通过宫廷画院来实现，最终促进了"院体"的形成。宋太宗雍熙元年（984），于开封设翰林图画院，罗致天下著名画家，视其才艺，分别授予待诏、祗候、艺学、画学正、画学生、供奉等职。徽宗在位期间是翰林图画院的鼎盛时期，画院和画家的地位都得到很大提高，"诸待诏每立班，则画院为首，书院次之，如琴院、棋、玉、百工，皆在下"[1]。

---

1 ［宋］邓椿:《画继》卷一〇《杂说》。

为了培养绘画人才，徽宗于崇宁三年（1104）在翰林图画院之外成立画学，分为六科，制定入学考试条规，是世界上最早的绘画专科学校。画学学生不仅要接受各种专业培训，还要学习《论语》《孟子》《说文解字》《尔雅》等经典，除提高综合文化素质外，也有多识古今之事、上下之理以贯通画意的考虑。画学的专业考量标准以"不仿前人，而物之情态形色俱若自然，笔韵高简为工"[1]。情态自然、笔韵高简，既是关于绘画艺术语言的要求，也是关于艺术文化品格的要求，集中体现了宋代绘画艺术与唐代"工丽"画风的不同品格。画学取士考试，试题通常是一句古诗，如"野水无人渡，孤舟尽日横""竹锁桥边卖酒家""蝴蝶梦中家万里"等，让应试者构思作画，以构思奇巧、技法高超、深得诗意者为上。如"蝴蝶梦中家万里"一题，入选者以苏武牧羊的故事为题材，画苏武牧羊于北海，他席地假寐，两只蝴蝶飞舞其上，以示万里之意，意境相当高远。

靖康之难，中原文化遭受浩劫，大批艺术家及艺术品被掳往金朝，这对在很大程度上依靠"传移模写"来进行技艺传授的中国绘画来说，不啻一次重大的打击。南渡以后，宋高宗着意网罗宣和画院南渡画家，重建了绍兴画院，赢得了"不减宣和"的名声。在此后的一段时间内，画院得到进一步发展，涌现出刘松年、夏圭、马远等优秀画家。理宗以后，画院走向衰落，艺术创造力与画坛影响力都大幅下降，宋代皇家画院的辉煌历史即此终结。

在画院体制之下，宋画逐渐形成一种旨趣相近的绘画艺术风格，这种风格被称作"院体"画风。北宋初期，来自后蜀的著名画家黄筌、黄居寀父子对北宋画院风格产生了十分深远的影响，他们开创"黄家富贵"画风，旨趣浓艳，成为北宋画院风格的主流。在这一时期，花鸟画成为画院的中心题材，符合皇家趣味的富贵精妙的艺术语言成为画院的标准。随着宋型文化的确

---

1 ［元］脱脱等：《宋史》卷一五七《选举志（三）》。

立，画院绘画风格汲取不少文人画的观念，也发生了一定程度的改变。到徽宗时期，画院崇尚精妙生动、巧丽雅致的画风，世人称之为"宣和体"。降及南宋，李唐之雄峻、马远之峭拔、刘松年之精妍、夏圭之简远，形成南宋院体山水画风，而新的水墨山水和泼墨人物画的出现，则为绘画注入了新的生机。然而，不论院体画风如何变化，精妙典雅的整体风格基本一以贯之，反映了宫廷文化的趣味。

宋朝政府在统一过程中就注意收集名画，此后又搜求民间藏画，这些画供宫廷赏玩的同时，也让画家有了学习的榜样。徽宗时，辑成《宣和睿览集》，收集了上自吴曹不兴，下迄宋初黄居寀的凡一千五百件作品，堪称历代精品。徽宗时期又纂成《宣和画谱》，著录宋廷所收前代名画六千三百九十六轴，分道释、人物、宫室、番族、龙鱼、山水、畜兽、花鸟、墨竹、蔬果十门。其中宋人作品三千三百余件，占了总数的一半。在这三千三百余件作品中，道释人物四百三十八件，山水八百二十三件，花鸟一千六百七十件。由此也可得知，在宋人的各项绘画成就中尤以人物、山水、花鸟为盛。

（一）人物画

人物画按其题材可分为"道释""人物""写真"三类。"道释"是有关宗教故事的人物画，"人物"是以历史或现实生活为主要题材的人物画，"写真"即人物肖像画。两宋时期，道释画在人物画中仍然居首位，不过，人物画的取材范围已从仕女、圣贤扩展到田家、山樵、市井风俗，题材空前广泛，反映社会生活的各个方面。

北宋人物画的杰出代表，当推北宋中叶院外画家李公麟。李公麟是标志着北宋人物画向精致文雅演变的重要人物，他在学习前人的基础上，经过自己的思考探索，集众所长，专为一家。他十分重视生活与自然，在作品中能够恰到好处地表现不同阶级、阶层、地域的各种人物的特点。他的艺术不但能率略,而且能精工,在两种面貌中得吴道子的精诣而体现晋宋人的俊逸潇洒。他的人物画尽去豪放雄强而追求细腻微妙的格调,进一步丰富完善了洗尽铅华的人物"白描"画法,高度简洁、效果明快,他因此成为一代宗师。李公麟一生创作了大量作品,但真迹多已不传,存留下来的有《临韦偃牧放图》《五马图》等。

从北宋末到南宋,人物画中有两个部类得到突出发展,一是反映城乡经济繁荣景象的风俗画,二是靖康之难后描写重大历史事件和借古喻今的作品。反映城乡生活的人物画北宋前期已经出现,如燕文贵的《七夕夜市图》、叶仁遇的《淮扬春市图》等。然而最具代表性的还是张择端的《清明上河图》。图中以汴河为特定环境中的纽带,再现了汴梁市内外的繁华景象和各色人物的日常生活,图中包含达官贵人、商人、手工业者、船夫、车夫等各类人物七百多个,使人目不暇接,恍如身临其境。整体画面造型准确,笔墨流畅,着色淡雅,构图统一多样,绘画技巧达到炉火纯青的境地,将风俗画提高到空前的水平,是我国绘画艺术的瑰宝。南宋时期的风俗画比北宋更为丰富多样,城乡经济的繁荣,使画家进一步燃起对世俗生活的兴趣,画家的注意力转向更平凡琐细的生活小景和多种生活情味,比较优秀的作品有苏汉臣的《秋庭婴戏图》《货郎图》,闫次平的《四季牧牛图》,等等。

两宋之际,由于阶级矛盾、民族矛盾的激化,出现了一些政治性较强的作品,它们表达了现实主义的主题。李唐的《晋文公复国图》和《采薇图》颇为著名。《晋文公复国图》大约创作于北宋危亡之际,描写了重耳从流亡到复国的过程,意在劝诫宋朝统治者学习重耳,卧薪尝胆,恢复故土。《采薇图》则描述了伯夷、叔齐不食周粟的故事,两人作为商朝遗民,不愿投降周朝,为了坚持气节逃到首阳山中以野薇为食,后来绝食而死。作者通过这个故事讽刺了面对异族侵略屈膝投降的政策,歌颂了宁死不降的民族气节。

除去这种借古喻今的历史故事画外，还有一些寄望中兴的描绘当代事件与人物的作品。如萧照的《中兴瑞应图》，描绘高宗赵构从出生到即位的生平，附会成神话故事，渲染赵构即位乃是天意，这反映出南宋人民对收复故土的渴望。刘松年的《中兴四将图》描绘了刘光世、韩世忠、张俊、岳飞四位抗金名将，表达了人民对民族英雄的仰慕。

在白描画法继续发展的同时，南宋时期又兴起一种水墨简笔画，成为南宋人物画的新突破，梁楷是其中杰出的代表。梁楷的代表作是《泼墨仙人图》，彻底摆脱了线条的局限，在一片酣畅淋漓的墨迹中辉映出仙人的浪漫风姿，使形象与笔墨融为一体，也使着重于对象描绘的传神与偏重于主体抒发的写意相互为用。

（二）山水画

山水画尤其是水墨山水画，是中国传统人文精神的重要体现。两宋时期，山水画开始勃兴，进入兴盛阶段。在审美准则方面，这一时期的山水画以"度物象而取其真"为核心，不仅要求对物象外在形色的逼真描摹，更要求超越形色来把握山水的内在之"实"，达到"气质俱胜"，从而在"物态"之外显现真实的"意境"。在样式方面，水墨样式成为两宋山水画的主流，以浓淡干湿不同的墨色来表现物象，形成一定的法度。

两宋山水画因南北地域、源流的不同，形成南北分立格局下的多样风格。北方画派主要以具有北方山水特征的景物为对象，画中山水多高山大岭，布景宏阔，多为全景点缀，代表人物有关仝、李成、范宽、郭熙等。与之相对应，南方画派多以江南山水景物为对象，在画法上以披麻皴法写山石，突显其秀润之质，以董源、僧巨然为代表。北宋时期，山水画呈现出北派偏盛的局面。南宋以后，南北画法杂糅，南派稍占上风，以李唐、刘松年、马远、夏圭为代表，南宋山水画形成了以"院体"为主流的风格，斧劈皴作为院体山水画的象征式笔墨法式，在山水画的发展史中也具有非常典型化的意义。

关仝喜好以秋山寒林、村居野渡、幽人逸士、渔市山驿为题，画风简括脱略，却又不失真实感，笔墨纯熟自然，极富感染力，被称为"关家山水"。《宣和画谱》评价他的画"笔愈简而气愈壮，景愈少而意愈长，深造古淡"。他流传至今的作品有《山溪待渡图》《关山行旅图》等。《关山行旅图》（现藏于台北故宫博物院）描绘的场景是：巍峨的山峰下，一队商旅沿河边山道前行，停歇在山脚村舍。图中山石笔法简洁，以重笔淡墨皴染山石，同时加以浓重的轮廓线。关仝的山水画所确立的布局样式和笔墨方法，不仅成为一个时代的典范，而且成为北宋山水画发展的基石。

李成的山水画师法荆浩，也学过关仝，但青出于蓝而胜于蓝，他的成就超过了荆浩、关仝，发展了"平远"画法，表达更精微细腻的感受。他将荆浩、关仝的静居变为游历，仰观变为远眺，高远变为平远，进而将画中观变为画外游。他善于表现山川地势与寒林平远的丰富变化，现存日本大阪市立美术馆的《读碑窠石图》就是其中的典范，图中描绘了古树荒碑与抒发怀古幽情的旅人，意境萧瑟幽凄。近景土坡被画得大而简；中景的寒林成为构图的主体，得以描绘得更加精细，强化了那种历尽人间沧桑而不屈不挠的生命力；远景则消失于杳渺淡远之中，从而创造了寒林平远的形象。在用墨上，李成善于使用简淡精微的墨法，以爽利脱俗的笔致和丰富微妙的墨色变化来体现层次感，把画面与精微细腻的人生感受结合起来，从而开辟出一条新的道路。李成的画带有一种萧疏清旷、荒寒悠远之感，其审美取向代表着以后山水画的主要倾向。他的画是宋代山水画派中成就最大的一家，《圣朝名画评》把他的画列入神品，宋元人称他的画为"古今第一"，后来的名画家许道宁、郭熙、王诜等继承了李派的画法。

范宽比李成的活动时期略晚。他开始学李成画法，后来流连于山林之间，独自摸索，创造出自己的风格。他多作大幅，将荆浩开创的大山大水式"高远"山水发展得更加峰峦浑厚，气势雄强，使作品更加充满震撼人心的力量。北宋画家王诜对比李成和范宽二人，认为李成"秀气可掬"，范宽"笔力老健"，二人"一文一武"。现存台北故宫博物院的《溪山行旅图》是范宽的代表作，画中劈面而来的雄浑大山、直落千仞的飞瀑、山下空蒙一片的丛林楼阁，集中表现了大自然的雄伟气象，显示出一种险峻的威慑感与逼人的磅礴气势，是大山大水全景式构图的千古杰作。

南方山水画派的代表是董源和僧巨然。他们的山水画多采江南景色，没有北方山水画的壮阔、雄峻，但草木丰茂，秀润多姿，充满了活泼的生机，被宋人称为"平淡天真""一片江南"。董源的水墨山水被米芾《画史》评为"近世神品，格高无与比也"。他的画主要运用披麻皴、点苔法的笔墨技法，恰与长江中下游一带的丘陵地区山水景色相适应。董源的代表作有《潇湘图》《夏景山口待渡图》《夏山图》等。现存北京故宫博物院的《潇湘图》，表现"洞庭张乐地，潇湘帝五游"的词意，宽阔平静的江水与连绵起伏的山峦相映衬，洲渚交横，空蒙幽深。图中多以花草和水墨点簇，山水苍茫，清幽淡远，虚实相间，显现出江南山水的秀润。画面中人物极小，用粉白朱红等颜色点缀，别有古趣。董源的山水画用笔精纯，得景物之大体，近观几不类物象，远观则景物粲然，被后世尊为开创江南山水画派的鼻祖。

巨然师法董源，他的画多披麻皴、雨点皴，笔墨秀润，善画烟岚气象、山川高旷的景色。他曾于太宗年间在学士院北壁画烟岚晓景，受到时人的称许，被誉为"一时绝笔"。他的画的特点是在山顶画矾头（小石块），山间则奔流、卵石、松柏、蔓草之类相映成趣，风格雄秀奇逸。晚年以后，他的画风可能受到一些北派山水画法的影响，"平淡趣高"。现存巨然的代表作有《层岩丛树图》《萧翼赚兰亭图》《溪山兰若图》等。现藏台北故宫博物院的《层岩丛树图》主峰宏伟，远岫幽深，空间景达，山峦起伏有致，丛林浑茫。该轴画法精深，笔墨秀润，意境幽远，以平远入景，结意于深远，潜形于自然率直之中。

巨然继承了董源的衣钵，所以画史上常将二人并称为"董巨"，清人王鉴在《染香庵跋画》言，"画之有董巨，如书之有钟王，舍此则为外道"。他对二人的山水画成就做出了极高的评价。事实上，董、巨二人笔法、墨法虽相近，但仍有区别。董源多画平远，巨然则重高远；董源山水有水墨、着色两种，巨然则专攻水墨。此外，巨然的山水中体现出一些北派特色，如他的画中包括层岩丛树、万壑松风之类的奇峭之笔，在构图布局方面也与北派山水相似。

北宋中期后，郭熙、王诜等人代表了这一时期山水画的最高成就。郭熙的山水画初期以细腻精致见长，后师法李成，又自出胸臆，笔势益壮，尤其善画大幅。郭熙对气势和意境的描绘极为重视，这是他的画法的主要特征。他的画能够真实地表现出远近、深浅、四时、朝暮、风雨、明晦的细微不同，展现出极丰富的意境。郭熙从实践和理论两个方面对过去的山水画艺术进行了总结，著成《林泉高致》一书，该书成为后世研究山水画的重要文献。郭熙的代表作有《早春图》《关山春雪图》《幽谷图》《古木遥山图》等。《早春图》（现藏台北故宫博物院）描绘早春时期晓雾迷蒙的山涧景色，表现春回大地、万物复苏的景象。章法上兼有平远、高远、深远之势，层次分明。用笔灵运而不失严谨，用墨秀润淋漓，诸多景物都表现出郭熙独特的技法。

北宋末期，山水画家开始向唐人或年代更加久远的一些画家学习，走上了一条"复古"之路，唐人的青绿山水重新得到重视并进一步发展。王希孟的《千里江山图》是这一时期最优秀的画作，也是中国古代最宏大的青绿山水长卷之一。《千里江山图》长近十二米，是今天能见到的五代两宋时期最长的画卷。该画描绘绵延起伏的群山和烟波浩渺的湖水，衬以渔村野市、水榭亭台、茅庵草舍等景象，并穿插捕鱼驾舟、行路游玩等人物活动，将自然山水描绘得如锦似绣，整个画面雄浑壮阔，气势磅礴，充满皇家气息。在着色上，作者于单纯统一的蓝绿色调中求变化，利用色彩浓淡虚实的变化来表现山水的明灭隐现、高低远近。画中笔法精细，无论是人物、动物，都能于寥寥数笔中进行细致入微的刻画，意态生动，极其传神。整个画面远观气势恢宏，近观纤毫毕现，达到了完美的统一。

南宋山水画的主流是水墨苍劲笔法所显示的精奇而抒情的风貌，被称为南宋四家的李唐、刘松年、马远、夏圭成为这种画法的代表人物。李唐是两宋画风承转的关键人物，开创出"水墨苍劲"的新的山水画风。这种画风不再描绘全景构图，而是缩小视野，剪裁景物，进行景物的一角特写，以刚性的线条和下笔猛烈的大斧劈皴为特征。现存台北故宫博物院的《清溪渔隐图》是李唐的代表作，该图描绘江南之景，显示出李唐晚年画法的改变，图中以巧妙的章法和粗放的水墨阔笔斧劈皴，表现雨后溪畔绿树凉阴、山石明净、渔翁垂钓的幽静场景。画作取景已为山河边角，不再强调以往那种雄强的气势，这标志着李唐山水画转型的完成，也标志着南宋院体山水画基本样式的形成。

刘松年的画风受李唐影响，但倾向工整，较为精细。山石用小斧劈皴，树法多用夹叶，楼台工细严整而不刻板，其作品的风格样貌在南宋四家中最为多样。但整体来讲，刘松年的画与李唐相去较远，真正继承李唐衣钵并将其发扬光大的是马远和夏圭。

马远出身绘画世家，他发展了李唐剪裁精当、笔法挺劲的特点，取景彻底打破了传统的全景式构图，代之以用局部表现整体的艺术手法，在作品中常留下较多的空白给人以遐想的余地，人称"马一角"。他的画中，山势多险峻奇峰，树木杂卉则以水墨夹笔写出，山石用大斧劈皴带水墨画出，他创造出新的笔墨程式。马远的代表作有《踏歌图》《寒江独钓图》《雪图》等，其中现藏北京故宫博物院的《踏歌图》是马远最著名的作品。画作成功地将山水与人物融为一体，描绘四位老翁在钱塘乡村曲折的小路上踏歌而行，四周巨峰突兀，树木参差，云气沼沼。整幅画辽阔悠远，极具空灵之感。作者用笔刚健有力，技法纯熟，锋芒毕露，墨色浓重，虽取边角之境却意境深远。

夏圭的绘画风格与马远相近，取景十分简当，同样善于用局部来表现整体，人称"夏半边"。他在两方面发展了李唐派的绘画艺术：一是以焦墨疏皴表现淡远而雄秀的景色；二是把大斧劈皴发展为拖泥带水皴，达到水墨浑融相晕的特殊效果，相比与绘画对象的形似，更注重"影似"。夏圭存世作品有《溪山清远图》《山水十二景》《江山佳胜图》等。现存台北故宫博物院的《溪山清远图》是夏圭的代表作，画中作者突出突崖和平江、高岭和浅溪、茂林和疏石、横山同和点帆在体量上的对比，使近石和远山、重林和苍天、泊船和行舟在距离上错综开来，方硬圆润、亲疏远近、起伏涨落，形成强烈鲜明的节奏感。同时，通过横桥、平滩、云雾、远山，把各个独立的部分串联起来，使之处于连绵不断的气势中。全卷以水墨画出，墨色醇厚，朴素清逸，笔法苍劲，表现出一种幽淡、清净、冷寂的意趣。

马远和夏圭在画史上被称为"马夏"，他们不但实现了绘画技法和绘画语言上的突破，而且将绘画这种艺术形式进行了简化，写实已经不是他们所追求的最高境界，抒发内心的想法和文人的精神才是最重要的。李唐、马远、夏圭代表了南宋山水画的最高水平，此后南宋没有再出现能与他们相提并论的画家，也没能再对山水画进行画法上的突破。

（三）花鸟画

五代宋初之际，黄筌、徐熙的出现，标志着中国花鸟画进入了成熟的阶段。黄筌、徐熙代表了宋初花鸟画的两大流派。黄派画风华贵，画法工整，神采生动；徐派则画风清逸，朴素自然，放达不羁，时称"黄家富贵，徐熙野逸"[1]。

黄筌在五代时期的后蜀和宋代都是宫廷画家，日常所见多是皇家园林的珍禽异兽、奇花怪石，他的画也多以此为对象，反映的是皇室贵族的审美趣味。黄筌的花鸟画长于写生，画法逼真，造型准确，笔法工整严丽，注重用色，充分展示了"富贵"的特点。据记载，黄筌画六鹤图，传神地描绘了警露、啄苔、理毛、整羽、唳天、翘足等六种神态的仙鹤，以致真鹤误以为真，跻身六鹤的行列。存世的黄筌作品只有一件《写生珍禽图》（现藏北京故宫博物院），它是黄筌为其子黄居宝临摹用的范本，绘有鹡鸰、麻雀、山雀、鸠、蝉、蜜蜂等十余种禽鸟昆虫以及乌龟两只，对动物的形态特征观察鲜明、描绘精微，神态非常生动，各采用勾描、晕染、收拾等步骤精心完成，其笔法极为精致，无形中显露出一种矜持富贵的气质。

黄筌的另一子黄居寀继承了其父的画风，成为继其父之后的黄派画法的领军人物。其存世作品有《山鹧棘雀图》（现藏台北故宫博物院），该画描绘了深秋时节，山鹧雀鸟群集于泉石枝丛之间的景象。画作墨笔双勾，设色深艳，鹧雀画法精勾细染，与怪石、荆棘、落叶相衬，愈显冷寂。画作整体画风冷艳而不失典雅，是黄派花鸟画的典范。

黄派花鸟由于迎合了皇室贵族的审美情趣，因此在相当长的一段时期内主宰着北宋官方花鸟画坛，成为画院花鸟画优劣取舍的标准。与之相比，徐熙所代表的徐派花鸟的影响力不如黄派，其野逸的画风也在画院受到排斥。徐熙是一位江南处士，虽也出身士家大族，但志节高迈，生性放达不羁，因此不肯做官。他的画多是野生环境中自由自在的花鸟虫木，不事雕琢，追求天然野逸的情趣。徐熙所作禽鸟形骨轻秀，花木画法亦有所创新，人称"落墨花"。现存徐熙作品有《雏鸽药苗图》《雪竹图》等。徐熙的孙子徐崇嗣、

---

[1] ［宋］郭若虚：《图画见闻志》卷一《论黄徐体异》。

徐崇勋继承了其祖的画风，但为了在黄派统治的画坛站稳脚跟，也不得不向黄派画风靠拢，"效诸黄之格，更不用墨笔，直以彩色图之"[1]，即绘画中的没骨画法。

北宋中期，出现以崔白、吴元瑜为代表的一批勇于创新的花鸟画家，画风也随之发生变化，更加轻松自由。崔白也是宫廷画家，但性情疏懒，不似唯命是从的御用画家，反倒接近不受拘束的文人。他的画也与他的性格类似，如他的《寒雀图》（现藏北京故宫博物院），描绘了隆冬季节里情态各异的小雀飞鸣跳跃于树上的画面。画家无意于交代空间，画面中的环境描写被完全忽略，只乘一株偃蹇虬曲的老树，兴味似乎只在表现严酷而沉寂的季节中生命的跃动。画面用色其淡如无，用笔灵活松动，单纯富于变化，突破了黄派一味工整的画风，使写意与工笔达到和谐的统一。

吴元瑜是崔白的学生，继承了其师的画法，"能变世俗之气所谓院体者，而素为院体之人，亦因元瑜革去故态，稍稍放笔墨以出胸臆"[2]。崔白和吴元瑜的出现结束了黄派画法一统天下的局面，《宣和画谱》称："图画院之较艺者，必以黄筌父子笔法为程式，自（崔）白及吴元瑜出，遂变其格。"[3]

与此同时，写意花鸟画也开始兴起。在宋代知识分子看来，诗、书、画三者应该是融会贯通的，他们主张把诗歌、书法中抒写不尽的情思寄托在绘画里，借物抒情、托物寓兴成为画家常用的手法，这种画称为写意画。写意画讲求寄托，因生长特点而人格化的梅、兰、竹、菊、松等就成为写意画的主要题材。画家将要表达的品行，如傲骨、脱俗、高风亮节等，寄托于所画题材，通过画面表达出来，以抒发胸臆，达到物我交融、物我合一的境界。

---

1 ［宋］沈括：《梦溪笔谈》卷一七《书画》。

2 《宣和画谱》卷一九《吴元瑜》。

3 同上。

在创作方法上，不再拘泥于形似，简化过于雕琢的画法，强调写意、写神，意在笔先，神在法外。如苏轼画竹，不刻意于技法上的苦修，他画的竹不分节，自下而上，一竿直顶，他自己解释说，形似并不是衡量作品好坏的标准，他所追求的是画面与内心之意的交融。

北宋末年，徽宗赵佶本身就是一位绘画名家，他强调描绘对象的真实性，观察细致，纤悉备至。如他曾纠正画院画家的错误，指出"孔雀登高，必先举左"。《芙蓉锦鸡图》是徽宗花鸟画的代表作，一只华丽的锦鸡落在木芙蓉的枝干上，压得芙蓉花摇曳不已，锦鸡凝神注目的神态、芙蓉花娇媚柔弱的姿态，被描绘得生动形象，锦鸡华丽的羽毛和尾翎上的斑纹被刻画得细致入微，显示了徽宗高超的写实技巧。

在徽宗亲自主持下的宣和画院，格外讲求"法度"与"形似"，如画月季花，他要求表现出四时朝暮花蕊枝叶的不同姿态，在形似和法度具备的基础上，再追求意境与诗情。宣和画院的花鸟画受其影响，风格工细，细腻生动，法度严谨且不乏诗情，被称为"宣和体"。

南宋偏安东南一隅，花鸟画却经久不衰。李安忠父子、李迪父子、马麟等，都是花鸟画的个中名家，他们的画生动而富有神韵，用笔严谨而无拘束，体现了黄、徐二派日渐融合的画风。与宣和体相比，南宋花鸟画富贵华丽不足，精巧细致过之，画幅小型化，风格更为统一规范。

李迪的代表作有《雪树寒禽图》《枫鹰雉鸡图》《红白芙蓉图》等。现藏北京故宫博物院的《枫鹰雉鸡图》表现了枫树的枯枝上一只鹰凶狠地斜视下方一只惊慌逃窜的雉鸡的场景。画面气氛紧张，笔力豪雄，鹰雉翎毛精细，神态生动，是南宋花鸟画中的佳作。

李安忠的传世作品包括《野菊秋鹑图》《晴春蝶戏图》等。现存北京故宫博物院的《晴春蝶戏图》描绘了十余只品种不同、形态各异的蝴蝶，薄如绢纸的蝶翼、灿如彩霞的纹斑和细如发丝的触须，都刻画得精细入微，一丝不苟，表现出精湛的技艺。

北宋中期兴起的写意花鸟画在南宋时期也有了新的发展，一些画家开创了水墨写意花鸟画，如梁楷、法常和尚等，使中国的写意花鸟画进入了新的阶段。另一些画家则将人物画中的白描手法应用于花鸟画，创作出画工精巧、清丽温雅的白描花卉画。总之，画风由精整趋于超逸，由绚烂归于平淡，成为南宋花鸟画演进的特点。

宋 代 书 法

（一）宋代书风

宋代在我国的书法史上是一个变革创新的时代。北宋建立之初，盛唐时期的典章制度、文化传统仍然影响着整个社会的各个方面，再加上产生具有时代特色书风的社会背景和文化土壤的缺乏，因此，宋初书坛仍沉浸在唐人书法中难以超拔，没有自己的创新。直到仁宗朝宋学勃兴发展起来以后，这种局面才有所改善。宋学的一个特点就是不迷信前人，解放思想，对前人的学术思想进行重新认识和探索。这种学风也影响到当时书坛，为宋代书风的确立奠定了创新、变革的思想基础。此后宋四家的出现，则标志着宋代书风的确立。

唐代书风强调理性，重视结构，崇尚法度，宋四家则突破了唐代这种尚法书风，确立了崇尚意趣的新的书风。这种新书风提倡以情为主，要求摆脱理性、法度的束缚，注重创作主体的个性，强调个人意趣的抒发，主张从人的内在精神表现上探讨书法艺术的审美本质，追求书法的内在韵味。冯班在《钝吟书要》中指出，"唐人尚法，用心意极精，宋人解散唐法，尚新意而本领在其间"。这种不同于唐人的书法风格被称为尚意书风。宋四家所确立的尚意书风对后世产生了很大影响，左右了宋代的书法走向，然而后世书坛大多是对四家的模仿，缺乏独立的创新。因此，与其说这种崇尚意趣的风格代表两宋书风，不如说它代表了宋代书法的最高成就。

（二）宋四家

两宋时期出现了众多的书法名家，北宋的蔡襄、苏轼、黄庭坚、米芾并称宋代书法四大家，皆有独特的艺术风格，后人评论说："苏醞藉，黄流丽，米峭拔，而蔡浑厚。"[1]他们代表了宋代书法的最高成就。

蔡襄，字君谟，兴化军仙游（今福建省仙游县）人。蔡襄兼擅各种书体，行书尤为突出。他的书法端庄大度，"端严而不刻，温厚而不犯"[2]，体现出一种雍容娴静之美，在宋四家中最为端谨有法度。蔡襄曾认真摹习王羲之、王献之父子的书法，又对盛唐以来诸书法名家广泛涉猎，从而认识到唐代以后被奉于典范的虞世南、褚遂良、柳公权等诸家书法，其结构字法皆出于王氏父子，为后人找回了失落已久的晋书风韵。晋书简远高雅的格调和自然的情趣正与宋代尚意书风相合，蔡襄的书法也就成为宋代尚意书风的前奏，为宋代尚意书风的确立开辟了道路。他的代表作《自书诗卷》（现藏北京故宫博物院），开始稳健端严，行中带楷；渐次变为行书，流畅自如；最后更纵情挥洒，由行而草，起伏跌宕，恰如一湾小溪变成流泻的飞瀑，个人情绪直接倾泻在笔画之中。

苏轼"自幼好书，老而不倦"。他兼采众家之长，尤善行、楷，他在书法创作上能摒绝古法限制，将诗、书、画融为一体，把字形、笔法、章法和气蕴、意趣结合起来，多用卧笔、偏锋，笔形丰腴酣畅，笔势在翻澜中

---

1 ［明］盛时泰：《苍润轩碑跋》。
2 ［宋］邓肃：《栟榈集》卷一九《跋蔡君谟书》。

不失豪爽劲骨，创造出一种骨厚肌丰、洒脱纵横之美，他的书法真正达到了意境与形式的完美统一。在宋代尚意书风的确立过程中，苏轼是其中的领军人物，他重视以书达意，认为只有"意造"才是书法的最高境界。苏轼的传世作品有《赤壁赋》《洞庭春色赋》《黄州寒食诗帖》等。现藏台北故宫博物院的《黄州寒食诗帖》是苏轼被贬黄州之后的手写诗稿，通篇行草书体，笔画较粗，多用侧笔，字体、章法宽博遒逸，随意率性，书势随诗情而起伏，一气呵成中夹以参差错落、大小短长之变，情随笔运，堪称书法抒情的佳作。

黄庭坚初学周越，后又师法苏舜元、颜真卿、怀素、张旭等人，最终形成自己独特的风格。他擅长行、草，书风奇拗，以险为胜，恣肆纵横，风韵洒脱，与其诗风有异曲同工之妙。结字内紧外松，笔势伸张，尤善点法，常变画为点，借助坠石奔雷般的笔势表现激越昂扬的风神。黄庭坚的代表作品有《松风阁诗帖》《诸上座帖》《李白忆旧游诗卷》等，以行书和行草书为多。现藏北京故宫博物院的《诸上座帖》是黄庭坚以狂草笔法录写五代僧文益的语录，此帖笔画飞动，结体雄放瑰奇，笔势飘荡，意态开放。点画或减缩为点，或延伸连绵，动静揖让，似随意而为，又合于法则。帖后以行书自识，行草照应，相得益彰，是黄庭坚书法中的上品。

米芾，字元章，世号"米颠"或"米狂"。他家中古帖甚多，借此之便，多摹习历代真迹，涉猎甚广，终于博取众家之长而自成一家。他的书法功力甚高，用笔劲健疾速、纵逸豪放，极具个性，其书一出，"虽苏、黄相见，不无气慑"[1]。苏轼曾称赞他的书风如"风樯阵马，沉着痛快，当与钟、王并行"。黄庭坚也称其书"如快剑斫阵，强弩射千里，所当穿彻"[2]。米芾的代表

---

1 ［明］董其昌：《容台集·别集》卷二《书品一》。
2 ［宋］黄庭坚：《山谷全书·正集》卷二六《跋米元章书》。

作有《多景楼诗帖》《蜀素帖》《虹县诗卷帖》等。现存台北故宫博物院的《蜀素帖》多用渴笔,更显笔法清健,端庄洒脱,恣肆中见出沉厚。董其昌跋此帖曰:"此卷如狮子捉象,以全力赴之,当为生平巨作。"

宋四家以外也出现过一些书法名家,如徽宗赵佶、蔡京、蔡卞等,在四家之外发展出自成一体的书风。蔡京、蔡卞兄弟书法都达到了很高的水平,当时甚至有人认为他们的成就超过了蔡襄,但最终因为蔡京弄权误国,兄弟二人为世人所轻。徽宗赵佶也是一位书法名家,创造了"瘦金体"的独到书风。其他如文彦博、王安石、司马光等,虽不以书法闻名,但书法也都别具一格。南宋书法整体上不如北宋,甚至尚意书风也逐渐削弱,流于技术化、专门化,虽然也出过一些书法名家,但没能取得北宋那样的成就。

(三) 书学研究

宋代出现了一些议论书法的专著。苏轼对书法有过众多精辟论述,散见于他的诗和题跋中,其核心内容是书法应该"自出新意""不践古人",以"天真烂漫"为高,而这些都要根源于自我人格的完善。黄庭坚的书论多集中在《山谷题跋》中,其中心是提倡用笔与"字外韵"。用笔的要旨在于"心能转腕,手能转笔,书字便如人意"。"字外韵"则是指要通过书风体现出不同凡俗的节操和德行。米芾著有《书史》和《海岳名言》。《书史》考订历代法书名迹,对研究和鉴定宋以前的名迹有重要的参考价值。《海岳名言》则是其平生临池的心得。

朱长文的《墨池编》论书法源流,品评唐宋书法家的得失,提出"文以书重"的艺术主张,全书分字学、笔法、杂议、品藻、赞述、宝藏、碑刻、器用八门,论书著作有分类自此书始。宋徽宗时敕撰《宣和书谱》,上起汉魏,下迄北宋宣和年间,记录书家一百九十八人,法书一千二百五十二件。该书谱分历代诸帝王书、篆、隶、正、行、草、八分、制诰等八门,各门前均有叙论，帖前皆载书家传记，是一部比较丰富的书法史资料。姜夔作《续书谱》，分总论、真书、真书用笔、草书、用笔、用墨等十八篇，详尽地论述了真书、草书的笔墨技巧。此外，高宗赵构的《翰墨志》、陈槱的《负暄野录》、陈思的《书小史》《书苑菁华》，也都是论书名著。

工艺美术

（一）陶瓷

两宋时期是陶瓷艺术的黄金时期，整个制瓷工艺都产生了飞跃性的突破，达到了令人惊叹的程度。官、汝、定、哥、钧五大名窑代表了当时制瓷工艺的水平，各窑都有独特的工艺和特点。此外，散布在各地的民窑也为制瓷工艺的发展做出了贡献。宋瓷花纹多种多样，诸如花卉、动物、人物、文字等，以缠枝、折枝花绘出现最多。装饰技法则无所不包，计有镂空、绣花、印花、刻花、错花、划花、釉里红、釉里青、两面彩等，其中釉里青是宋代制瓷工艺的独创。宋代还开始在瓷器白釉里加上红绿彩绘花卉等，也有青、黑等色花卉、人物。如在河北磁州窑出土的一个北宋瓷枕上，就绘有赵匡胤陈桥兵变图，将历史事件绘制于瓷器之上，为前代所未见。宋代对瓷釉的贡献尤为突出，除有白、清白、青、黑等大的区分外，各色系之内又作详细划分，如青釉可分析出十几种色调，体现出宋代瓷工的精湛技艺。宋代瓷器的造型也空前丰富起来。碗盘类是最基本的饮食器皿，形状上相对稳定，其他如盒、枕、瓶、壶、炉等却变化百出，令人目不暇接。除广泛用于日常生活用具外，瓷器还被用作其他用途，清代开封曾出土一支宋代瓷箫，类似竹子的形状，分九节，长一尺五寸四分，径六分，质地晶莹温润，声音清越。造型和用途的丰富性充分表明了宋代制瓷业的普及和工艺水平的提高。

宋代瓷器器形优雅，釉色纯净，图案清秀，崇尚静穆无声的自然之美，突出纯洁如玉的质感，散发着典雅宁静的气息，虽不沉雄，却极幽远，是具有永恒魅力的优美典型，在中国陶瓷史上独树一帜。

（二）雕塑

宋代雕塑艺术比之前代有两个迥然不同的趋势：一是宗教雕塑的神圣性大为减弱，而世俗化大为增强，塑造对象从高不可攀的佛转移为较有"现世得福"意义的菩萨、罗汉和一些侍女、供养人等；二是前代雕塑中那种雄浑阔大的气势消退殆尽，而代之以典雅秀美的风格。石雕方面，河南巩义宋陵的石刻官员、各族贡使等人物及石兽、石禽都栩栩如生，陵前石狮大小姿势各不相同，雄壮生动。木雕方面，1966年在浙江瑞安仙岩寺南的慧光塔中，涂金木雕天王像、涂金木雕泗州大圣坐像等宋代珍品被发现。泥塑方面，现存于山西太原晋祠圣母殿的四十多尊塑像，是北宋塑像的代表作。大足石窟虽然以佛教题材为表现形式，但处处洋溢着世俗的生活情趣，成为反映宋代社会风俗的最大的实物史料库。作为工艺品的泥人在宋代也达到很高水平。玉雕方面，多制为宫廷用品，仿古彝器，有的上面刻经、词，可多达百字。有的讲究"巧色"，根据玉材形状、色泽、纹理来设计雕琢。此外，还有牙雕、竹雕、烧造、镶嵌等工艺，也都各具特色。宋代的雕塑艺术总的格调是婉约、抒情和个性化的，敏感、细腻、优雅，趋于规整绚丽，而不类秦汉的拙重粗犷、隋唐的豪迈飘逸，具有鲜明的特征。

（三）织绣

宋代织绣业在前代的基础上又有发展，品种增多，质量提高。丝织业的中心从北方地区转移到以江浙为代表的江南地区，从此，丝织业南盛北衰的格局再也没有改变。四川蜀锦、定州缂丝、苏州刺绣是宋代的三大名产。

宋代制锦不再追求华丽的色彩，多用中性偏冷的颜色，既鲜明又调和，形成沉静典雅的色调。图形多以几何纹为骨架，组织规则严整，其中又穿插一些写生花鸟、龙凤、三友、暗八仙等祥瑞图案。纹样纤小繁复，主要有八答晕、龟背纹、锁子纹、万字纹、流水纹、古钱纹等。总体来讲，宋锦简洁疏朗、秀丽典雅，具有很高的艺术价值。

缂丝是中国传统丝织工艺之一，始于唐代，至宋代日益兴盛。缂丝有所谓"通经断纬"的说法，织造时只有经丝贯穿全幅，纬丝则视图案需要，与经丝交织，织成图案，反正如一。"承空视之，如雕镂之象，故名'刻丝'。"[1] 现存辽宁博物馆的《紫鸾鹊谱轴》是北宋缂丝的代表作。宋室南迁后，缂丝业中心也随之转移到苏州、上海一带，缂丝的功能也从实用转向单纯的欣赏，图案多为唐宋名家书画。现存上海博物馆的《莲塘乳鸭图》就是南宋缂丝名家朱克柔的传世珍品。

宋代刺绣已经从织染业分离出来，成为一种专门的工艺，政府有专门的文绣院，民间也出现了专以刺绣为业的人，称为"百姓绣户"。宋代刺绣与绘画、书法等艺术门类相结合，创造出许多巧夺天工的工艺品。图案多为书法、人物、花鸟虫鱼、山水楼阁等内容，流传后世者很多。明人董其昌家藏一幅宋绣，内容为陶渊明潦倒于东篱山水树石间，"景物粲然"，旁绣蝇头小楷十余字，"亦遒劲不凡"[2]，是宋绣佳品。明人汪砢玉《珊瑚网》记载宋绣中的滕王阁景及王勃诗，"所绣字有若蚊脚，画品精工之极"[3]。

---

1 ［宋］庄绰：《鸡肋编》卷上。

2 朱启钤：《丝绣笔记》卷上。

3 朱启钤：《丝绣笔记》卷下。

音乐、舞蹈和戏曲

两宋时期，随着城乡经济的高度发展，音乐和舞蹈艺术十分繁盛，并且出现了新的戏曲形式。杂剧和南戏的出现为后来元杂剧的兴盛打下了基础，在戏剧史上具有重要意义。

（一）音乐方面

音乐文化的下移是这一时期的整体趋势，市民音乐的繁荣则成为宋代音乐文化最重要的特色。唐代盛极一时的宫廷歌舞，至宋代已日趋衰落，民间音乐却在城市生活中迸发成长，成为宋代音乐文化的主流。在平时的市民生活中，特别是节令、嫁娶等活动中，它们都会伴随着各式各样的音乐歌舞。此外还有众多民间艺人活动于茶坊酒肆、瓦舍勾栏等娱乐场所，以说唱为生。据文献记载，当时市民音乐的品种十分丰富，有嘌唱、小唱、缠令、细乐、清乐等众多名目，远远超过了唐代。市民音乐还渗透到了社会的上层，在一些皇室贵族的宴会中，经常有民间艺人进行表演，这体现出市民音乐的巨大影响力。宋代市民音乐文化的兴起和繁荣，是音乐文化的一种质的飞跃和变化，对后来的元、明、清三代音乐产生了深远的影响。

（二）舞蹈方面

宋代是中国舞蹈史上的重大转折时期，在很多方面呈现出新的特征。首先，民间歌舞盛况空前。在广大农村、城镇中，"村歌社舞"异常繁盛，其种类之多、流传之广、艺术水平之高，都已经能够与宫廷舞蹈分庭抗礼。许多专业歌舞艺人和农村优秀舞人乐伎组成班社，形成专业的表演团体，或开辟固定的场地，或游走于城镇之间，专门为百姓进行表演，从而加强了舞蹈艺术的交流，促进了民间舞蹈艺术的发展。其次，有一定情节和人物，孕育了后世戏曲艺术的宫廷队舞进一步发展。唐代的表演性舞蹈多为独舞或双人舞，大多表现某种比较单纯的情绪，如《剑器》的雄健、《采莲》的优雅等。宋代则发展出一种由数十人或上百人表演的大型集体"队舞"，在其中加入一定的故事情节，使其成为一种集舞蹈、歌唱、诗词于一身的歌舞新形式，兼具礼仪、欣赏、娱乐等多种功能，在艺术性、思想性上都有所突破。再次，纯舞和小型表演性歌舞衰落，舞蹈中加入了一些戏剧性因素，综合化程度不断加强。魏晋至隋唐以来"歌者不舞，舞者不歌"的常规被打破，舞者开口唱歌，载歌载舞，唱词、念白不再是浮泛的描景抒情和客观的旁白解说，而是多了许多第一人称的自我表白成分；与表演内容直接相关的道具也被大量应用。宋代舞蹈艺术发生的变化在中国舞蹈史上起着承上启下的作用，它结合了众多戏剧元素，虽然仍是为展示舞蹈技艺而设置，围绕舞蹈表演而展开，但不可否认，这种转变开了金元杂剧之先，是产生中国独特剧种"戏曲"的枢纽。

（三）戏曲方面

宋代比较突出的戏曲形式有杂剧和南戏两种。宋代杂剧也曾有泛指各种表演技艺的意思，但它本身已经有自己的内涵，是独立的戏剧表演艺术。北宋时期杂剧盛行，杂剧表演在宫廷、军队、民间瓦舍勾栏里都非常活跃。一部完整的宋杂剧演出，总是以两段或三段的方式进行。一是艳段，表演"寻常熟事"；二是正杂剧，是杂剧的正文，表演故事内容比较复杂的事；三是散段，也称"杂扮"，原本是独立的表演形式，专门表现村夫村妇引人发笑的趣事，南宋时才被吸收到杂剧中，与艳段一样可以取舍。宋杂剧中的角色行当有末泥、副净、副末、旦、贴。贴或次贴为旦的副手，均扮演女性人物。其他如戏头、引戏、装孤等，均非角色行当名称，而是指其担当的职务。杂剧的特点在于以滑稽讽刺的手法，表达劝诫、谏诤的内容，具有强烈的政治色彩，这种特点在宫廷表演中尤为突出。由于杂剧中多夹杂讽刺时政的内容，表演者因此遭受过不少迫害。据岳珂《桯史》记载，绍兴十五年（1145），正值秦桧权倾朝野之时，宋高宗召秦桧等大臣饮宴，席间令优伶表演杂剧，杂剧伶人于剧中公然讽刺秦桧只知荣华富贵，而把迎还"二圣"、复国雪耻之事抛诸脑后的无耻行径。秦桧大怒，将伶人下狱，致使有人于狱中死亡。从中我们可以看到杂剧作为一种政治讽刺剧的尖锐锋芒，一旦触及统治者的痛处，表演者很快就会招来杀身之祸。

南戏，即戏文，是宋代兴起于东南沿海一带的戏曲艺术，总称南曲戏文，为元、明时代南戏之始祖。南戏作为一种戏曲艺术，其形态是糅合民间歌舞小戏、宋杂剧、说唱艺术等诸多艺术手段而最终形成的，是中国南方最早形成的以歌舞表演故事的舞台表演艺术。南戏形成于北宋宣和后至南宋光宗朝，最先出现于永嘉地区，最早的戏文是永嘉人所作《赵贞女》《王魁》，又称永嘉杂剧。据目前研究的结果，已知的南戏戏文有百余种，它与北方的杂剧并列，是我国戏曲的两大流派，在中国戏曲史上占据重要地位。

杂剧和南戏在两宋时期的民间生活中已经广泛流传，具有很大影响，为我国戏剧的发展奠定了坚实的基础，准备了必要条件。

结　语

宋代文化发达，书画名家辈出。朝廷招募具有书画才能的人才在宫廷任职，还设立画学等艺术学校培养艺术人才。宫廷画师的作品符合皇家的审美趣味，被称作"院体画"。宋代人物画取材于生活的方方面面，画家创作了大量写实的、反映宋代社会面貌的风俗画。宋代的山水画分为南北两派。北派的代表人物有关仝、李成、范宽、郭熙等，他们的画作主要表现高山大川，气势恢宏。南派的代表人物是董源和僧巨然，表现南方的钟灵毓秀的山水，多姿多彩。到了南宋，南北画派逐渐融合。南宋四家李唐、刘松年、马远、夏圭表现出水墨苍劲的画风，别具一格。宋初花鸟画分为以黄筌为代表的黄派和以徐熙为代表的徐派，前者富丽，后者野逸。北宋中期崔白等画家对花鸟画进行创新，写意花鸟画开始兴起。

宋代的书法对前代既有传承，又有变革。唐代的书法强调法度，即所谓"唐人尚法"。到了宋代，四名杰出的书法家苏轼、黄庭坚、米芾、蔡襄则注重书法作品的意境，用笔灵活，字里行间流露出作者饱满的情感，史称"宋人尚意"。此外，宋徽宗开创了"瘦金体"。文彦博、王安石、司马光等人的书法也别具一格。宋代还出现了探讨书法理论的专著，著录历代书法作品，探讨书法家的得失，总结用笔技巧，分析书法创作的精神内涵。

工艺美术方面，宋代的瓷器以官、汝、哥、钧、定五大名窑为代表，各地的民窑瓷器丰富多彩，使用了大量新的装饰技法和制造技术。宋代的雕塑典雅秀美，宗教造像的神圣性大为减弱，世俗化大为增强，很多雕塑刻画了宋人的生活场景。宋代的织绣业发达，四川蜀锦、定州缂丝、苏州刺绣是全国的名产，其产品织造技术精湛，样式精美，具有极高的审美价值。

在后人看来，宋代的文化代表着最纯粹的中国文化，尽管宋朝距离当下已经相当遥远，不过，后人依然可以通过书法、绘画、瓷器、雕塑、刺绣等传世的艺术品，直观地感受宋代的某些风貌。

后记

本书底稿是 2010 年接受凤凰出版社韩凤冉同志的委托而写作的《宋史十五讲》，当初设定各章的题目时，虽然笔者希望尽可能照顾到两宋历史的纵与横，但毕竟只有十五章的内容，因而作出选择时还是有所取舍的。写作过程也断断续续，成稿很难说是系统的东西。

2019 年夏，天喜文化的张根长编辑希望再版《宋史十五讲》。经过多次协商，笔者决定将原本的书稿进行必要的拓展，从更为多元化的角度去理解两宋时期的历史。此次修订对原版内容进行了很大的调整改动，将两宋内政外交及重要事件与人物方面的内容从原书稿中删除，另行组织修订成书《问宋：赵宋王朝内政外交的得与失》。本书保留了两宋政治、经济、军事制度，以及文化艺术成就等多角度呈现宋代文明高度的内容，并对有关内容进行了必要的增订和补充，主要是关于宋代的经济基础和上层建筑方面的演进过程。前者主要以宋代的国计民生与货币金融体制为突破口，试图解析宋代高度发展的经济、文化与羸弱的武功之间的复杂关系。后者则是指宋朝政府的顶层设计，其中尤为重要的是教育与科举制度、法制建设等等，这些制度无疑是宋代社会正常运作的强有力保障，更是宋代文明的重要象征，因而是不能不加以认真思考的。此外，本书还从时代的高度审视了宋朝留给后世的文化、艺术和科技成就等。以大众能看得懂的书写方式呈现纷繁复杂的宋代文明史无疑是有着相当大的难度的，但笔者依然试图进行某些必要而妥适的尝试。至于能否得到读者的认可，就只好拭目以待了。

笔者原本与出版社约定2020年3月交稿，但因2019年年底开始的新冠肺炎疫情而延迟，经过不懈的努力，终于得以完稿，着实是困难多多。在此，要特别感谢我的博士生孙健，硕士生陈子梁、胡堰菱，他们在书稿成书的最后阶段做了大量技术处理工作，如校对错别字，完善注释，等等。对他们所付出的辛勤劳动，我表示万分感谢。

拉拉杂杂陈述了本书写作的经过，姑且算作是交稿之前最后的字符。

2020年4月28日

游彪于北师大茹退居

图书在版编目（CIP）数据

追宋：细说古典中国的黄金时代 / 游彪著 . —成都：天地出版社，2021.4

ISBN 978-7-5455-5909-5

Ⅰ.①追… Ⅱ.①游… Ⅲ.①文化史—中国—宋代 Ⅳ.①K244.03

中国版本图书馆CIP数据核字（2020）第163967号

ZHUISONG：XISHUO GUDIAN ZHONGGUO DE HUANGJIN SHIDAI

追宋：细说古典中国的黄金时代

出 品 人	陈小雨　杨　政
作　　者	游　彪
责任编辑	柳　媛　李　栋
装帧设计	水玉银文化
责任印制	董建臣

出版发行	天地出版社
	（成都市锦江区三色路238号　邮政编码：610023）
	（北京市方庄芳群园3区3号　邮政编码：100078）
网　　址	http://www.tiandiph.com
电子邮箱	tianditg@163.com
经　　销	新华文轩出版传媒股份有限公司

印　　刷	北京文昌阁彩色印刷有限责任公司
版　　次	2021年4月第1版
印　　次	2022年12月第4次印刷
开　　本	710mm×1000mm　1/16
印　　张	18.5
字　　数	237千字
定　　价	69.00元
书　　号	ISBN 978-7-5455-5909-5

版权所有◆违者必究

咨询电话：（028）86361282（总编室）
购书热线：（010）67693207（营销中心）

本版图书凡印刷、装订错误，可及时向我社营销中心调换

天壹文化